全国“八五”普法学习读本系列

大学生
以案释法读本

全国“八五”普法学习读本编写组　编

法律出版社
LAW PRESS · CHINA
北京

图书在版编目(CIP)数据

大学生以案释法读本 / 全国“八五”普法学习读本编写组编. -- 北京 : 法律出版社, 2022
ISBN 978-7-5197-6145-5

Ⅰ. ①大… Ⅱ. ①全… Ⅲ. ①法律-中国-青年读物
Ⅳ. ①D920.5

中国版本图书馆 CIP 数据核字(2021)第 225958 号

大学生以案释法读本
DAXUESHENG YIANSHIFA DUBEN

全国“八五”普法
学习读本编写组 编

策划编辑 沈小英
责任编辑 陈 妮 黄 筝
装帧设计 汪奇峰

出版发行 法律出版社
编辑统筹 法治与经济出版分社
责任校对 晁明慧
责任印制 吕亚莉
经　　销 新华书店

开本 710 毫米×1000 毫米 1/16
印张 16.25 **字数** 296 千
版本 2022 年 3 月第 1 版
印次 2022 年 3 月第 1 次印刷
印刷 天津嘉恒印务有限公司

地址:北京市丰台区莲花池西里 7 号(100073)
网址:www.lawpress.com.cn
投稿邮箱:info@lawpress.com.cn
举报盗版邮箱:jbwq@lawpress.com.cn
销售电话:010-83938349
客服电话:010-83938350
咨询电话:010-63939796

书号:ISBN 978-7-5197-6145-5
定价:58.00 元

撰稿人

张　生　王敬波　邱　莹
鲁泽汉　徐程程　姚　艳

编写说明

2020年11月16日至17日召开的中央全面依法治国工作会议，明确了习近平法治思想在全面依法治国工作中的指导地位，这是我国社会主义法治建设中具有现实意义和深远意义的大事。习近平法治思想是马克思主义法治理论中国化的最新成果，是习近平新时代中国特色社会主义思想的重要组成部分，是全面依法治国的根本遵循和行动指南。

在习近平新时代中国特色社会主义思想指导下，深入学习贯彻习近平法治思想，我们编写《大学生以案释法读本》，以落实《中央宣传部、司法部关于开展法治宣传教育的第八个五年规划(2021－2025年)》“把习近平法治思想融入学校教育，纳入高校法治理论教学体系，做好进教材、进课堂、进头脑工作”，以及国家教材委员会《“党的领导”相关内容进大中小学课程教材指南》“大学生法学类课程教材要贯彻习近平法治思想，重点阐述党的领导与依法治国的关系，深刻阐明中国共产党的领导是社会主义法治之魂，是推进全面依法治国的根本保证”的要求。

法律不仅是国家治理的重要手段，也是公民维护自身权益的有力武器。新时代大学生学习法律的重要性体现在以下几个方面：第一，保障良好秩序。大学生身处校园这一社会公共领域之中，需要处理好个体与群体的关系。只有每一位大学生都遵守维系公共秩序的强制性规则，才能创造良好的秩序，为大学生专注于学业和自身发展提供安定、有序的环境。第二，维护自身权利。现代社会事务纷繁复杂，纠纷在所难免。学习法律，也是大学生了解如何运用法律武器维护权利、解决纠纷的有效途径。第三，促进良法善治。社会主义法治需要每一位公民参与其中。大学生作为知识分子，更应在力所能及的范围内积极参与立法，监督执法和司法，为社会主义建设作出贡献。

本书的编写特色和特点：

第一，以习近平法治思想为指导，旨在提升大学生法治意识与法律素养，并促使社会主义核心价值观内化为其价值选择和行为逻辑。

第二，针对大学生的特点和实际需要，合理设计章节内容，基本涵盖我国现行法律体系中与大学生密切相关的重要知识。与《大学生法治教育读本》配合学习。

第三，本案选取的案例多为最高人民法院和最高人民检察院发布的指导性案例、最高人民法院的公报案例及各地法院发布的典型案例，具有权威性与典型性。

第四，本书文字平实，通俗易懂，解析简明扼要，可读性强，易于大学生理解并学以致用。

第五，案例后均附有具体法律条文规定及案例溯源信息，方便大学生准确适用与查找原文。

普法宣传是一个长期、持续的过程，任重道远。2020 年 12 月，中共中央印发了《法治社会建设实施纲要（2020－2025 年）》，明确提出到 2025 年，“八五”普法规划实施完成，法治观念深入人心，社会领域制度规范更加健全，社会主义核心价值观要求融入法治建设和社会治理成效显著，公民、法人和其他组织合法权益得到切实保障。

希望本书能促进大学生在尊崇法律、学习法律、遵守法律、维护法律、运用法律方面起到模范带头作用，作出应有的贡献。

前　言

法律是一面镜子，映照国家发展和社会变迁。习近平总书记指出，“法治是人类政治文明的重要成果，是现代社会治理的基本手段”。中华优秀传统文化博大精深、义理精微，是闪耀着璀璨光芒的精神瑰宝，其中的传统法治文化蕴含丰富的法律思想和法律资源，不仅是重要的文化基因，也是现代法治的源泉和动力。儒家倡导德主刑辅、礼法并重的观念，法家提倡“以法治国”“一断于法”的思想，道家提出了无为而治、轻徭薄赋的主张。这些学派的思想在百家争鸣的时代相互碰撞，交汇成一幅异彩纷呈的画卷。古代法治文化中的价值基础和精神内核，能够产生超越时空的影响。“落其实者思其树，饮其流者怀其源。”挖掘中华传统法治文化中的价值基因，择善而用，能够为中国特色社会主义法治建设提供不竭的动力源泉。推进中国特色社会主义法治体系建设，不仅要继承传统文化中的优秀基因，还要对其进行创造性转化和创新性发展，使传统法律文化焕发新的生命力。

法律与社会不可分割，相互促进，共同生长。法律是公民在现代社会基本的行为规则。公民的法治意识和法治素养是社会法治水平的标尺。大学生作为新青年，是社会进步的“风向标”。大学生的法治素养对法治社会的进程产生重要影响，而将法治理念、法治原则传播给大学生则是法学教师的责任。社会问题纷繁复杂，而反映争议之解决的案例记录了社会的方方面面。本书采用案例分析的形式，再一次证明法律的生命力在于实施，而案例正是将纸面上静态的规则和动态的司法实践结合起来，其形成和发挥作用的过程也使法律的价值深入具体生活。本书通过以案释法的形式，帮助大学生在潜移默化中养成法治思维，并促使社会主义核心价值观内化为价值选择和行为逻辑。

选入本书的案例力求兼顾权威性与生活性。有的案例来自最高人民法院和最高人民检察院发布的指导性案例，有些取自最高人民法院的公报案例和各地法院发布的典型案例。希望通过这些案例，将深奥的法律原则、晦涩的法律条文中蕴含的法律智慧融入平淡生活中的点点滴滴。本书以大学生生活的不同方面作为划分章节的依据，共收录 60 个案例，分为“法治思维与思想品质”“校园学习生活”“恋爱婚姻生活”“交通出行”“网络安全”“求职择业”六章。

本书文字平实，深入浅出。对每一个案例的分析都由案例名、关键词、法律要点、基本案情、争议点、法律规定、社会意义和案例溯源组成。案例名多采用问题的形式，用简明扼要的语言概括案件的争议焦点，并在其后的“法律要点”部分进行回应。在叙述基本案情时，言简意赅，最大限度地再现案件发生的过程。“法律讲堂”是每个案例分析中最核心的部分，提取出案件中的法律问题，以问答形式为读者呈现案件解决过程所蕴含的法律规则及其适用。“法律规定”总结了案例相关法律规定，需要说明的是，由于法律修订等原因，案例中引用的法律名称和条文规定可能与现行有效的法律制度有差异，为便于识别，本书对法律条文的变化进行了说明。“社会意义”部分则重在剖析案例所引发的社会现象和价值导向。本书中选取的案例都是真实发生的，都源于现实生活。在每一个案例的最后，我们对案例进行溯源，方便读者查找原文。

作为法学专业教师，参与并推动国家法治进步既是职业理想，也是社会责任。希望本书可以为大学生的人生之路提供帮助，如果能够对法治社会产生一些影响，那更是无比荣幸。因写作时间仓促，作者水平有限，书中难免存在不妥之处，请各位读者批评指正。

目录
Contents

第一章　法治思维与思想品质

第二章　校园学习生活

第五章　网络安全

第六章　求职择业

第一章
法治思维
与思想品质

党的十八大提出，倡导富强、民主、文明、和谐，倡导自由、平等、公正、法治，倡导爱国、敬业、诚信、友善，积极培育和践行社会主义核心价值观。社会主义核心价值观关乎社会稳定和谐与国家长治久安。习近平总书记指出，青年的价值取向决定了未来整个社会的价值取向，而青年又处在价值观形成和确立的时期，抓好这一时期的价值观养成十分重要。因此，将社会主义核心价值观的教育融入高等教育中具有重要意义。全面推进社会主义核心价值观与法治的一体化建设，是提高国家治理体系和治理能力现代化的需要。大学生应当成为社会主义核心价值观的努力践行者。本章包含5个专题共9个真实案例，涉及爱护国旗国徽、不得诋毁革命先烈和英雄、见义勇为受法律保护、维护公共秩序和公共利益，以及好意同乘发生交通事故时的责任分担问题。

专题一
提升觉悟和品质　热爱祖国和人民

2019年4月30日，习近平总书记在纪念五四运动100周年大会上的讲话中提到，“对新时代中国青年来说，热爱祖国是立身之本、成才之基”。本专题选取的典型案例，涉及行为人因在公共场合故意以焚烧的方式侮辱国旗而被判侮辱国旗罪，旨在告诫同学们侮辱国旗、国徽等国家象征，不仅与爱国精神相悖，还需要承担刑事责任。

▶ 案例一：在公共场所故意以焚烧的方式侮辱国旗触犯侮辱国旗罪——于某某侮辱国旗、国徽案

关键词：扰乱公共秩序　侮辱国旗　自首

法律要点：本案中被告于某某在公共场所故意以焚烧的方式侮辱国旗，触犯侮辱国旗罪。

基本案情

原公诉机关：天津市河西区人民检察院

上诉人(原审被告人)：于某某

2019年9月18日，约下午6时，于某某在一地铁工地前，把一面悬挂的国旗直接拽下。因为于某某的行为过于激烈，国旗的旗杆套当场破损。于某某将国旗拖拽至工地附近的公共厕所，并将国旗扔在了公共厕所的围墙边。目击于某某毁坏国旗行为的群众拨打了报警电话，民警赶到现场后直接将于某某抓获。

天津市河西区人民检察院指控于某某触犯侮辱国旗罪，于2019年10月31日向天津市河西区人民法院提起公诉。本案开庭审理时，被告于某某对侮辱国旗的事实没有异议，当庭表示认罪认罚。在法庭上能够认定于某某犯罪事实的

证据还有丢弃国旗的照片等物证，情况说明、户籍材料等书证，以及证人刘某某、孙某某、宗某某的证言和辨认笔录。

天津市河西区人民法院认为，天津市河西区人民检察院指控被告人于某某犯侮辱国旗罪事实清楚，证据充分，罪名成立。但是被告于某某到案后如实供述了自己的犯罪事实，并且表示认罪认罚，可以依法予以从轻处罚。根据《刑法》第299条第1款、第67条第3款的规定，判定被告人于某某犯侮辱国旗罪，判处有期徒刑8个月。

被告于某某对一审法院的判决结果不服，向天津市第二中级人民法院提出上诉。在审理过程中，于某某又申请撤回上诉。二审法院准予于某某撤回上诉的申请，作出相应裁定。一审法院作出的刑事判决自二审法院作出的裁定送达之日起发生效力。于某某最终应当承担相应的刑事责任。

法律讲堂

1. 本案中于某某的行为是否构成侮辱国旗罪

构成。根据《刑法》第299条第1款的规定，在公共场合，故意以焚烧、毁损、涂划、玷污、践踏等方式侮辱中华人民共和国国旗、国徽的，处三年以下有期徒刑、拘役、管制或者剥夺政治权利。本案中，于某某将地铁工地门口悬挂的国旗直接拽下，造成国旗的旗杆套当场破损，又将国旗拖拽至工地附近的公共厕所进行丢弃，其行为实施的地点是在公共场合，毁损国旗的行为又十分恶劣，符合《刑法》第299条第1款的规定。因此，于某某的行为触犯了侮辱国旗罪。

2. 本案中于某某是否有自首情节

于某某没有自首情节，但对其可以减轻处罚。《刑法》第67条第1款、第2款规定了两种自首情节：第一种是犯罪以后自动投案，如实供述自己的罪行；第二种是被采取强制措施的犯罪嫌疑人、被告人和正在服刑的罪犯，如实供述司法机关还未掌握的本人其他罪行的，以自首论。本案中，于某某是在民警接到报案后被抓获的，不属于第一种自动投案的情形，其身份也不属于第二种正在被采取强制措施的犯罪嫌疑人、被告人和正在服刑的罪犯，因此不属于《刑法》第67条第1款、第2款规定的自首情形。但是《刑法》第67条第3款规定，犯罪嫌疑人虽不具有前两款规定的自首情节，但是如实供述自己罪行的，可以从轻处罚；因其如实供述自己罪行，避免特别严重后果发生的，可以减轻处罚。本案中，于某某到案后如实供述自己的罪行，并表示认罪认罚，符合第67条第3款"如实供述自己罪行"的情形，因此，一审法院依法对其从轻处罚。

法律规定

1.《刑法》第二百九十九条

在公众场合，故意以焚烧、毁损、涂划、玷污、践踏等方式侮辱中华人民共和国国旗、国徽的，处三年以下有期徒刑、拘役、管制或者剥夺政治权利。

在公共场合，故意篡改中华人民共和国国歌歌词、曲谱，以歪曲、贬损方式奏唱国歌，或者以其他方式侮辱国歌，情节严重的，依照前款的规定处罚。

该条第二款是《刑法修正案（十）》增加的内容。根据《最高人民法院、最高人民检察院关于执行〈中华人民共和国刑法〉确定罪名的补充规定（七）》的规定，自 2021 年 3 月 1 日起，侮辱国旗、国徽、国歌罪正式设立，侮辱国旗、国徽罪被取消。

2.《刑法》第六十七条

犯罪以后自动投案，如实供述自己的罪行的，是自首。对于自首的犯罪分子，可以从轻或者减轻处罚。其中，犯罪较轻的，可以免除处罚。

被采取强制措施的犯罪嫌疑人、被告人和正在服刑的罪犯，如实供述司法机关还未掌握的本人其他罪行的，以自首论。

犯罪嫌疑人虽不具有前两款规定的自首情节，但是如实供述自己罪行的，可以从轻处罚；因其如实供述自己罪行，避免特别严重后果发生的，可以减轻处罚。

社会意义

习近平总书记指出："爱国主义是我们民族精神的核心，是中华民族团结奋斗、自强不息的精神纽带。"爱国是社会主义核心价值观的重要方面。国旗、国徽、国歌是国家的象征和标志，是国家尊严的体现。中华人民共和国的每一个公民都应当尊重国旗、国徽和国歌。大学生更应当成为爱国精神的践行者。侮辱国旗不仅与爱国精神相悖，而且会触犯刑法。大学生应当不断提升自身的觉悟和品质，弘扬爱国主义精神，成为社会的模范。

案例溯源

本案一审案号为（2019）津 0103 刑初 648 号，二审案号为（2020）津 02 刑终 41 号。

专题二
诋毁先烈和英雄　法律必定有惩罚

近年来,侮辱、诽谤英雄烈士的违法言论时有出现。行为人借助信息传播速度极快的互联网平台发布侮辱性的言论,造成非常恶劣的社会影响。英雄烈士用青春热血守卫祖国山河,守护人民幸福安康,他们的精神是中华民族最闪亮的坐标。保护英雄烈士的名誉和荣誉,应当以法治作为坚实的后盾。本专题选取了两个案例,涉及诋毁英雄烈士应当承担的法律责任,以及英雄烈士没有近亲属或近亲属不提起诉讼的,检察机关可以在相关案件中提起名誉权公益诉讼,旨在让同学们懂得网络空间不是"法外之地",英雄烈士不容亵渎。

▶ 案例一:诋毁英雄烈士应如何担责?——董存瑞、黄继光英雄烈士名誉权纠纷公益诉讼案

关键词:诋毁英烈　名誉权　公开道歉

法律要点:诋毁英雄烈士应当承担民事责任;违反治安管理行为的,进行治安管理处罚;构成犯罪的,依法追究刑事责任。

基本案情

公诉机关:杭州市西湖区人民检察院

被告人:瞿某(侵权人)

瞿某经营了一家淘宝网络店铺。该店曾销售的一款贴画商品中两种贴画分别印有董存瑞舍身炸碉堡和黄继光舍身堵机枪口的宣传形象,并以较大字体、显著颜色配有侮辱性宣传文字。2019年9月10日,杭州市西湖区居民王某在该店购买了5张贴画,其中两张印有董存瑞和黄继光烈士宣传形象及配文。王某收到该贴画之后认为,该店严重侵害了董存瑞烈士和黄继光烈士的名誉并伤害其爱国情感,遂向杭州市西湖区人民检察院举报。

2019年9月25日，杭州市西湖区人民检察院发布公告，就瞿某通过网络平台销售侮辱和诋毁董存瑞、黄继光英烈的贴画，侵害董存瑞、黄继光英烈的名誉的行为，通知董存瑞、黄继光英烈的近亲属提起民事诉讼。2019年10月，董存瑞英烈的弟弟董某和黄继光英烈的侄子黄某分别向杭州市西湖区人民检察院出具了声明，明确表示不对瞿某提起民事诉讼，希望检察院能够提起公益诉讼。公告期满后，无任何近亲属提起诉讼。杭州市西湖区人民检察院向杭州互联网法院提起民事公益诉讼。

杭州互联网法院经审理认为，瞿某作为中国公民，通过网络平台销售对英烈形象进行亵渎的贴画，其行为已对英烈名誉造成贬损，构成对董存瑞、黄继光英烈名誉权的侵害。故依法判决瞿某立即停止侵害董存瑞、黄继光英烈名誉权的行为，销毁库存、不得再继续销售涉案贴画，并于判决生效之日起10日内，在国家级媒体上公开赔礼道歉、消除影响。

法律讲堂

1. 什么是公益诉讼？什么是民事公益诉讼

公益诉讼包括民事公益诉讼和行政公益诉讼，是指特定的国家机关和相关的组织和个人，根据法律的授权，对违反法律法规，侵犯国家利益、社会利益或特定的他人利益的行为，向法院起诉，由法院依法追究法律责任的活动。

民事公益诉讼，是指特定的组织和个人可以根据法律法规的授权，为了保护社会公共利益，对违反法律，侵害社会公共利益的行为，向人民法院提起诉讼，由法院按照民事诉讼程序依法审判并追究违法者民事法律责任的诉讼活动。

2. 本案中杭州市西湖区人民检察院提起民事公益诉讼是否符合法律规定

本案中杭州市西湖区人民检察院依法履行了提起民事公益诉讼的前置程序，符合法律规定。

《英雄烈士保护法》第25条第1款和第2款规定，对侵害英雄烈士的姓名、肖像、名誉、荣誉的行为，英雄烈士的近亲属可以依法向人民法院提起诉讼。英雄烈士没有近亲属或者近亲属不提起诉讼的，检察机关依法对侵害英雄烈士的姓名、肖像、名誉、荣誉，损害社会公共利益的行为向人民法院提起诉讼。本案中，杭州市西湖区人民检察院发出公告通知董存瑞、黄继光英烈的近亲属提起民事诉讼，其近亲属明确声明不提起诉讼，杭州市西湖区人民检察院据此依法提起民事公益诉讼，符合法律规定。

3. 涉案贴画销售数量较少是否会影响侵权行为的定性

贴画销售数量较少只会影响损害严重程度，但不影响侵权行为的定性。一般侵权责任的构成要件包括：行为人从事民事违法行为；造成他人损害的事实；违法行为与损害后果之间具有因果关系；行为人主观上有过错。首先，瞿某从事了民事违法行为，在网络上发布、销售对董存瑞、黄继光两位英雄烈士形象进行亵渎的贴画；其次，该行为足以使不特定的社会公众浏览，并进行传播和购买，其影响范围通过互联网媒介已产生较大扩散后果，造成对董存瑞、黄继光英烈名誉权的侵犯；再次，瞿某的违法行为与两位英烈名誉权遭受侵犯的损害事实之间存在直接因果关系；最后，瞿某在实施上述违法行为时主观上处于明知的状态，即主观上故意违法。综上，瞿某构成对董存瑞、黄继光等英烈名誉权的侵犯，应当承担侵权责任，立即停止侵权，并进行公开道歉。

4. 本案瞿某是否应当承担刑事责任

瞿某的行为虽然违法但尚未构成犯罪，不应承担刑事责任。《英雄烈士保护法》第 26 条规定，以侮辱、诽谤或者其他方式侵害英雄烈士的姓名、肖像、名誉、荣誉，损害社会公共利益的，构成犯罪的，依法追究刑事责任。前已述及，涉案贴画销售数量较少，且已经下架。庭审过程中，瞿某也对自己的行为表示悔过并道歉。可见其行为违法，但情节较轻，不构成犯罪。

需要注意的是，过去在司法实践中，对侮辱英雄烈士的案件一般按照寻衅滋事罪定罪处罚，但 2020 年 12 月 26 日公布的《刑法修正案(十一)》进一步明确规定了侵害英雄烈士名誉、荣誉罪。该修正案已于 2021 年 3 月 1 日正式施行，至此，我国对英烈人格权的保护更加明晰和全面。

法律规定

1.《民法典》第一百八十五条

侵害英雄烈士等的姓名、肖像、名誉、荣誉，损害社会公共利益的，应当承担民事责任。

2.《英雄烈士保护法》第二十二条

禁止歪曲、丑化、亵渎、否定英雄烈士事迹和精神。

英雄烈士的姓名、肖像、名誉、荣誉受法律保护。任何组织和个人不得在公共场所、互联网或者利用广播电视、电影、出版物等，以侮辱、诽谤或者其他方式侵害英雄烈士的姓名、肖像、名誉、荣誉。任何组织和个人不得将英雄烈士的姓名、肖像用于或者变相用于商标、商业广告，损害英雄烈士的名誉、荣誉。

……

3.《英雄烈士保护法》第二十五条

对侵害英雄烈士的姓名、肖像、名誉、荣誉的行为，英雄烈士的近亲属可以依法向人民法院提起诉讼。

英雄烈士没有近亲属或者近亲属不提起诉讼的，检察机关依法对侵害英雄烈士的姓名、肖像、名誉、荣誉，损害社会公共利益的行为向人民法院提起诉讼。

……

4.《英雄烈士保护法》第二十六条

以侮辱、诽谤或者其他方式侵害英雄烈士的姓名、肖像、名誉、荣誉，损害社会公共利益的，依法承担民事责任；构成违反治安管理行为的，由公安机关依法给予治安管理处罚；构成犯罪的，依法追究刑事责任。

5.《民法典》第一百七十九条

承担民事责任的方式主要有：

（一）停止侵害；

（二）排除妨碍；

（三）消除危险；

（四）返还财产；

（五）恢复原状；

（六）修理、重作、更换；

（七）继续履行；

（八）赔偿损失；

（九）支付违约金；

（十）消除影响、恢复名誉；

（十一）赔礼道歉。

法律规定惩罚性赔偿的，依照其规定。

本条规定的承担民事责任的方式，可以单独适用，也可以合并适用。

6.《民法典》第九百九十条

人格权是民事主体享有的生命权、身体权、健康权、姓名权、名称权、肖像权、名誉权、荣誉权、隐私权等权利。

除前款规定的人格权外，自然人享有基于人身自由、人格尊严产生的其他人格权益。

7.《刑法》（2020 年修正）第二百九十九条之一

侮辱、诽谤或者以其他方式侵害英雄烈士的名誉、荣誉，损害社会公共利益,情节严重的,处三年以下有期徒刑、拘役、管制或者剥夺政治权利。

8. 根据《最高人民法院、最高人民检察院关于执行〈中华人民共和国刑法〉确定罪名的补充规定(七)》,自2021年3月1日起,侵害英雄烈士名誉、荣誉罪正式设立。

社会意义

英雄烈士是国家的精神坐标,是民族的不朽脊梁。董存瑞、黄继光等英雄烈士对中华民族的贡献不可磨灭,他们用鲜血和生命谱写了惊天动地的壮歌,体现了崇高的革命气节和伟大的爱国精神,是社会主义核心价值观的重要体现。任何人都不得歪曲、丑化、亵渎、否定英雄烈士的事迹和精神。对董存瑞、黄继光等英烈事迹的亵渎,不仅侵害了两位英烈的名誉权,对其近亲属造成精神损失,也严重伤害了公众的爱国情感,损害了社会公共利益。

互联网时代名誉侵权案件具有传播速度快、社会影响大等特点。因此,上述两案均采用互联网法院审理,以高效、精准打击利用互联网侵害英雄烈士权益的不法行为,营造尊崇英烈的网络环境。大学生作为频繁使用互联网的群体,应始终牢记网络空间不是"法外之地",遵守互联网使用规则,更应厚植爱国情怀,弘扬英烈精神。

案例溯源

以上两案一审案号分别为(2019)浙0192民初9762号、(2019)浙0192民初9763号。

▶ 案例二:检察机关提起名誉权公益诉讼的条件是什么?——淮安市人民检察院诉曾某侵害烈士名誉权公益诉讼案

关键词:名誉权纠纷　社会公共利益　公益诉讼

法律要点:当英雄烈士没有近亲属或近亲属不提起诉讼的,检察机关依法对侵害英雄烈士的姓名、肖像、名誉、荣誉,损害社会公共利益的行为向人民法院提起诉讼。

基本案情

公益诉讼起诉人:江苏省淮安市人民检察院

被告:曾某

2018年5月12日17时许,淮安市H小区高层住宅突发大火,作为消防员的谢勇在执行灭火任务时不幸坠楼、壮烈牺牲。2018 年 5 月 13 日，中华人民共和国公安部批准谢勇同志为烈士，并为其颁发献身国防金质纪念章。2018 年 5 月 14 日，曾某在共有群成员 131 人的微信群就烈士谢勇抢险灭火不幸牺牲一事发表侮辱性、极其恶劣的言论。微信群内很多人看到了曾某发表的违法言论，纷纷对其进行谴责。

江苏省淮安市人民检察院向江苏省淮安市中级人民法院提出诉讼请求，判令被告曾某通过媒体公开赔礼道歉、消除影响。本案的审理法院——江苏省淮安市中级人民法院认为，被告曾某发布侮辱性言论的行为，不仅侵害了英雄烈士的名誉，对社会公共利益也造成了严重的损害。根据原《民法总则》第 185 条和《英雄烈士保护法》第 22 条的规定，被告曾某应当对侵害烈士名誉、荣誉而承担民事责任。而根据《英雄烈士保护法》第 25 条的规定，当英雄烈士没有近亲属或近亲属不提起诉讼的，检察机关依法对侵害英雄烈士的姓名、肖像、名誉、荣誉，损害社会公共利益的行为向人民法院提起诉讼。本案中，江苏省淮安市人民检察院具备诉讼主体资格，能够向江苏省淮安市中级人民法院提起公益诉讼。

法律讲堂

1. 本案中曾某是否应当因侵害英雄烈士的名誉而承担民事责任

曾某应当承担民事责任。原《民法总则》第 185 条[①]规定，侵害英雄烈士等的姓名、肖像、名誉、荣誉，损害社会公共利益的，应当承担民事责任。《英雄烈士保护法》第 22 条第 2 款规定，英雄烈士的姓名、肖像、名誉、荣誉受法律保护。任何组织和个人不得在公共场所、互联网或者利用广播电视、电影、出版物等，以侮辱、诽谤或者其他方式侵害英雄烈士的姓名、肖像、名誉、荣誉。第 26 条规定，以侮辱、诽谤或者其他方式侵害英雄烈士的姓名、肖像、名誉、荣誉，损害社会公共利益的，依法承担民事责任；构成违反治安管理行为的，由公安机关依法给予治安管理处罚；构成犯罪的，依法追究刑事责任。本案中曾某在共有 131 人的微信群对烈士抢险灭火不幸牺牲的事实发表侮辱性的言论，不仅侵害了烈士的名誉、荣誉，对烈士的诋毁也极大程度地损害了社会公共利益。曾某应当承担民事责任，江苏省淮安市人民检察院要求被告曾某通过媒体公开赔礼道歉、消除影响的诉讼请求是合理、合法的。

---

① 现为《民法典》第 185 条。

2. 本案中检察机关是否具备诉讼主体资格

本案中检察机关具备诉讼主体资格，可以向人民法院提起公益诉讼。《英雄烈士保护法》第25条第2款规定，英雄烈士没有近亲属或者近亲属不提起诉讼的，检察机关依法对侵害英雄烈士的姓名、肖像、名誉、荣誉，损害社会公共利益的行为向人民法院提起诉讼。在本案中，烈士谢勇的近亲属向江苏省淮安市人民检察院出具了不对曾某提起民事诉讼、相信并支持检察机关提起诉讼的声明，谢勇的父亲和母亲都在该份声明上签字。因为谢勇的近亲属未提起诉讼，所以江苏省淮安市人民检察院作为公益诉讼起诉人提起本案诉讼，主体适格、程序合法。

法律规定

《民事诉讼法》(2021年修改)第五十八条

对污染环境、侵害众多消费者合法权益等损害社会公共利益的行为，法律规定的机关和有关组织可以向人民法院提起诉讼。

人民检察院在履行职责中发现破坏生态环境和资源保护、食品药品安全领域侵害众多消费者合法权益等损害社会公共利益的行为，在没有前款规定的机关和组织或者前款规定的机关和组织不提起诉讼的情况下，可以向人民法院提起诉讼。前款规定的机关或者组织提起诉讼的，人民检察院可以支持起诉。

社会意义

本案中曾某歪曲烈士因抢险救火而英勇牺牲的事实，发布侮辱性的言论，构成了对烈士名誉的侵害，同时，曾某借助微信群造成不实言论大范围扩散，破坏了烈士无私奉献的形象。英雄烈士的精神是社会主义核心价值观和爱国主义精神的重要体现，诋毁烈士是违背社会公德的行为，因此，曾某的行为也损害了社会公共利益。大学生应当努力学习英雄烈士不畏艰难、无私奉献的精神，同时维护英雄烈士的名誉和荣誉，不得肆意歪曲、亵渎英雄烈士的事迹和精神。诋毁英雄和烈士，不仅是侵害英雄烈士名誉权和荣誉权的违法犯罪行为，也是对社会公共利益的背离。

案例溯源

本案一审案号为(2018)苏08民公初1号。

专题三
危难之际伸援手　见义勇为受保护

近年来，有的人在他人陷于危难时不敢提供帮助，是因为担心做好事又被诬陷为施害者。为了弘扬救人于危难的精神，法律对见义勇为的行为予以保护。本专题选取两个典型案例，涉及当事人对损害发生均无过错时，侵权责任的分担方式，以及见义勇为，旨在从法律上厘清见义勇为的行为，鼓励社会公众在他人危难之际施以援手。每一个人都用实际行动弘扬社会正气，就能够在全社会树立良好的道德风尚。

▶ 案例一：当事人对损害发生均无过错时，侵权责任如何承担？
——彭宇案

关键词：见义勇为　公平责任　法律推理

法律要点：当事人对造成损害都没有过错的，可以根据实际情况，由当事人分担民事责任。

基本案情

原告：徐某

被告：彭宇

2006年11月20日上午，徐某在南京市水西门公交车站等候83路公交车，9时30分左右，有两辆83路公交车同时进站。徐某准备乘坐后一辆83路公交车，在走到前一辆公交车后门时，彭宇第一个从公交车后门下车，徐某摔倒受伤，彭宇发现后将徐某扶至路旁，在徐某的亲属到来后，彭宇便与徐某亲属等人将徐某送往医院治疗，徐某被诊断为左股骨颈骨折并住院治疗，施行髋关节置换术。徐某认为自己是被彭宇撞倒导致受伤，彭宇认为自己并没有撞到徐某。因徐某与彭宇未能达成调解协议，故徐某诉至法院，请求彭宇赔偿医疗费、护理费、营养费等损失共计人民币136,419.3元。

南京市鼓楼区人民法院经审理认为,徐某是与彭宇相撞后受伤。因为从常理分析,彭宇与徐某相撞的可能性较大。如果彭宇是见义勇为做好事,更符合实际的做法应是抓住撞倒徐某的人,而不仅是好心相扶;如果彭宇是做好事,根据社会情理,在徐某的家人到达后,他完全可以言明事实经过并让徐某的家人将徐某送往医院,然后自行离开,但彭宇并没有这样做,其行为显然与情理相悖。

鉴于本次事故的情况,鼓楼区人民法院适用公平责任,酌定彭宇补偿徐某损失的40%,共计人民币45,876.36元。彭宇不服,上诉到南京市中级人民法院。二审开庭之前,彭宇与徐某达成庭前和解协议,彭宇一次性补偿徐某1万元,双方均不得在媒体(电视、电台、报纸、刊物、网络等)上就披露与本案相关信息和发表相关言论。

法律讲堂

1. 什么是公平责任

公平责任,是指在当事人对造成的损害都无过错、不能适用无过错责任要求行为人承担赔偿责任,但如果不赔偿受害人遭受的损失又显失公平的情况下,由人民法院根据当事人的财产状况及其他实际情况,责令行为人对受害人的财产损失给予适当补偿的一种责任形式。

2. 本案能否适用公平责任

应当适用公平责任。公平责任的适用条件为当事人双方都没有过错;有较严重的损害发生;根据民法的公平理念,由双方当事人分担损失。本案中,徐某无法预见与彭宇相撞,彭宇在下车过程中视野受限,并不能够判断车后门周围的情况。因此,原告徐某和被告彭宇两人均没有过错。本案应当适用公平责任原则。①

3. 本案认定徐某与彭宇相撞的推理过程是否正确

法律推理应严格依据证据进行判断,事实认定不能因果倒置。本案以结果推原因,逻辑推理错误。

鼓楼区人民法院在判决书中用结果推原因,逻辑错误。法院用彭宇事后

---

① 公平责任原则由《民法典》第1186条规定。

对老人进行救助的行为、彭宇在事发当天给付老人200多元钱且一直未要求老人返还、彭宇在庭审前及第一次庭审中均未提及其是见义勇为的情节，而是在二次庭审时方才陈述事后行为事实来推断彭宇事前实施的行为不可能是见义勇为行为，但对于多因一果的事件，从结果出发根本无法准确推断原因，因为很多原因都可能导致这一结果的产生。因此，不能通过结果来推导原因。

此外，鼓楼区人民法院认为，人们不会无缘无故地去做好事帮助他人，如果某人作出了帮助他人的好事，则判断其是因为事先对他人实施了伤害行为并造成损害，其实施帮助他人的行为，是对其伤害他人的过错行为的补救。虽然不能排除一个人做好事是弥补其之前所犯错误的这种可能性，但是这仅是众多可能性中的一种。因而不能根据做好事的这一结果，推导行为人之前就一定犯了错误。

综上，鼓楼区人民法院认定徐某与彭宇相撞的推理过程错误利用生活经验和常理，属于法律推理错误。

4. 本案裁判结果是否正确

正确。根据徐某提供的彭宇承认自己与人相撞的笔录、照片以及彭宇承认自己确实与人相撞但不清楚与谁相撞等证据，可以认定彭宇与徐某相撞。

鼓楼区人民法院在判决时，充分考虑吸收了导致损害结果发生的原因力及过错责任大小的问题，酌定彭宇承担徐某损失的40%，裁判结果正确。本案发生多年后，最高人民法院民一庭审判长李明义也评论本案一审判决并无不妥，之所以引起争议，主要在于鼓楼区人民法院的推理过程错误，没有正确理解和运用生活经验推理。①

法律规定

1.《民法典》第九百九十条

人格权是民事主体享有的生命权、身体权、健康权、姓名权、名称权、肖像权、名誉权、荣誉权、隐私权等权利。

除前款规定的人格权外，自然人享有基于人身自由、人格尊严产生的其他人格权益。

---

① 孙莹：《最高法发布交通事故赔偿纠纷案等四起典型案例》，载中国法院网，https://www.chinacourt.org/article/detail/2014/07/id/1352051.shtml。

2.《民法典》第一千一百七十九条

侵害他人造成人身损害的，应当赔偿医疗费、护理费、交通费、营养费、住院伙食补助费等为治疗和康复支出的合理费用，以及因误工减少的收入。造成残疾的，还应当赔偿辅助器具费和残疾赔偿金；造成死亡的，还应当赔偿丧葬费和死亡赔偿金。

3.《民法典》第一千一百八十六条

受害人和行为人对损害的发生都没有过错的，依照法律的规定由双方分担损失。

4.《民法典》第一百八十三条

因保护他人民事权益使自己受到损害的，由侵权人承担民事责任，受益人可以给予适当补偿。没有侵权人、侵权人逃逸或者无力承担民事责任，受害人请求补偿的，受益人应当给予适当补偿。

5.《民法典》第一百八十四条

因自愿实施紧急救助行为造成受助人损害的，救助人不承担民事责任。

社会意义

事实上本案裁判结果并无不妥，错误的是涉案司法人员法律推理逻辑错误，从而引发一系列负面评论。本案警示政法部门应高度重视彭宇案反映的办案人员的职业素养问题，切实加强政法队伍的职业化建设，同时也应大力表彰社会道德楷模和先进典型，弘扬社会主义核心价值观，营造引人向上、促进和谐的良好社会环境。

近年来，法律保护见义勇为者越发全面，《民法典》第183条和第184条规定，见义勇为者不负民事责任，给每一个心存善良、胸怀正义的人，吃了一颗“定心丸”。大学生应牢记社会主义核心价值观，积极救助陷于危难之人，因为法律始终站在善者那一边，坚决不让见义勇为者“既流血又流泪”。

案例溯源

本案一审案号为(2007)鼓民一初字第212号。

▶ 案例二：本案被告的行为是否属于见义勇为？——朱某追赶交通肇事逃逸者案

关键词：见义勇为　无过错　因果关系

法律要点:非负有法定职责或者义务的主体为保护国家、集体利益或者他人的人身、财产安全,与正在发生的违法犯罪作斗争或者抢险救灾的行为,属于见义勇为。本案中,被告朱某的行为构成见义勇为。

基本案情

原告:张某福、张某凯(死者近亲属)

被告:朱某(见义勇为者)

2017年1月9日上午11时许,张某焕由南向北驾驶X号两轮摩托车与张某来无证驾驶同方向行驶的无牌照两轮摩托车追尾相撞,张某焕跌倒、张某来倒地受伤、摩托车受损,后张某焕起身驾驶摩托车驶离现场。此事故经交警部门认定:张某焕负主要责任,张某来负次要责任。

事发当时,朱某驾车经过肇事现场,发现肇事逃逸行为立即驾车追赶。追赶过程中,朱某多次向派出所、公安局"110"指挥中心等公安部门电话报警。朱某驾车追赶张某焕过程中,不时喊"这个人把人怼了要逃跑呢""你怼死人了往哪跑!警察马上就来了",张某焕称"一会儿我就把自己砍了",朱某说"你把刀扔了我就不追你了"之类的对话。

随后,张某焕跑上公路,有向过往车辆冲撞的行为。在此过程中,交通局路政执法大队副大队长郑某等人加入,与朱某一起继续追赶,并警告路上车辆,小心慢行,这个人想往车上撞。张某焕走到X铁路时,翻过护栏,沿路堑而行。朱某边追赶边劝阻张某焕说:"被撞到的那个人没事儿,你也有家人,知道了会惦记你的,你自首就行了。"2017年1月9日11时56分张某焕自行走向两铁轨中间,朱某挥动上衣,向驶来的列车示警。2017年1月9日12时2分,张某焕被由北向南行驶的火车撞倒,后经检查被确认死亡。在朱某跟随张某焕的整个过程中,两人始终保持一定的距离,未曾有过身体接触。朱某有劝张某焕投案的语言,也有责骂张某焕的言辞。

河北省滦南县人民法院经审理认为,张某焕肇事逃逸的行为构成违法。朱某作为普通公民,挺身而出,制止正在发生的违法犯罪行为,属于见义勇为,不应承担民事侵权责任。

法律讲堂

1.如何认定见义勇为

见义勇为,是指非负有法定职责或者义务的主体为保护国家、集体利益或者他人的人身、财产安全,与正在发生的违法犯罪作斗争或者抢险救灾的行为。《民法典》已将见义勇为行为纳入民法调整范围,建立了民法上的见义勇为制度,赋予了见义勇为行为人损害赔偿请求权及损害补偿请求权。根据《民法典》第 183 条的规定,因保护他人民事权益使自己受到损害的,由侵权人承担民事责任,受益人可以给予适当补偿。没有侵权人、侵权人逃逸或者无力承担民事责任,受害人请求补偿的,受益人应当给予适当补偿。根据《民法典》第 184 条的规定,因自愿实施紧急救助行为造成受助人损害的,救助人不承担民事责任。

2. 本案朱某的行为是否符合法律规定

朱某作为普通公民,挺身而出,制止正在发生的违法犯罪行为,属于见义勇为,符合法律规定。

根据《道路交通安全法》第 70 条第 1 款之规定,在道路上发生交通事故,车辆驾驶人应当立即停车,保护现场;造成人身伤亡的,车辆驾驶人应当立即抢救受伤人员,并迅速报告执勤的交通警察或者公安机关交通管理部门。因抢救受伤人员变动现场的,应当标明位置。乘车人、过往车辆驾驶人、过往行人应当予以协助。

本案张某焕与张某来发生道路交通事故后,张某来受伤倒地昏迷,张某焕驾驶摩托车逃离,构成交通肇事逃逸。朱某作为现场目击者,及时向公安机关电话报警,并驱车、徒步追赶张某焕,敦促张某焕主动投案,其行为本身符合法律规定。

3. 本案朱某的行为与张某焕的死亡是否具有法律上的因果关系

朱某的劝阻和追赶行为没有超出必要限度,与张某焕的死亡没有法律上的因果关系。

本案朱某在追赶过程当中始终与张某焕保持了安全距离。而且他一边追赶,一边报警。在火车要来的时候,朱某又及时挥衣示警,而且他对张某焕进行了高声劝阻:“考虑考虑家人你就不要跑了,这个事并不大。”但张某焕不听朱某劝阻,执意逃跑。因此,朱某的行为与张某焕的死亡不具有法律上的因果关系。

4. 朱某是否应当承担侵权责任

朱某不存在侵犯张某焕生命权的过错,不应承担民事侵权责任。原《侵权责任法》第 6 条第 1 款①规定,行为人因过错侵害他人民事权益,应当承担侵权责任。前已述及,本案朱某的追赶行为属于见义勇为行为,客观上不具备违法

① 现为《民法典》第 1165 条第 1 款。

性，且该行为与张某焕死亡结果之间不存在因果关系。考虑交通事故事发突然，当时张某来处于倒地昏迷状态，朱某作为非专业医护人员无法准确判断张某来伤情，在追赶过程中有时喊话传递的信息不准确或语言不文明，可能给张某焕造成紧张感，但双方始终未发生身体接触，朱某也一直与张某焕保持安全的追赶距离，并及时劝阻张某焕，不具有侵犯张某焕生命权的过错。综上，朱某不应承担民事侵权责任。

法律规定

1.《道路交通安全法》第七十条

在道路上发生交通事故，车辆驾驶人应当立即停车，保护现场；造成人身伤亡的，车辆驾驶人应当立即抢救受伤人员，并迅速报告执勤的交通警察或者公安机关交通管理部门。因抢救受伤人员变动现场的，应当标明位置。乘车人、过往车辆驾驶人、过往行人应当予以协助。

在道路上发生交通事故，未造成人身伤亡，当事人对事实及成因无争议的，可以即行撤离现场，恢复交通，自行协商处理损害赔偿事宜；不即行撤离现场的，应当迅速报告执勤的交通警察或者公安机关交通管理部门。

在道路上发生交通事故，仅造成轻微财产损失，并且基本事实清楚的，当事人应当先撤离现场再进行协商处理。

2.《民法典》第一千一百六十五条

行为人因过错侵害他人民事权益造成损害的，应当承担侵权责任。

依照法律规定推定行为人有过错，其不能证明自己没有过错的，应当承担侵权责任。

社会意义

见义勇为是中华民族的光荣传统，更是社会主义核心价值观的重要内容。法院承担对社会主导价值观和行为模式的引导责任，通过司法案例的方式认定见义勇为行为，并旗帜鲜明地予以支持和鼓励。最高人民法院院长周强点评该案时说："朱某追赶交通肇事逃逸者案，让维护法律和公共利益的行为受到鼓励，让见义勇为者敢为，以公正裁判树立行为规则，引领社会风尚。"

案例溯源

本案一审案号为（2017）冀0224民初3480号，二审案号为（2018）冀02民终2730号。

专题四
公共秩序需守护　公共利益要维护

本专题选取两个典型案例，涉及的法律要点包含公平责任的适用条件，以及经营者是否尽到安全保障义务会影响侵权责任的承担，旨在告诉同学们守护公共秩序和维护公共利益是每一个人的责任。大学生接受了良好的教育，更应当增强自身的社会责任感。

▶ 案例一：公平原则在本案中是否适用？——电梯内劝阻吸烟案

关键词：侵权　公平责任　意外事件　社会公共利益

法律要点：本案以维护公共利益为主要价值取向，不适用公平责任。

基本案情

上诉人（原审原告）：田某某，系死者段某某（被劝阻者）之妻

被上诉人（原审被告）：杨某

本案发生在2017年5月2日上午，段某某和医生杨某先后进入了一小区电梯。段某某在电梯里抽烟，杨某作为医护工作人员，出于职业敏感性对段某某进行善意劝阻，理由是电梯属于公共空间，在电梯内吸烟损害了公共利益。段某某受到劝阻后非常生气，觉得年轻人竟然不尊重老人。直到两人走出电梯后，依然有语言上的争吵，直到该小区物业公司的工作人员出现进行劝阻，才制止了两人的争执。杨某离开后，段某某无法控制自己激动的情绪，最终导致心脏病发死亡。后经医院查明，原来段某某有心脏病史，还曾在2007年做过心脏搭桥手术。

段某某的家人无法接受老人突然离世的事实，段某某的妻子田某某向河南省郑州市金水区人民法院提起了民事诉讼，要求杨某赔偿死亡赔偿金、丧葬费、精神抚慰金、医疗费共计40余万元，并承担本案的诉讼费用。一审法院认为，

本案属于生命权纠纷，根据原《侵权责任法》第 24 条的规定，判定被告杨某承担公平责任，向田某某支付 1.5 万元赔偿金，并驳回了田某某的其他诉讼请求。田某某不服一审判决，向河南省郑州市中级人民法院提出上诉。二审法院认为，本案不应当适用公平责任，原《侵权责任法》第 24 条在本案中不适用，二审法院作出的终审判决撤销原判，驳回田某某的诉讼请求。

法律讲堂

1. 本案中杨某是否应当承担一般侵权责任

原《侵权责任法》第 6 条第 1 款①的适用条件是，加害行为和损害结果之间存在法律上的因果关系，且加害人主观上有过错。本案中杨某没有承担一般侵权责任的事实基础。

当公民民事权益受到侵害的，被侵权人有权请求侵权人承担侵权责任。本案属于生命权纠纷，应当适用侵权责任法的相关规定。判定杨某应否承担侵权责任，关键在于杨某对段某某的劝阻行为和段某某的死亡事实之间是否有因果关系，以及杨某主观上是否存在过错。

杨某不应承担一般侵权责任，理由如下：(1)杨某的劝阻行为并未超过必要限度，属于正当劝阻。其对段某某的劝阻是以和平理性的方式进行的，双方没有发生肢体冲突和拉扯行为。(2)杨某的劝阻行为本身不会造成段某某死亡，段某某在未能控制自身情绪的情况下导致心脏病发不幸死亡，杨某的劝阻和段某某的死亡结果之间不存在法律上的因果关系。(3)杨某并没有侵害段某某生命权的故意或过失。电梯是公共空间，在电梯内吸烟是不文明的行为，会损害公共利益。杨某在电梯内劝阻段某某吸烟，是在履行公民应尽的社会责任，是基于保护公共秩序和公共利益的考量。其对段某某的死亡结果无法预见，主观上不存在过错，不应当承担侵权责任。

2. 原《侵权责任法》第 24 条②的公平责任在本案中是否适用

公平责任的适用条件是，加害人和受害人对损害结果的发生都没有过错，且加害行为和损害结果之间存在法律上的因果关系。公平责任在本案中不适用。

原《侵权责任法》第 24 条的前提是加害行为和损害结果之间存在法律上的因果关系，且受害人和加害人对损害的发生都没有过错。本案中，杨某的劝阻

---

① 现为《民法典》第 1165 条。

② 现为《民法典》第 1166 条。

行为与段某某的死亡结果之间没有法律上的因果关系,因此该条在本案中不适用。二审法院认为,一审法院适用原《侵权责任法》第 24 条的规定判定杨某基于公平责任对田某某赔偿 1.5 万元,属于适用法律错误。

3. 法院作出判决后,被告杨某没有提出上诉,二审法院改判是否符合法律规定

一审判决结果与社会公共利益相冲突,上级法院可以超出当事人的上诉请求进行审理。二审法院改判符合法律规定。

《最高人民法院关于适用〈中华人民共和国民事诉讼法〉的解释》第 323 条规定:“第二审人民法院应当围绕当事人的上诉请求进行审理。当事人没有提出请求的,不予审理,但一审判决违反法律禁止性规定,或者损害国家利益、社会公共利益、他人合法权益的除外。”本案一审判决作出后,被告人杨某并未提出上诉,但二审法院认为一审法院适用法律错误,损害社会公共利益,依法予以改判。杨某为了维护社会公共利益而实施正当的劝阻行为,一审法院判决杨某承担侵权责任,会打击公众维护社会公共利益的积极性。本案不适用原《侵权责任法》第 24 条的公平原则,案件终审判决以维护公共利益为主要价值取向,能够引导构建更加和谐良善的社会秩序。

法律规定

1.《民法典》第一千一百六十五条

行为人因过错侵害他人民事权益造成损害的,应当承担侵权责任。

2.《民法典》第一千一百八十六条

受害人和行为人对损害的发生都没有过错的,依照法律的规定由双方分担损失。

3.《最高人民法院关于适用〈中华人民共和国民事诉讼法〉的解释》第三百二十三条

第二审人民法院应当围绕当事人的上诉请求进行审理。

当事人没有提出请求的,不予审理,但一审判决违反法律禁止性规定,或者损害国家利益、社会公共利益、他人合法权益的除外。

社会意义

根据郑州市有关规定,市区各类公共交通工具、电梯间等公共场所禁止吸烟,公民有权制止在禁止吸烟的公共场所吸烟的行为,其目的是减少烟雾对公民身体的伤害，保障公民的身体健康，保护公共环境。本案的劝阻者杨某为了维护社会秩序和公共利益而进行劝阻，实施的是正当的劝阻行为，没有超越必要限度。劝阻行为和死者因心脏病发而猝死的结果之间没有因果关系，因此，杨某并没有承担一般侵权责任甚至公平责任的事实基础。被劝阻者段某某在电梯内吸烟的行为确实损害了公共利益。一审法院判定正当的劝阻者杨某承担侵权责任，会伤害公众心中朴素的正义观。二审法院依法予以改判，将提升公民共建文明社会的道德责任感，对弘扬社会主义核心价值观起到积极的宣传和引导作用。大学生在遇到类似情况时，也应当出于维护公共秩序的考量，勇敢地制止在公共场所吸烟的行为及其他损害公共利益的行为。

案例溯源

本案一审案号为(2017)豫0105民初14525号，二审案号为(2017)豫01民终14848号。

▶ 案例二：自助行为是否超越合理限度？——老人超市拿鸡蛋被拦猝死案

关键词：自助行为　合理限度　过错

法律要点：本案超市员工通过言语和用手拉住老人衣袖的行为阻止老人拿鸡蛋，没有超过合理限度，符合法律规定。

基本案情

上诉人(原审原告)：谷某、杜某(死者近亲属)

被上诉人(原审被告)：崇川区某超市(劝阻者)

2020年6月13日下午，谷某明进入崇川区某超市挑选鸡蛋放入购物袋，并将个别鸡蛋放入自己裤子口袋中，该行为被超市一名黄衣工作人员注意到。谷某明在收银台结账完毕离开超市时，超市的黄衣工作人员和谷某明进行了对话，谷某明返回超市后，多名超市工作人员与其交谈对话，其间黄衣工作人员拉扯了谷某明的衣服袖子并放开，超市粉衣工作人员拉扯谷某明的衣服袖子并跟随谷某明行走，在走至冰柜旁时，谷某明突然倒地。超市的黑衣工作人员周某立马拨打了“110”“120”电话。之后，“120”工作人员到达现场对谷某明进行急救并将谷某明送至南通市中医院急诊科进行抢救，但未能抢救成功，居民死亡医学证明(推断)书记载谷某明死亡原因为心肌梗死。

江苏省南通市崇川区人民法院经审理认为，经营性的超市，在其合理限度范围内可以对顾客的不当行为进行劝导。本案中，超市发现谷某明的不当行为后，超市员工和谷某明之间有言语交流，员工用手拉住了谷某明的衣袖，但该行为并未超过合理限度范围。谷某明的死亡系其自身疾病发作所致，由于其病发突然，超市及时拨打了“110”“120”电话，已尽到了安全保障义务和基本的救助义务。因此，超市及其工作人员的行为与谷某明的死亡之间没有因果关系，超市不构成侵权。

谷某和杜某不服，提起上诉。江苏省南通市中级人民法院经审理判决驳回上诉，维持原判。

法律讲堂

1. 什么是自助行为

自助行为，是指当事人的合法权益受到侵害，情况紧迫且不能及时获得国家机关保护，不立即采取措施将使其合法权益受到难以弥补的损害的，受害人可以在保护自己合法权益的必要范围内采取扣留侵权人的财物等合理自助措施；但是，应当立即请求有关国家机关处理。受害人采取的措施不当造成他人损害的，应当承担侵权责任。

2. 本案超市工作人员的劝阻行为是否符合法律规定

超市员工通过语言交流和拉扯衣袖对老人的不当行为进行劝阻，属于自助行为，没有超出合理限度范围，符合法律规定。

最高人民法院第142号指导案例裁判要旨指出：“行为人为了维护受伤害一方的合法权益，劝阻另一方不要离开碰撞现场且没有超过合理限度的，属于合法行为。被劝阻人因自身疾病发生猝死，其近亲属请求行为人承担侵权责任的，人民法院不予支持。”

本案超市工作人员看见谷某明将鸡蛋塞进衣兜，劝其拿出物品结账，在遭到谷某明拒绝时，如不采取阻拦措施，其极有可能遭受经济损失。因此，超市在来不及采取公力救济措施时，通过言语交流劝阻，拉扯老人衣袖阻止老人离开等自助行为没有超出合理限度范围，符合法律规定。

3. 本案超市是否尽到了安全保障义务

本案超市工作人员在谷某明突发疾病晕倒后，及时拨打了“110”报警电话和“120”急救电话，已经尽到了安全注意义务。

原《侵权责任法》第 37 条第 1 款①规定，宾馆、商场、银行、车站、娱乐场所等公共场所的管理人或者群众性活动的组织者，未尽到安全保障义务，造成他人损害的，应当承担侵权责任。

本案中，超市经营者属于商场等公共场所的管理人，有安全保障义务。确定安全保障义务的范围，应符合社会大众对安全保障的一般期待；既要能为受害者提供及时必要的保护，又要避免对经营者加以过重的保障义务。本案中，谷某明突然倒地，超市工作人员作为非专业医务工作者，在无法判断谷某明身体状况时，在 1 分钟之内即拨打“110”电话处理，之后拨打“120”电话寻求急救，已经尽到了安全保障义务。

4. 本案超市员工的劝阻行为与谷某明的死亡是否具有法律上的因果关系

从社会一般观念来看，超市员工的劝阻行为不会造成老人突发疾病倒地。谷某明之所以突然倒地是因为他有高血压等基础病史，与超市的劝阻行为没有法律上的因果关系。

从事实情况来看，谷某明确实是在与超市工作人员的理论过程中突发心肌梗死，具有事实上的因果关系，但事实上的因果关系并非法律上的因果关系。法律上的因果关系由“条件关系”和“相当性”两层判断组成。“条件关系”指“无 A 必无 B”。换言之，如果没有行为人的行为就没有损害后果发生。“相当性”指“有 A 通常有 B”，即如果有行为人的行为，通常情况下足以发生此种损害。本案中，超市员工的劝阻行为与谷某明的死亡存在“条件关系”，但不存在“相当性”。因为超市员工的劝阻行为，在通常情况下并不会导致老人心梗猝死。综上，超市的劝阻行为与谷某明的死亡不具有法律上的因果关系。

法律规定

1.《民法典》第一千一百六十五条

行为人因过错侵害他人民事权益造成损害的，应当承担侵权责任。

依照法律规定推定行为人有过错，其不能证明自己没有过错的，应当承担侵权责任。

2.《民法典》第一千一百九十八条

宾馆、商场、银行、车站、机场、体育场馆、娱乐场所等经营场所、公共场所的经营者、管理者或者群众性活动的组织者，未尽到安全保障义务，造成他人损害

① 现为《民法典》第 1198 条第 1 款。

的，应当承担侵权责任。

……

3.《最高人民法院关于适用〈中华人民共和国民法典〉时间效力的若干规定》第十七条

民法典施行前，受害人为保护自己合法权益采取扣留侵权人的财物等措施引起的民事纠纷案件，适用民法典第一千一百七十七条的规定。

4.《民法典》第一千一百七十七条

合法权益受到侵害，情况紧迫且不能及时获得国家机关保护，不立即采取措施将使其合法权益受到难以弥补的损害的，受害人可以在保护自己合法权益的必要范围内采取扣留侵权人的财物等合理措施；但是，应当立即请求有关国家机关处理。

受害人采取的措施不当造成他人损害的，应当承担侵权责任。

社会意义

本案一审和二审法院在查明事实的基础上，灵活巧妙地运用法理，准确适用法律，维护个案公正，对相关案件的处理发挥示范作用。同时也提醒大众，法律对消费者安全的保护并不代表漠视经营者的合理需求和其合法的利益。大学生作为消费者要诚信守法，共同维护市场经营秩序，构建文明和谐社会。

案例溯源

本案一审案号为（2020）苏0602民初3758号，二审案号为（2021）苏06民终189号。

专题五
好意施惠表情谊　侵权责任可减轻

好意同乘本为人们之间互相帮助、表达情谊的行为，但因为双方之间不存在合同关系，事故发生时侵权责任如何承担成了一个难题。《民法典》第1217条不仅为“好意同乘”引发的损害赔偿问题提供了合理的解决方案，还有助于增进社会成员之间的信任。本专题选取的两个典型案例，都是在《民法典》施行之后判决生效的，聚焦好意施惠中受惠人遭受损害的情况下，施惠人的侵权责任可以适当减轻，旨在告诉同学们在日常生活中应乐于助人、互帮互助，这是社会主义核心价值观内在要求的体现，有利于全社会的和谐、稳定。

▶ 案例一：好意同乘发生事故，赔偿责任如何分担？——韩某某与潘某某等机动车交通事故责任纠纷案

关键词：好意同乘　赔偿责任　减轻责任

法律要点：非营运机动车发生交通事故造成无偿搭乘人损害，属于该机动车一方责任的，应当减轻其赔偿责任，但是机动车使用人有故意或者重大过失的除外。

基本案情

原告：无偿搭乘人韩某某

被告：机动车使用人潘某某、事故相对方张某某及其车辆投保的保险公司等

2019年6月24日，被告潘某某和原告是朋友关系，潘某某便无偿搭载了原告。23时41分许，被告张某某驾驶轿车沿大学路由南向北行驶，在交叉路口内，与原告乘坐的被告潘某某驾驶的临时号牌轿车发生碰撞，造成交通事故，致两车受损，原告韩某某受伤，后经鉴定原告的伤残等级为十级伤残。该交通事

故经龙口市公安局交警大队责任认定，该道路交通事故事实及形成原因无法查清。经查，张某某驾驶的轿车在A保险公司投保交强险、商业三者险100万元不计免赔，被告潘某某驾驶的临时号牌轿车投保交强险、商业险于B保险公司，但并未投保车上人员责任险。

山东省龙口市人民法院经审理认为，本次交通事故交警部门无法认定事故责任，本次事故应认定张某某与潘某某各占50%的事故责任。被告张某某驾驶的车辆在A保险公司投保了交强险及商业三者险，故张某某对原告的相关赔偿责任应当由A保险公司承担。被告潘某某驾驶的系非营运车辆，原告无偿搭乘，发生交通事故造成原告损害，应当减轻潘某某的赔偿责任，对于原告的相关合理损失由潘某某承担30%的赔偿责任，其驾驶的车辆未在被告B保险公司处投保车上人员责任险，原告要求B保险公司承担责任没有依据，本院不予支持。

法律讲堂

1. 什么是“好意同乘”行为

“好意同乘”属于情谊行为，是指基于帮助别人的好意而无偿搭载他人的行为，常见情形如朋友、同事之间顺路捎一程，或者面对陌生人的求助允许其无偿搭乘等。

在《民法典》出台前没有明确针对好意同乘的法律规则，《民法典》第1217条是首个明确好意同乘责任分担的法律规范。第1217条将“好意同乘”发生事故的情况限定为“非营运机动车发生交通事故造成无偿搭乘人损害”，需要注意的有两点：一是搭乘的车辆须为非营运机动车；二是搭载行为具有无偿性。所以，诸如超市的免费购物班车等营运车辆或者由于特殊规定而被免票、持优待票（如符合条件的儿童享受免费乘车、老年人免费乘坐公交车等）的，都不构成民法上的“好意同乘”。

本案中，被告潘某某和原告是朋友关系，被告潘某某驾驶的系非营运车辆，原告无偿搭乘，属于《民法典》第1217条规定的“好意同乘”行为。根据《最高人民法院关于适用〈中华人民共和国民法典〉时间效力的若干规定》第1条和第18条的规定，《民法典》施行前，因非营运机动车发生交通事故造成无偿搭乘人损害引起的民事纠纷案件，适用《民法典》第1217条的规定。因此，本案的法律事实虽然发生于《民法典》施行前，但是2021年2月法院作出判决时仍然可以适用《民法典》第1217条的规定。

2. 好意同乘发生事故,赔偿责任如何分担

根据《民法典》第1217条的规定,非营运机动车发生交通事故造成无偿搭乘人损害,属于该机动车一方责任的,应当减轻其赔偿责任,但是机动车使用人有故意或者重大过失的除外。

本案中,本次交通事故交警部门无法认定事故责任,本次事故应认定张某某与潘某某各占50%的事故责任;由于被告潘某某驾驶的系非营运车辆,原告无偿搭乘,发生交通事故造成原告损害,根据《民法典》第1217条的规定,应当减轻潘某某的赔偿责任,对于原告的相关合理损失由潘某某承担30%的赔偿责任。

好意同乘者选择无偿搭乘的行为并不代表其愿意冒一切风险,并不能因为无偿就免除驾驶者的一切注意义务;但好意同乘同时又是驾驶者善意帮助他人的良善之举,值得肯定。因此,《民法典》对于好意同乘的驾驶人无故意或重大过失则减轻责任的规定,正是对利他行为和法律责任的承担进行的平衡之举。

法律规定

1.《最高人民法院关于适用〈中华人民共和国民法典〉时间效力的若干规定》第一条

民法典施行后的法律事实引起的民事纠纷案件,适用民法典的规定。

民法典施行前的法律事实引起的民事纠纷案件,适用当时的法律、司法解释的规定,但是法律、司法解释另有规定的除外。

民法典施行前的法律事实持续至民法典施行后,该法律事实引起的民事纠纷案件,适用民法典的规定,但是法律、司法解释另有规定的除外。

2.《最高人民法院关于适用〈中华人民共和国民法典〉时间效力的若干规定》第十八条

民法典施行前,因非营运机动车发生交通事故造成无偿搭乘人损害引起的民事纠纷案件,适用民法典第一千二百一十七条的规定。

3.《民法典》第一千二百一十七条

非营运机动车发生交通事故造成无偿搭乘人损害,属于该机动车一方责任的,应当减轻其赔偿责任,但是机动车使用人有故意或者重大过失的除外。

4.《最高人民法院关于审理道路交通事故损害赔偿案件适用法律若干问题的解释》第十条

多辆机动车发生交通事故造成第三人损害,当事人请求多个侵权人承担赔偿责任的,人民法院应当区分不同情况,依照民法典第一千一百七十条、第一千一百七十一条、第一千一百七十二条的规定，确定侵权人承担连带责任或者按份责任。

社会意义

顺路捎上一程，是生活中常见的善意施惠行为，本案根据《民法典》第1217条对驾驶人的赔偿责任予以减轻，肯定了这种互助利他的传统美德，平衡了法理与情理。同时也提醒各位善意的驾驶人，即使是无偿搭载他人，也要尽到合理的注意义务。如果存在故意或重大过失，将无法适用本规则减轻责任。许多大学生已经考取了驾照，顺路捎带一下同学或者开车载同学一起外出游玩也是常有的事，好意同乘，本是好心之举，切勿好心成坏事，注意行车安全，避免交通事故的发生，保护自己，守护他人。

案例溯源

本案根据案号为(2020)鲁0681民初5130号的案例改编。

▶ 案例二：好意施惠情形中，受惠人遭受损害，施惠人的侵权责任可以减轻吗？——周某珍与张某树机动车交通事故责任纠纷案

关键词：好意施惠　侵权责任　一般过失

法律要点：好意施惠中施惠人违法给受惠人造成损害的，应承担侵权责任。但在施惠人无故意或重大过失的情况下，应当酌情减轻其赔偿责任。

基本案情

原告：周某珍

被告：张某树

2020年4月1日中午，被告张某树驾驶三轮电动车沿路行驶时遇到原告周某珍推行三轮电动车上坡。周某珍年龄已有70岁，时间又为气温较高的中午，因此周某珍推行三轮电动车上坡非常吃力。张某树与周某珍认识，见此情形便提出帮忙。在征得周某珍的同意下，张某树用绳子做牵引，驾驶其三轮电动车拖行周某珍的三轮电动车。在行驶至一处路口处时，张某树因避让车辆未确保安全驾驶，导致被牵引的三轮电动车侧翻，被牵引的三轮电动车驾驶人周某珍在此次道路交通事故中受伤。本起事故发生后，经公安机关事故责任认定，被

告张某树承担此次事故全部责任,原告周某珍无责任。周某珍受伤后,即被送往医院治疗,出院后卧床休息、加强营养、专人陪护、随诊。原告受伤治疗终结后,经司法鉴定所鉴定,原告周某珍构成十级伤残,其误工期为 295 日、护理期为 195 日、营养期为 195 日,用去鉴定费 1800 元。

事故发生后,双方因赔偿事宜协商未果,周某珍便向安徽省肥西县人民法院提起诉讼,要求被告张某树赔偿其各项经济损失 121,127.18 元。

2021 年 3 月,安徽省肥西县人民法院经审理作出判决:被告张某树应于本判决书生效后 30 内一次性赔偿原告周某珍医疗费(含住院伙食补助费、营养费)、护理费、残疾赔偿金、交通费、鉴定费、精神抚慰金等 24,800.15 元;驳回原告周某珍的其他诉讼请求。

法律讲堂

1. 本案中被告张某树是否应当承担侵权责任

被告张某树的行为虽然是好意施惠行为,但其符合侵权行为构成要件,应当依法承担侵权责任。

好意施惠并不排斥侵权责任的成立,好意施惠行为若构成法律规定中的侵权行为,则应当承担相应的侵权责任。首先,本案中,张某树的行为是好意施惠行为。安徽省肥西县人民法院认为,张某树与周某珍认识,周某珍年迈,推行电动三轮车上坡吃力,在未获取任何报酬的情况下,张某树帮助周某珍,系好意施惠,即通常人们所说的助人为乐。其次,本案中,张某树的行为是法律规定中应当承担侵权责任的侵权行为。原《侵权责任法》第 6 条第 1 款规定:行为人因过错侵害他人民事权益,应当承担侵权责任。本案中,被告人张某树驾驶其三轮电动车拖行原告的三轮电动车时,因躲避车辆未确保安全驾驶导致被牵引三轮电动车侧翻,致使原告周某珍受伤。经公安部门鉴定,被告张某树承担此次事故全部责任。被告张某树的牵引行为违反《道路交通安全法》的规定,造成道路交通事故,致使原告周某珍受伤,是侵权行为。最后,如上文所述,好意施惠并不排斥侵权责任的成立,因此被告的侵权行为应当承担相应的侵权责任。

2. 被告张某树是否应当减轻赔偿责任

被告张某树的行为是好意施惠行为,且在该行为中被告张某树并无故意或者重大过失,因此应当酌情减轻赔偿责任。

本案中,安徽省肥西县人民法院认为,张某树的这种好意施惠(或者是通常人们所说的助人为乐)行为符合社会主义核心价值观,为当今社会普遍推崇,值得学习和肯定。而对于三轮电动车侧翻导致原告周某珍受伤的侵权后果,被告张某树存在一定的过失,但并不存在主观故意或重大过失。因此,鉴于被告张某树系好意帮助他人,应当酌情减轻其赔偿责任。

法律规定

1.《民法典》第一千一百六十五条

行为人因过错侵害他人民事权益造成损害的,应当承担侵权责任。

2.《民法典》第一千二百一十七条

非营运机动车发生交通事故造成无偿搭乘人损害,属于该机动车一方责任的,应当减轻其赔偿责任,但是机动车使用人有故意或者重大过失的除外。

社会意义

在人们的日常生活中,好意施惠是一种比较常见的行为,例如,朋友之间请客吃饭,搭乘朋友的顺风车等。可以说,好意施惠行为既是人们日常生活中的一种社交方式,也是社会中一种善良风俗的体现。需要注意的是,好意施惠并不排斥侵权责任,人们在实施好意施惠行为的过程中也应当遵守相应的法律法规。但是通过本案的判决也能看出,法律对好意施惠行为并不十分苛刻,好意施惠行为中的施惠人若构成侵权,如果不存在主观故意或重大过失,应当减轻其侵权责任。

案例溯源

本案案号为(2021)皖0123民初141号。

第二章
校园学习生活

校园生活是大学生生活最绚烂多彩的一章。在校园中同学们汲取知识,发展友谊。但少数同学侵犯他人的人身权、财产权等行为也时有发生。本章通过6个专题共12个真实案例,对同学们在校园生活中可能遇到的法律问题进行了分析。例如,考试作弊可以作为不授予学位的条件吗?替考行为如何追责?将姓名修改成知名作者的姓名,并署名出版的小说,是否为假冒他人署名的侵权作品?抄袭行为的成立,是否必须以所抄袭的部分构成一个独立的作品为条件?名誉权侵权的构成要件是什么?未经本人同意公开私人书信,是侵犯隐私权的行为吗?在与邻居的相邻位置安装摄像设备,是否侵犯了邻居的隐私权?高空抛物要负刑事责任吗?消费者要求支付价款十倍的赔偿金,是否以受害方因涉案食品实际遭受人身、财产的损害为条件?经营未标明基本信息的预包装食品承担何种法律责任?……

专题一
诚信考试德立身　公平参与和竞争

诚信是一个人的立身之本,是大学生应当具备的基本道德素养。诚信考试是对自身以及他人在学习中辛勤付出的一种尊重,也是对考试制度以及公平的维护。当诚信考试体现在法律规范的要求中,并通过相关法律法规予以保障时,它就不再仅是一个道德的范畴,而是被纳入公民的法定义务。违反法定义务的后果就不再是道德上的谴责,而是需要承担相应的法律责任。本专题选取的两个典型案例就展现出违反诚信考试法定义务所应承担的不利后果,警示同学们在考试过程中要坚守诚信、维护公平。

▶ 案例一:考试作弊可以作为不授予学位的条件吗?——高某诉上海某大学不授予学位案

关键词:诚信考试　考试作弊　学位授予

法律要点:考生考试作弊,本门课程成绩无效,学校可根据规定不授予学位。

基本案情

原告:高某(学位申请人)

被告:上海某大学(学位授予单位)

高某是上海某大学外国语学院英语专业2009级本科1班学生,在2010年12月29日的"外贸英语"课程考试过程中作弊,上海某大学于2011年1月5日作出《关于给予高某同学记过处分的决定》,给予高某行政记过处分,该门课程成绩无效。根据上海某大学的有关规定,建议校学位委员会取消高某学士学位授予资格。高某于2011年1月12日向上海某大学学生申诉处理委员会提出书面申诉,该委员会于2011年3月4日作出申诉复议决定,维持学校给予的行政记过处分和考试课程成绩无效的处理决定。高某向上海市教育委员会提出申诉,上海市教育委员会于2011年5月6日作出学生申诉复议决定,维持上海某大学的处分决定。上海某大学学位评定委员会于2013年6月17日决定不授予高某学士学位。高某遂提起行政诉讼。

上海市徐汇区人民法院经审理认为,上海某大学作为法律、法规授权的组织,依法具有对该校本科毕业生授予或不授予学士学位的行政职权。《上海某大学关于学士学位授予工作的规定》是学校针对本校本科毕业生获得学士学位所应具备条件作出的具体规定,该规定在第2条列明了“凡出现以下情况之一者不授予学士学位”,其中第3项是“考试(含考查)作弊者”。高某是该校外国语学院英语专业2009级本科学生,由于在校期间曾考试作弊,受到违规处理,学校依据规定决定不授予高某学士学位,符合法律规定。

法律讲堂

1. 什么是行政诉讼

行政诉讼,是指公民、法人或者其他组织认为行政机关和行政机关工作人员的行政行为侵犯其合法权益,依法向人民法院起诉,人民法院在当事人及其他诉讼参与人的参加下,依法对被诉具体行政行为进行审查并作出裁判,从而解决行政争议的系列活动。前文所指行政行为包括法律、法规、规章授权的组织作出的行政行为。

2. 行政诉讼受案范围有哪些

根据《行政诉讼法》第12条之规定,人民法院受理公民、法人或者其他组织提起的下列诉讼:(1)对行政拘留、暂扣或者吊销许可证和执照、责令停产停业、没收违法所得、没收非法财物、罚款、警告等行政处罚不服的;(2)对限制人身自由或者对财产的查封、扣押、冻结等行政强制措施和行政强制执行不服的;(3)申请行政许可,行政机关拒绝或者在法定期限内不予答复,或者对行政机关作出的有关行政许可的其他决定不服的;(4)对行政机关作出的关于确认土地、矿藏、水流、森林、山岭、草原、荒地、滩涂、海域等自然资源的所有权或者使用权的决定不服的;(5)对征收、征用决定及其补偿决定不服的;(6)申请行政机关履行保护人身权、财产权等合法权益的法定职责,行政机关拒绝履行或者不予答复的;(7)认为行政机关侵犯其经营自主权或者农村土地承包经营权、农村土地经营权的;(8)认为行政机关滥用行政权力排除或者限制竞争的;(9)认为行政机关违法集资、摊派费用或者违法要求履行其他义务的;(10)认为行政机关没有依法支付抚恤金、最低生活保障待遇或者社会保险待遇的；(11)认为行政机关不依法履行、未按照约定履行或者违法变更、解除政府特许经营协议、土地房屋征收补偿协议等协议的；(12)认为行政机关侵犯其他人身权、财产权等合法权益的。除前款规定外，人民法院受理法律、法规规定可以提起诉讼的其他行政案件。

3. 本案中高校不授予学位的行为是否属于法院受案范围

属于，具有可诉性。国务院授权高校授予学生学士学位是授权行政行为，高校作为被授权的组织是行政诉讼法上的诉讼主体。

根据《行政诉讼法》(1989 年)第 25 条之规定，法律、法规授权的组织所作的具体行为，该组织是被告。根据《学位条例》等法律、行政法规的授权，上海某大学具有审查授予普通高校学生学士学位的行政职权，负责实施授予学士学位这类行政行为。因此，上海某大学是本案的适格被告，本案被诉行政行为具有可诉性。

4.《上海某大学关于学士学位授予工作的规定》是否违反上位法规定

不违反。《学位条例》第 8 条第 1 款规定，学士学位，由国务院授权的高等学校授予。《学位条例暂行实施办法》第 25 条规定，学位授予单位可根据本暂行实施办法，制定本单位授予学位的工作细则。

《学位条例》明确规定，高校具有授予学士学位的法定职权，同时也赋予学位授予单位一定的“自治”权利，即高校可以自行制定学位授予工作的细则，并按照自己制定的标准，决定对申请学位的毕业生授予或不授予学位。上海某大学作为法律、法规明确授权的组织，可以自主规定授予或不授予学士学位的条件。考试作弊行为本就是法律明确禁止的行为，本案中，上海某大学规定考试(含考查)作弊者不授予学士学位，符合上位法规定。

法律规定

1.《学位条例》第八条

学士学位，由国务院授权的高等学校授予；硕士学位、博士学位，由国务院授权的高等学校和科学研究机构授予。

授予学位的高等学校和科学研究机构及其可以授予学位的学科名单，由国务院学位委员会提出，经国务院批准公布。

2.《学位条例暂行实施办法》第二十五条

学位授予单位可根据本暂行实施办法,制定本单位授予学位的工作细则。

3.《普通高等学校学生管理规定》(2005 年)第十六条

学生严重违反考核纪律或者作弊的,该课程考核成绩记为无效,并由学校视其违纪或者作弊情节,给予批评教育和相应的纪律处分。给予留校察看及以下处分的,经教育表现较好,在毕业前对该课程可以给予补考或者重修机会。

《普通高等学校学生管理规定》(2005 年)第十六条的规定已调整为《普通高等学校学生管理规定》(2017 年修订)第十八条的内容。

《普通高等学校学生管理规定》(2017 年修订)第十八条

学校应当健全学生学业成绩和学籍档案管理制度,真实、完整地记载、出具学生学业成绩,对通过补考、重修获得的成绩,应当予以标注。

学生严重违反考核纪律或者作弊的,该课程考核成绩记为无效,并应视其违纪或者作弊情节,给予相应的纪律处分。给予警告、严重警告、记过及留校察看处分的,经教育表现较好,可以对该课程给予补考或者重修机会。

……

4.《行政诉讼法》(1989 年)第二十五条

公民、法人或者其他组织直接向人民法院提起诉讼的,作出具体行政行为的行政机关是被告。

……

由法律、法规授权的组织所作的具体行政行为,该组织是被告。

……

《行政诉讼法》(1989 年)第二十五条的规定已调整为《中华人民共和国行政诉讼法》(2017 年修正)第二条、第二十六条的内容。

《行政诉讼法》(2017 年修正)第二条

公民、法人或者其他组织认为行政机关和行政机关工作人员的行政行为侵犯其合法权益,有权依照本法向人民法院提起诉讼。

前款所称行政行为,包括法律、法规、规章授权的组织作出的行政行为。

《行政诉讼法》(2017 年修正)第二十六条

公民、法人或者其他组织直接向人民法院提起诉讼的,作出行政行为的行政机关是被告。

……

社会意义

诚信参加考试不仅是应试者必须守住的道德底线,更是法律规定的基本义务。本案通过否定学生考试作弊行为,支持学校拒绝授予不诚信学生学士学位,切实维护考试的权威性和严肃性,增强学生诚信应考意识,营造公平公正的考试氛围,也警示大学生遵守考试规则,公平参与竞争。

案例溯源

本案案号为(2014)徐行初字第80号。

▶ 案例二:替考行为如何追责?——侯某、虎某代替考试案

关键词:诚信考试　代替考试　刑事处罚

法律要点:行为人代替他人或让他人代替自己参加法定考试,均构成代替考试罪。

基本案情

公诉机关:北京市海淀区人民检察院

被告人:侯某、虎某

2015年10月间,虎某通过他人联系侯某,让侯某代替自己参加2016年全国硕士研究生招生考试。2015年12月26日上午,侯某代替虎某参加上述考试中的管理类联考综合能力科目时,被监考人员当场发现。侯某于2015年12月26日被公安机关抓获,虎某于2015年12月28日主动向公安机关投案,之后二人均如实供述犯罪事实。

北京市海淀区人民法院适用简易程序,实行独任审判,经审理认为,侯某代替他人参加、虎某让他人代替自己参加法律规定的国家考试,其行为均构成代替考试罪。检方指控侯某、虎某犯代替考试罪的事实清楚,证据充分,指控罪名成立,量刑建议适当。鉴于侯某到案后能如实供认自己的罪行,虎某犯罪后能自动投案,如实供述自己的罪行,系自首;二人均能真诚悔罪,法院以代替考试罪判处被告人侯某拘役一个月,罚金人民币1万元;判处被告人虎某拘役一个月,罚金人民币8000元。

法律讲堂

1. 哪些替考行为构成犯罪

《刑法》第284条之一第4款规定代替他人或者让他人代替自己参加法律规定的国家考试,构成代替考试罪。高考、国家统一法律职业资格考试、注册会计师资格考试、公务员招录考试等法定考试属于前述国家考试。

2. 本案中侯某、虎某是否构成自首

侯某不构成自首,但具有如实供述自己罪行的从轻情节。虎某自动投案并如实供述罪行,构成自首。

《刑法》第67条规定,犯罪以后自动投案,如实供述自己的罪行的,是自首。对于自首的犯罪分子,可以从轻或者减轻处罚。其中,犯罪较轻的,可以免除处罚。被采取强制措施的犯罪嫌疑人、被告人和正在服刑的罪犯,如实供述司法机关还未掌握的本人其他罪行的,以自首论。犯罪嫌疑人虽不具有前两款规定的自首情节,但是如实供述自己罪行的,可以从轻处罚;因其如实供述自己罪行,避免特别严重后果发生的,可以减轻处罚。

从上述规定可知自首主要分为两种情形:第一种是犯罪后还没被司法机关控制的人自动投案,如实供述自己所犯罪行,即一般自首。第二种是已经被司法机关控制后,供述司法机关未掌握的其他罪行,即特殊自首。本案侯某是被抓捕归案,排除自动投案情形。侯某替他人考试被监考人员当场发现,其罪行已经被司法机关掌握,排除特殊自首情形。因此,侯某既不构成一般自首也不构成特殊自首,但其归案后能够如实供述自己的罪行,根据《刑法》第67条第3款之规定,可以从轻处罚。

本案中,虎某虽然被监考人员当场发现让他人代替自己参加考试,但此时虎某并未处于司法机关控制之下,虎某主动向公安机关投案,属于自动投案,随后虎某如实供述自己的罪行,根据《刑法》第67条第1款的规定,虎某构成一般自首,可以从轻或减轻处罚。需要注意的是,可以从轻或减轻处罚不是必须从轻、减轻或者免除处罚,是否能够从轻、减轻或者免除处罚,需要法院综合考虑整个案件的全部情节,作出最终的判断。

法律规定

1.《刑法》第五十三条

罚金在判决指定的期限内一次或者分期缴纳。期满不缴纳的,强制缴纳。对于不能全部缴纳罚金的,人民法院在任何时候发现被执行人有可以执行的财产，应当随时追缴。

由于遭遇不能抗拒的灾祸等原因缴纳确实有困难的，经人民法院裁定，可以延期缴纳、酌情减少或者免除。

2.《刑法》第六十七条

犯罪以后自动投案，如实供述自己的罪行的，是自首。对于自首的犯罪分子，可以从轻或者减轻处罚。其中，犯罪较轻的，可以免除处罚。

被采取强制措施的犯罪嫌疑人、被告人和正在服刑的罪犯，如实供述司法机关还未掌握的本人其他罪行的，以自首论。

犯罪嫌疑人虽不具有前两款规定的自首情节，但是如实供述自己罪行的，可以从轻处罚；因其如实供述自己罪行，避免特别严重后果发生的，可以减轻处罚。

3.《刑法》第二百八十四条之一

在法律规定的国家考试中，组织作弊的，处三年以下有期徒刑或者拘役，并处或者单处罚金；情节严重的，处三年以上七年以下有期徒刑，并处罚金。

……

代替他人或者让他人代替自己参加第一款规定的考试的，处拘役或者管制，并处或者单处罚金。

社会意义

保持考场风清气正、维护考试公平，事关社会诚信与和谐稳定。“替考”行为不仅破坏了考试的规则，严重影响考试的公平性，而且与考试的宗旨和功能相违背，严重违反了国家相关考试管理制度。本案是《刑法修正案(九)》将“替考”行为入刑并正式施行后，北京法院审结的第一例考研替考入刑案。本案通过对替考者、被替考者的“全链条打击”，彰显了国家注重维护社会诚信的态度和决心，其警示和教育意义非常明显。

大学生作为未来社会的建设者，理应树立诚信为本、操守为重的信用意识和道德观念，以诚实守信为荣，以见利忘义为耻，努力培养诚实守信的优良品质，争做高素质的人才，承担起社会责任的历史使命。

案例溯源

本案一审案号为(2016)京0108刑初221号。

专题二
尊重保护著作权　学术成果不抄袭

知识应当被尊重,尊重知识更多地体现在个人对知识的追求和渴望。尊重知识则着重体现在通过制度的设计对知识产权进行保护。知识产权作为一种民事权利受到法律的保护,侵犯知识产权则会受到法律的惩处。大学生完成学业的过程也是一种追求知识的过程,在这一过程中大学生吸收知识也传播知识,更加了解知识的重要性,也更加尊重知识。大学生应当牢记,抄袭等侵犯知识产权的行为不仅是学术道德上的不端,甚至会触犯法律。

▶ 案例一:将姓名修改成知名作者的姓名,并署名出版的小说,是否为假冒他人署名的侵权作品?——湖南王某文诉河北王某文等侵犯著作权、不正当竞争纠纷案

关键词:署名权　著作权　不正当竞争

法律要点:将姓名修改与知名作家一致,并署名出版的小说为假冒他人署名的侵权作品。

基本案情

原告:王某文(作家)

被告:叶某军(经营Y书社,该书社售卖长篇小说《国风》)、王某文(与原告同名,原名王某山,Z公司的签约作家)、Z公司(负责长篇小说《国风》的发行事宜)、H出版社(负责出版长篇小说《国风》)

原告王某文是一位知名的作家,他在1999年曾经创作了《国画》一书,获得了广大读者的关注,也被某知名读书网站称为"十大经典反腐小说"。

案件发生在2004年6月,此时,王某文从被告叶某军经营的Y书社购买了长篇小说《国风》。王某文惊讶地发现,这本书封面上标注的作者姓名与自己

的姓名一致。该书由H出版社出版,发行商Z公司给Y书社配发了大幅广告宣传彩页,宣传语包括“王某文最新长篇小说”“《国画》之后看《国风》”“H出版社隆重推出”“风行全国的第一畅销小说”。而王某文在阅读这本书后,认为上述宣传语明显对读者产生了不正确的导向,将该书的作者指向自己。经过法院查明,该书标明的作者“王某文”(被告)是Z公司的签约作家,其本名为王某山,2004年才改名为“王某文”(与原告同名)。而在《国风》一书出版之前,被告从来没有发表过任何文字作品。原告遂向湖南省长沙市中级人民法院提起诉讼,认为三被告盗用自己的姓名出版小说《国风》,严重侵害其合法权益,且对原告构成不正当竞争。

法律讲堂

1. 本案中各被告的行为是否构成对原告的不正当竞争

(1)作家是否属于《反不正当竞争法》调整的主体

作家属于不正当竞争的主体。本案发生在2004年,案件发生时应适用的是1993年颁布的《反不正当竞争法》。1993年《反不正当竞争法》第1条明确了立法目的,即“为保障社会主义市场经济健康发展,鼓励和保护公平竞争,制止不正当竞争行为,保护经营者和消费者的合法权益,制定本法”。第2条第3款对“经营者”进行了界定,“本法所称的经营者,是指从事商品经营或营利性服务(以下所称商品包括服务)的法人、其他经济组织和个人”。存在竞争的商业化市场都属于《反不正当竞争法》调整的范围,而书写的作品属于文化市场这一竞争性领域内的商品。当作品进入流通市场,作家出售作品的出版发行权而交换价值的过程,就是对商品的经营过程。作家符合《反不正当竞争法》对竞争主体的要求,是文化市场的商品经营者。在本案中,原告王某文是专业作家,其创作并发表作品,当作品被投入流通领域以换取经济收益时,作品就成为商品。作家属于《反不正当竞争法》调整的主体。

(2)各被告的行为是否构成对原告的不正当竞争

各被告的行为构成对原告的不正当竞争。作品的作者是否知名,是消费者作出购买选择的重要依据。如前所述,作家是文化市场的经营者,作家的署名是作品的重要标识之一,会直接影响消费者的消费选择。原告王某文创作《国画》这一在文学领域产生较大影响的作品,其署名直接指向原告本人。被告王某文将自己的姓名改为原告姓名,并在长篇小说《国风》上署名,是欲基于原告先前的创作行为所产生的声誉,来宣传自己的作品,以提升其作品在文化市场的知名度。消费者作出购买《国风》一书的选择,是源自对原告王某文创作优秀作品的信赖。被告王某文将自己的名字改为王某文,涉及虚假宣传;被告 H 出版社没有对稿件《国风》尽到全面、审慎的审查义务;被告 Z 公司明知原被告没有任何关系,还在宣传语中突出使用原告的名字,并将宣传语和原告的知名作品《国画》联系起来,混淆了《国风》这一作品的来源。这三个被告构成对原告的不正当竞争。被告叶某军作为一般的图书经营者,已经尽到了合理的注意义务,不构成对原告王某文的不正当竞争,但是应当停止销售图书《国风》。

2. 什么是著作权

根据《著作权法》(2020 年修正)第 3 条的规定,作品是指文学、艺术和科学领域内具有独创性并能以一定形式表现的智力成果。而根据第 10 条的规定,著作权是指著作权人对作品享有的人身权和财产权,包括发表权、署名权、修改权、保护作品完整权、复制权、发行权、出租权、展览权、表演权、放映权、广播权、信息网络传播权、摄制权、改编权、翻译权、汇编权以及应当由著作权人享有的其他权利。

3. 三名被告(被告王某文、Z 公司和 H 出版社)的行为是否构成对原告著作权的侵犯

不构成。被告王某文将自己的姓名改成和原告相同,是基于法律赋予其的姓名权。他改名的行为并不违反法律的规定,但是其对自己姓名权的行使却侵害了原告的合法权益。原告创作了知名的作品,他的姓名在文学领域已经具有了突出的标识作用。被告王某文、Z 公司和 H 出版社的行为共同侵犯了原告的姓名在文化市场已经具有的标识利益。但是这样的侵权和著作权法上的假冒含义并不相同。三名被告的行为并不构成对原告著作权的侵犯。

法律规定

1.《民法典》第五条

民事主体从事民事活动,应当遵循自愿原则,按照自己的意思设立、变更、终止民事法律关系。

2.《民法典》第六条

民事主体从事民事活动,应当遵循公平原则,合理确定各方的权利和义务。

3.《民法典》第七条

民事主体从事民事活动,应当遵循诚信原则,秉持诚实,恪守承诺。

4.《民法典》第一百七十九条

承担民事责任的方式主要有:

(一)停止侵害;

(二)排除妨碍;

(三)消除危险;

(四)返还财产;

(五)恢复原状;

(六)修理、重作、更换;

(七)继续履行;

(八)赔偿损失;

(九)支付违约金;

(十)消除影响、恢复名誉;

(十一)赔礼道歉。

法律规定惩罚性赔偿的,依照其规定。

本条规定的承担民事责任的方式,可以单独适用,也可以合并适用。

5.《反不正当竞争法》(1993年)第二条

经营者在市场交易中,应当遵循自愿、平等、公平、诚实信用的原则,遵守公认的商业道德。

本法所称的不正当竞争,是指经营者违反本法规定,损害其他经营者的合法权益,扰乱社会经济秩序的行为。

本法所称的经营者,是指从事商品经营或者营利性服务(以下所称商品包括服务)的法人、其他经济组织和个人。

《反不正当竞争法》2019年经过修正,1993年《反不正当竞争法》第二条的规定已经调整为《反不正当竞争法》(2019年修正)第二条的内容。

《反不正当竞争法》(2019年修正)第二条

经营者在生产经营活动中,应当遵循自愿、平等、公平、诚信的原则,遵守法律和商业道德。

本法所称的不正当竞争行为,是指经营者在生产经营活动中,违反本法规定,扰乱市场竞争秩序,损害其他经营者或者消费者的合法权益的行为。

本法所称的经营者,是指从事商品生产、经营或者提供服务(以下所称商品包括服务)的自然人、法人和非法人组织。

6.《反不正当竞争法》(1993年)第二十条

经营者违反本法规定,给被侵害的经营者造成损害的,应当承担损害赔偿责任，被侵害的经营者的损失难以计算的，赔偿额为侵权人在侵权期间因侵权所获得的利润；并应当承担被侵害的经营者因调查该经营者侵害其合法权益的不正当竞争行为所支付的合理费用。

被侵害的经营者的合法权益受到不正当竞争行为损害的，可以向人民法院提起诉讼。

1993年发布的《反不正当竞争法》第二十条的规定已调整为《反不正当竞争法》(2019年修正)第十七条的内容。

《反不正当竞争法》(2019年修正)第十七条

经营者违反本法规定，给他人造成损害的，应当依法承担民事责任。

经营者的合法权益受到不正当竞争行为损害的，可以向人民法院提起诉讼。

因不正当竞争行为受到损害的经营者的赔偿数额，按照其因被侵权所受到的实际损失确定；实际损失难以计算的，按照侵权人因侵权所获得的利益确定。经营者恶意实施侵犯商业秘密行为，情节严重的，可以在按照上述方法确定数额的一倍以上五倍以下确定赔偿数额。赔偿数额还应当包括经营者为制止侵权行为所支付的合理开支。

经营者违反本法第六条、第九条规定，权利人因被侵权所受到的实际损失、侵权人因侵权所获得的利益难以确定的，由人民法院根据侵权行为的情节判决给予权利人五百万元以下的赔偿。

7.《著作权法》(2020年修正)第十条

著作权包括下列人身权和财产权：

(一)发表权，即决定作品是否公之于众的权利；

(二)署名权，即表明作者身份，在作品上署名的权利；

(三)修改权，即修改或者授权他人修改作品的权利；

(四)保护作品完整权，即保护作品不受歪曲、篡改的权利；

(五)复制权，即以印刷、复印、拓印、录音、录像、翻录、翻拍、数字化等方式将作品制作一份或者多份的权利；

(六)发行权，即以出售或者赠与方式向公众提供作品的原件或者复制件的权利；

(七)出租权，即有偿许可他人临时使用视听作品、计算机软件的原件或者复制件的权利，计算机软件不是出租的主要标的的除外；

(八)展览权，即公开陈列美术作品、摄影作品的原件或者复制件的权利；

(九)表演权，即公开表演作品，以及用各种手段公开播送作品的表演的权利；

（十）放映权，即通过放映机、幻灯机等技术设备公开再现美术、摄影、视听作品等的权利；

（十一）广播权，即以有线或者无线方式公开传播或者转播作品，以及通过扩音器或者其他传送符号、声音、图像的类似工具向公众传播广播的作品的权利，但不包括本款第十二项规定的权利；

（十二）信息网络传播权，即以有线或者无线方式向公众提供，使公众可以在其选定的时间和地点获得作品的权利；

（十三）摄制权，即以摄制视听作品的方法将作品固定在载体上的权利；

（十四）改编权，即改变作品，创作出具有独创性的新作品的权利；

（十五）翻译权，即将作品从一种语言文字转换成另一种语言文字的权利；

（十六）汇编权，即将作品或者作品的片段通过选择或者编排，汇集成新作品的权利；

（十七）应当由著作权人享有的其他权利。

著作权人可以许可他人行使前款第五项至第十七项规定的权利，并依照约定或者本法有关规定获得报酬。

著作权人可以全部或者部分转让本条第一款第五项至第十七项规定的权利，并依照约定或者本法有关规定获得报酬。

社会意义

作家通过出售作品的出版发行权而交换价值，这一交换的过程就是对商品的经营过程。作家也成了文化市场中的经营者。本案中的三名被告的行为构成对原告的不正当竞争，法院没有认定被告侵犯了原告著作权中的署名权。但这一案件能够对我们产生一些警示。大学生在日常创作过程中应当谨记，一定要尊重他人的著作权，独立完成自己的学术论文和毕业设计，千万不要剽窃、抄袭他人的作品。如果一时偷懒进行学术抄袭，被认定为学术不端，对之后的学业发展和就业都会产生负面的影响。

案例溯源

本案一审案号为（2004）长中民三初字第221号。

▶ 案例二:如何认定抄袭行为的成立?——黄某源与甲出版社等著作权侵权纠纷案

关键词:抄袭　作品　著作权　侵权纠纷

法律要点:抄袭行为是否成立,不在于抄袭的部分构成一个独立的作品,而在于抄袭的内容是否是他人享有著作权的作品中的部分。

基本案情

上诉人(原审原告):黄某源,大学教师

被上诉人(原审被告):甲出版社、乙书店

原审被告之一:刘某生,编著《实用法语会话900句》一书

原告黄某源编著的《法语交际口语手册》一书,第一版的出版时间为2002年11月。该书共分为两部分,分别是功能表达法与情景表达法,收录内容是基本的言语功能和生活场景的表达方法,全书的内容都是以句型的形式呈现。而原审被告之一刘某生编著的《实用法语会话900句》一书,第一版的出版时间为2007年11月。出版机构是甲出版社,该书在乙书店有售。《实用法语会话900句》共分为四篇:第一篇"奥运精神";第二篇"日常交际用语";第三篇"社会交际用语";第四篇"公共场合用语"。

黄某源发现刘某生编著的《实用法语会话900句》一书有多处内容抄袭自己的《法语交际口语手册》。黄某源在发现甲出版社的侵权行为后,曾经数次与出版社联系,要求其承认侵权行为,并且向自己赔礼道歉。但出版社对此完全不予理睬。乙书店对《实用法语会话900句》持续的销售行为扩大了侵权范围。黄某源遂向广西壮族自治区南宁市中级人民法院提起诉讼。一审法院认为,原告黄某源的《法语交际口语手册》不属于演绎作品,因其不是对已有的法语作品的翻译。其应视为中文对照法语日常用语的汇编,为汇编作品。汇编作品的独创性体现在作品的编排上,作者是对作品的编排方式享有著作权,对作品的内容并不享有著作权。被告刘某生的《实用法语会话900句》在编排体例上与《法语交际口语手册》有很大不同,虽然两本书在内容上有200个句子完全相同,但这些句子均是日常用语,内容相同或相似是不可避免的情况。一审法院依照《著作权法》第14条、《最高人民法院关于民事诉讼证据的若干规定》第2条之规定,判决驳回了黄某源的诉讼请求。

黄某源不服一审判决,向广西壮族自治区高级人民法院提起上诉,请求撤

销一审法院的民事判决，依法改判支持上诉人一审全部诉讼请求。二审法院认为，上诉人黄某源对《法语交际口语手册》一书享有完整的著作权，刘某生的《实用法语会话900句》构成对黄某源《法语交际口语手册》的抄袭，抄袭行为的认定，不要求抄袭的内容构成一个独立的作品。只要抄袭的部分是他人享有著作权的作品中的内容，抄袭行为就得以成立。甲出版社应当承担停止侵权行为、消除影响、赔礼道歉的民事责任。因为上诉人黄某源没有提出证据证明乙书店的侵权行为，乙书店不存在主观上的过错，不应承担侵权责任，但应当停止销售侵权的图书。

法律讲堂

1. 黄某源对其编著的《法语交际口语手册》是否享有著作权

黄某源对其编著的《法语交际口语手册》享有著作权。《著作权法实施条例》第2条规定："著作权法所称作品，是指文学、艺术和科学领域内具有独创性并能以某种有形形式复制的智力成果。"原告黄某源编著《法语交际口语手册》教学用书，将自身多年学习和教授法语的经验都融入其中。全书分为"功能表达法"和"情景表达法"的编排模式以及多个主题的设置，都是作者本人的劳动成果。作者付出大量的时间和精力，投入智力劳动才得以形成这部独创性的汇编作品。《著作权法》第14条规定："汇编若干作品、作品的片段或者不构成作品的数据或者其他材料，对其内容的选择或者编排体现独创性的作品，为汇编作品，其著作权由汇编人享有，但行使著作权时，不得侵犯原作品的著作权。"上诉人黄某源对其编著的《法语交际口语手册》一书享有完整的著作权。

2. 甲出版社出版的《实用法语会话900句》是否侵犯了黄某源的著作权

甲出版社出版的《实用法语会话900句》侵犯了黄某源的著作权。根据《著作权法》第46条第5项的规定，剽窃他人作品的，属于侵权行为。而剽窃的形式包括抄袭。在本案中，《实用法语会话900句》和《法语交际口语手册》对比，除部分主题内容和场景的选择完全一致外，所使用的句子有200句完全相同，数量上占据被上诉人出版的作品的近1/4，法语和中文翻译也完全一致，而在细节表达如比赛得分、电影名称等也完全相同。上诉人的作品早于被上诉人的作品公开出版，而抄袭行为的认定，不要求抄袭的内容构成一个独立的作品，只要抄袭的部分是他人享有著作权的作品中的内容，抄袭行为就得以成立。因此，可以认定甲出版社出版的《实用法语会话900句》对上诉人黄某源编著的《法语交际口语手册》的部分内容构成抄袭。

3. 甲出版社是否应当承担民事责任，应当承担何种民事责任

甲出版社应当承担民事责任。《最高人民法院关于审理著作权民事纠纷案件适用法律若干问题的解释》第20条规定：出版物侵犯他人著作权的，出版者应当根据其过错、侵权程度及损害后果等承担民事赔偿责任(第1款)。出版者对其出版行为的授权、稿件来源和署名、所编辑出版物的内容等未尽到合理注意义务的，依据《著作权法》第48条的规定，承担赔偿责任(第2款)。在本案中，甲出版社没有证据证明其获得了合法的授权，也未提供证据证明其自身已经尽到合理的审查义务。甲出版社的这些行为能够表明其主观上存在明显的侵权故意。《著作权法》第46条第5项规定，剽窃他人作品的，应当承担停止侵害、消除影响、赔礼道歉、赔偿损失等民事责任。《著作权法》第48条规定，侵犯著作权或者与著作权有关的权利的，侵权人应当按照权利人的实际损失给予赔偿；实际损失难以计算的，可以按照侵权人的违法所得给予赔偿(第1款)。赔偿数额还应当包括权利人为制止侵权所支付的合理开支。权利人的实际损失或者侵权人的违法所得不能确定的，由人民法院根据侵权行为的情节，判决给予50万元以下的赔偿(第2款)。

因此，甲出版社应当承担停止侵权、消除影响、赔礼道歉的民事责任。而本案中，黄某源的实际损失和甲出版社的违法所得均没有实际证据来证明，所以二审法院根据侵权的情节，判决甲出版社对黄某源给予适当的赔偿。

法律规定

1.《著作权法实施条例》第二条

著作权法所称作品，是指文学、艺术和科学领域内具有独创性并能以某种有形形式复制的智力成果。

2.《著作权法》(2001年)第十四条

汇编若干作品、作品的片段或者不构成作品的数据或者其他材料，对其内容的选择或者编排体现独创性的作品，为汇编作品，其著作权由汇编人享有，但行使著作权时，不得侵犯原作品的著作权。

《著作权法》2020年经过修正，《著作权法》(2001年)第十四条已调整为《著作权法》(2020年)第十五条，内容保持不变。

《著作权法》(2020年修正)第十五条

汇编若干作品、作品的片段或者不构成作品的数据或者其他材料，对其内容的选择或者编排体现独创性的作品，为汇编作品，其著作权由汇编人享有，但行使著作权时，不得侵犯原作品的著作权。

3.《著作权法》(2001 年)第四十六条

有下列侵权行为的,应当根据情况,承担停止侵害、消除影响、赔礼道歉、赔偿损失等民事责任:

(一)未经著作权人许可,发表其作品的;

(二)未经合作作者许可,将与他人合作创作的作品当作自己单独创作的作品发表的;

(三)没有参加创作,为谋取个人名利,在他人作品上署名的;

(四)歪曲、篡改他人作品的;

(五)剽窃他人作品的;

(六)未经著作权人许可,以展览、摄制电影和以类似摄制电影的方法使用作品,或者以改编、翻译、注释等方式使用作品的,本法另有规定的除外;

(七)使用他人作品,应当支付报酬而未支付的;

(八)未经电影作品和以类似摄制电影的方法创作的作品、计算机软件、录音录像制品的著作权人或者与著作权有关的权利人许可,出租其作品或者录音录像制品的,本法另有规定的除外;

(九)未经出版者许可,使用其出版的图书、期刊的版式设计的;

(十)未经表演者许可,从现场直播或者公开传送其现场表演,或者录制其表演的;

(十一)其他侵犯著作权以及与著作权有关的权益的行为。

《著作权法》(2001 年)中第四十六条的规定已经调整为《著作权法》(2020 年修正)第五十二条的内容。

《著作权法》(2020 年修正)第五十二条

有下列侵权行为的,应当根据情况,承担停止侵害、消除影响、赔礼道歉、赔偿损失等民事责任:

(一)未经著作权人许可,发表其作品的;

(二)未经合作作者许可,将与他人合作创作的作品当作自己单独创作的作品发表的;

(三)没有参加创作,为谋取个人名利,在他人作品上署名的;

(四)歪曲、篡改他人作品的;

(五)剽窃他人作品的;

(六)未经著作权人许可,以展览、摄制视听作品的方法使用作品,或者以改编、翻译、注释等方式使用作品的,本法另有规定的除外;

(七)使用他人作品,应当支付报酬而未支付的;

(八)未经视听作品、计算机软件、录音录像制品的著作权人、表演者或者录音录像制作者许可,出租其作品或者录音录像制品的原件或者复制件的,本法另有规定的除外;

(九)未经出版者许可,使用其出版的图书、期刊的版式设计的;

(十)未经表演者许可,从现场直播或者公开传送其现场表演,或者录制其表演的;

(十一)其他侵犯著作权以及与著作权有关的权利的行为。

4.《著作权法》(2001 年)第四十八条

侵犯著作权或者与著作权有关的权利的,侵权人应当按照权利人的实际损失给予赔偿;实际损失难以计算的,可以按照侵权人的违法所得给予赔偿。赔偿数额还应当包括权利人为制止侵权行为所支付的合理开支。

权利人的实际损失或者侵权人的违法所得不能确定的,由人民法院根据侵权行为的情节,判决给予五十万元以下的赔偿。

《著作权法》(2001 年)第四十八条的规定已经调整为《著作权法》(2020 年修正)第五十四条的内容。

《著作权法》(2020 年修正)第五十四条

侵犯著作权或者与著作权有关的权利的,侵权人应当按照权利人因此受到的实际损失或者侵权人的违法所得给予赔偿;权利人的实际损失或者侵权人的违法所得难以计算的,可以参照该权利使用费给予赔偿。对故意侵犯著作权或者与著作权有关的权利,情节严重的,可以在按照上述方法确定数额的一倍以上五倍以下给予赔偿。

权利人的实际损失、侵权人的违法所得、权利使用费难以计算的,由人民法院根据侵权行为的情节,判决给予五百元以上五百万元以下的赔偿。

赔偿数额还应当包括权利人为制止侵权行为所支付的合理开支。

……

5.《最高人民法院关于审理著作权民事纠纷案件适用法律若干问题的解释》(2002 年)第十九条

出版者、制作者应当对其出版、制作有合法授权承担举证责任,发行者、出租者应当对其发行或者出租的复制品有合法来源承担举证责任。举证不能的,依据著作权法第四十六条、第四十七条的相应规定承担法律责任。

《最高人民法院关于审理著作权民事纠纷案件适用法律若干问题的解释》2020 年经过修正,《最高人民法院关于审理著作权民事纠纷案件适用法律若干问题的解释》(2002 年)第十九条的规定调整为《最高人民法院关于审理著作权

民事纠纷案件适用法律若干问题的解释》(2020 年修正)第十九条的内容。

《最高人民法院关于审理著作权民事纠纷案件适用法律若干问题的解释》(2020 年修正)第十九条

出版者、制作者应当对其出版、制作有合法授权承担举证责任,发行者、出租者应当对其发行或者出租的复制品有合法来源承担举证责任。举证不能的,依据著作权法第四十七条、第四十八条的相应规定承担法律责任。

6.《最高人民法院关于审理著作权民事纠纷案件适用法律若干问题的解释》第二十条

出版物侵犯他人著作权的,出版者应当根据其过错、侵权程度及损害后果等承担民事赔偿责任。

出版者对其出版行为的授权、稿件来源和署名、所编辑出版物的内容等未尽到合理注意义务的,依据著作权法第四十八条的规定,承担赔偿责任。

出版者尽了合理注意义务,著作权人也无证据证明出版者应当知道其出版涉及侵权的,依据民法通则第一百一十七条第一款的规定,出版者承担停止侵权、返还其侵权所得利润的民事责任。

出版者所尽合理注意义务情况,由出版者承担举证责任。

《最高人民法院关于审理著作权民事纠纷案件适用法律若干问题的解释》(2002 年)第二十条的规定已调整为《最高人民法院关于审理著作权民事纠纷案件适用法律若干问题的解释》(2020 年修正)第二十条的内容。

《最高人民法院关于审理著作权民事纠纷案件适用法律若干问题的解释》(2020 年修正)第二十条

出版物侵害他人著作权的,出版者应当根据其过错、侵权程度及损害后果等承担赔偿损失的责任。

出版者对其出版行为的授权、稿件来源和署名、所编辑出版物的内容等未尽到合理注意义务的,依据著作权法第四十九条的规定,承担赔偿损失的责任。

出版者应对其已尽合理注意义务承担举证责任。

十、社会意义

抄袭行为的构成,不要求所抄袭的部分是一个独立的作品。抄袭他人享有著作权的部分作品,也能够被认定为抄袭行为。大学生在完成学术论文的过程中要清楚地知道,不是抄袭他人全篇的文章才能够被认定为抄袭。同学们应当始终认真对待自己作品的每一部分,用严谨的态度和缜密的思维完善每一个细节,创作凝聚个人智慧的文章。尊重他人的著作权,也能够激励自身不断创新,形成更多优秀的智力成果。

案例溯源

本案一审案号为(2008)南市民三初字第48号,二审案号为(2009)桂民三终字第48号。

专题三
尊重名誉和荣誉　侮辱诽谤不可为

名誉是民事主体所享有的社会评价，荣誉则是民事主体所享有的积极的评价。名誉与荣誉作为民事权利时的名誉权与荣誉权受到法律的保护。对他人进行侮辱、诽谤，使他人的社会评价受损，或者降低他人所享有的积极社会评价是一种侵权行为，会受到法律的惩罚。尤其是当今互联网飞速发展，舆论传播的范围与速度均远超从前，部分侮辱、诽谤行为对受害人造成的损害更为严重。

▶ 案例一：哪些情况构成名誉权侵权？——北京甲公司、黄某兰诉赵某名誉权纠纷案

关键词：名誉权　网络侵权　微信群聊　公共空间

法律要点：一般名誉权侵权构成要件包括行为人实施了违法行为、受害人确实存在名誉被损害的事实、违法行为与损害后果之间有因果关系、行为人主观上有过错。

基本案情

上诉人（原审被告）：赵某（侵权人）

被上诉人（原审原告）：北京甲公司、黄某兰（被侵权人）

原告北京甲公司在F小区开有一家美容店，原告黄某兰系该公司股东兼美容师。被告赵某为该小区业主。2017年1月17日下午4时许，赵某陪同他人到原告的美容店做美容，在此期间，黄某兰与赵某二人因美容服务问题发生口角。在双方发生纠纷后，被告赵某在其为群主、人数为345人的业主微信群，以及另一人数为123人的业主微信群中散布图片和信息对原告甲公司及黄某兰进行诽谤、诬陷，多次污蔑、谩骂原告。在微信群中，被告赵某对原告黄某兰使用“精神分裂”“装疯卖傻”等明显带有侮辱性的言论，对原告甲公司使用“讹诈

客户”“技术和产品都不灵”等贬损性言辞。因赵某在业主微信群中散布谣言,并对原告甲公司、黄某兰进行诽谤、污蔑、谩骂,造成甲公司生意严重受损。因此,该公司与黄某兰向北京市顺义区人民法院提起诉讼,请求赵某赔礼道歉、消除影响、恢复名誉;赔偿原告甲公司各项损失 2 万元;赔偿原告甲公司、黄某兰精神损害抚慰金各 5000 元。

北京市顺义区人民法院经审理后于 2017 年 9 月 19 日对本案作出一审民事判决:一、被告赵某于本判决生效之日起七日内在顺义区 X 房屋门口张贴致歉声明,向原告黄某兰、甲公司赔礼道歉,张贴时间为七日,致歉内容须经法院审核;如逾期不执行上述内容,则由本院在上述地址门口全文张贴本判决书内容;二、被告赵某于本判决生效之日起七日内赔偿原告甲公司经济损失 3000 元;三、被告赵某于本判决生效之日起七日内赔偿原告黄某兰精神损害抚慰金 2000 元;四、驳回原告黄某兰、甲公司的其他诉讼请求。

宣判后,被告人赵某提出上诉。北京市第三中级人民法院于 2018 年 1 月 31 日作出判决:驳回上诉,维持原判。

法律讲堂

1. 什么是名誉权

名誉是指人们对于自然人、法人及非法人组织的品德、才干、声望、信誉和形象等各方面的综合评价。名誉权是人格权的一种。这些被维护的名誉是指具有人格尊严的名声,是人格的重要内容,受法律的保护。名誉权,是人们依法享有的对自己所获得的客观社会评价、排除他人侵害的权利。任何个人、媒体,不得发布捏造虚假信息、刊登诽谤新闻,否则构成名誉权侵害。但如果是真实事件发布,则不构成名誉权侵害。

2. 哪些情况构成名誉权侵权

一般名誉权侵权的构成要件是行为人实施了违法行为、受害人确实存在名誉被损害的事实、违法行为与损害后果之间有因果关系、行为人主观上有过错。如侮辱、诽谤、新闻报道严重失实,导致他人名誉受到损害的则可能涉嫌侵犯他人名誉权。《民法典》第 1024 条规定,民事主体享有名誉权。任何组织或者个人不得以侮辱、诽谤等方式侵害他人的名誉权。《民法典》第 1025 条规定,行为人为公共利益实施新闻报道、舆论监督等行为,影响他人名誉的,不承担民事责任,但是有下列情形之一的除外:(1)捏造、歪曲事实;(2)对他人提供的严重失实内容未尽到合理核实义务;(3)使用侮辱性言辞等贬损他人名誉。

3. 本案被告赵某的行为是否构成对北京甲公司和黄某兰名誉权的侵犯

赵某的行为构成对北京甲公司和黄某兰名誉权的侵犯。对于微信群聊中的言论是否侵犯他人名誉权，不仅要符合一般名誉权侵权的全部构成要件，还应当考虑网络传播的特点并结合侵权主体、传播范围、损害程度等进行综合考量。

本案赵某在与黄某兰发生纠纷后，通过微信号在两个小区业主微信群发布的信息中故意采用明显带有侮辱性的言论，并使用了黄某兰照片作为配图，贬损北京甲公司"美容师不正规""讹诈客户""破仪器""技术和产品都不灵"等，主观上存在明显过错。此外，赵某的言论容易引发小区业主对北京甲公司和黄某兰的误解，导致业主对北京甲公司的产品或服务评价降低，对黄某兰的人品和精神状态产生猜测。经查明，北京甲公司和黄某兰确实存在名誉受损的事实，赵某的损害行为与北京甲公司和黄某兰名誉受损存在因果关系。综上，赵某构成对北京甲公司和黄某兰名誉权的侵犯。北京甲公司和黄某兰有权要求赵某停止侵害，恢复名誉，消除影响，赔礼道歉，并可以要求赵某赔偿损失。

4. 本案原告甲公司是否可以主张精神损害抚慰金

甲公司不可以主张精神损害抚慰金。我国原《民法通则》第 101 条①规定：公民、法人享有名誉权，公民的人格尊严受法律保护，禁止用侮辱、诽谤等方式损害公民、法人的名誉。第 120 条规定：公民的姓名权、肖像权、名誉权、荣誉权受到侵害的，有权要求停止侵害，恢复名誉，消除影响，赔礼道歉，并可以要求赔偿损失。法人的名称权、名誉权、荣誉权受到侵害的，适用前款规定。原《侵权责任法》第 6 条②规定：行为人因过错侵害他人民事权益，应当承担侵权责任。根据法律规定推定行为人有过错，行为人不能证明自己没有过错的，应当承担侵权责任。

本案中，被告赵某对原告进行侮辱、诽谤侵犯原告的名誉权。因此原告向法院主张，请求被告赵某承担民事侵权责任，请求赵某赔礼道歉、消除影响、恢复名誉；赔偿原告甲公司各项损失；赔偿原告甲公司、黄某兰精神损害抚慰金。但是，法院并未支持原告甲公司提出的精神损害抚慰金的请求，因为《最高人民法院关于确定民事侵权精神损害赔偿责任若干问题的解释》(2001 年实施)中第 1 条第 1 款规定自然人是人格权利遭受非法侵害时向人民法院起诉请求赔

---

① 现为《民法典》第 110 条、第 990 条。

② 现为《民法典》第 1165 条。

偿精神损害的适格主体。而该解释第5条规定:法人或者其他组织以人格权利遭受侵害为由,向人民法院起诉请求赔偿精神损害的,人民法院不予受理。因此本案中法院只支持了被告人黄某兰的精神损害赔偿的请求。

法律规定

1.《民法典》第一百一十条

自然人享有生命权、身体权、健康权、姓名权、肖像权、名誉权、荣誉权、隐私权、婚姻自主权等权利。

法人、非法人组织享有名称权、名誉权和荣誉权。

2.《民法典》第九百九十条

人格权是民事主体享有的生命权、身体权、健康权、姓名权、名称权、肖像权、名誉权、荣誉权、隐私权等权利。

除前款规定的人格权外,自然人享有基于人身自由、人格尊严产生的其他人格权益。

3.《民法典》第九百九十五条

人格权受到侵害的,受害人有权依照本法和其他法律的规定请求行为人承担民事责任。受害人的停止侵害、排除妨碍、消除危险、消除影响、恢复名誉、赔礼道歉请求权,不适用诉讼时效的规定。

4.《民法典》第一千一百六十五条

行为人因过错侵害他人民事权益造成损害的,应当承担侵权责任。

依照法律规定推定行为人有过错,其不能证明自己没有过错的,应当承担侵权责任。

5.《民法典》第一千一百八十二条

侵害他人人身权益造成财产损失的,按照被侵权人因此受到的损失或者侵权人因此获得的利益赔偿;被侵权人因此受到的损失以及侵权人因此获得的利益难以确定,被侵权人和侵权人就赔偿数额协商不一致,向人民法院提起诉讼的,由人民法院根据实际情况确定赔偿数额。

6.《民法典》第一千一百八十三条

侵害自然人人身权益造成严重精神损害的,被侵权人有权请求精神损害赔偿。

因故意或者重大过失侵害自然人具有人身意义的特定物造成严重精神损害的,被侵权人有权请求精神损害赔偿。

7.《最高人民法院关于确定民事侵权精神损害赔偿责任若干问题的解释》(2001年)第五条

法人或者其他组织以人格权利遭受侵害为由,向人民法院起诉请求赔偿精神损害的,人民法院不予受理。

《最高人民法院关于确定民事侵权精神损害赔偿责任若干问题的解释》(2001年)第五条的规定已调整为《最高人民法院关于确定民事侵权精神损害赔偿责任若干问题的解释》(2020修正)第四条。

《最高人民法院关于确定民事侵权精神损害赔偿责任若干问题的解释》(2020修正)第四条

法人或者非法人组织以名誉权、荣誉权、名称权遭受侵害为由,向人民法院起诉请求精神损害赔偿的,人民法院不予支持。

社会意义

本案中,被告人发布侮辱、诽谤等言论的地方是由众多小区业主所组成的微信群,该微信群存在于网络虚拟空间中,但同时也具有公共空间的属性,是小区业主们日常交往的平台。不仅业主群如此,公民在互联网中的活动都应遵守国家的法律法规,在新生群、校友群等虚拟平台上发表不当言论诋毁、侮辱他人,造成他人精神损害或者财产损失的自然也要承担相应的法律责任。而大学生当自己的名誉权遭受侵犯时,也应当勇敢地拿起法律武器,维护自己的权利。

案例溯源

本案一审案号为(2017)京0113民初5491号,二审案号为(2018)京03民终725号。

案例二:死者的近亲属是否有权就侵害死者名誉、荣誉等行为提起民事诉讼?——葛某某诉洪某某名誉权、荣誉权纠纷案

关键词:名誉权　荣誉权　社会公共利益

法律要点:对侵害死者遗体、遗骨以及姓名、肖像、名誉、荣誉、隐私等行为提起诉讼的,死者的近亲属为当事人,可以提起民事诉讼。

基本案情

上诉人(原审被告):洪某某

被上诉人(原审原告):葛某某

2013 年 8 月 27 日，一位张姓网民在网络上公开发表歪曲狼牙山五壮士英雄事迹的言论，造成了严重的不良影响，后被公安机关抓获。张姓网民对自己虚构信息、散布谣言的违法事实供认不讳，最终被行政拘留 7 日。

2013 年 9 月 9 日，洪某某针对上述事实，在某网络平台公开发表了对狼牙山五壮士的侮辱性言论。2013 年 11 月 8 日，洪某某又借助自己在某杂志担任主笔的便利，在该杂志发表了其本人撰写的文章，对狼牙山五壮士事迹中的细节提出质疑，再次污蔑、抹黑狼牙山五壮士。洪某某的两篇文章很快被多个平台转载。

狼牙山五壮士之一——葛振林之子葛某某认为，洪某某的行为侵犯了英雄烈士的名誉权和荣誉权，遂依据《宪法》第 38 条“中华人民共和国公民的人格尊严不受侵犯。禁止用任何方法对公民进行侮辱、诽谤和诬告陷害”之规定和原《侵权责任法》等相关法律及司法解释的规定提起如下诉讼请求：(1) 判令洪某某立即停止侮辱、诽谤、侵犯葛振林等狼牙山五壮士的民族英雄名誉；(2) 判令洪某某在其社交平台上公开道歉，并在重要的媒体平台上向葛某某赔礼道歉，消除影响，并向葛振林等狼牙山五壮士登报谢罪。一审法院支持了原告的诉讼请求。被告洪某某对判决结果不服，向北京市第二中级人民法院提出上诉。二审法院在查明事实后驳回了洪某某的上诉，维持了一审法院的判决。

法律讲堂

1. 葛某某是否可以作为本案的原告

可以。《民事诉讼法》(2017 年) 第 119 条第 1 项规定，原告是与本案有利害关系的公民、法人和其他组织。《最高人民法院关于确定民事侵权精神损害赔偿责任若干问题的解释》(2001 年) 第 3 条规定，自然人死亡后，其近亲属因以侮辱、诽谤、贬损、丑化或者违反社会公共利益、社会公德的其他方式侵害死者姓名、肖像、名誉、荣誉的侵权行为遭受精神痛苦，向人民法院起诉请求赔偿精神损害的，人民法院应当依法予以受理。《最高人民法院关于适用〈中华人民共和国民事诉讼法〉的解释》第 69 条规定，对侵害死者遗体、遗骨以及姓名、肖像、名誉、荣誉、隐私等行为提起诉讼的，死者的近亲属为当事人。

由以上法律规定可以看出，死者的近亲属有权就侵害死者名誉、荣誉等行为提起民事诉讼。本案中的证据能够证明葛某某和狼牙山五壮士之一的葛振林是父子关系。因为葛振林已经去世，葛某某可以作为葛振林的近亲属，就侵害葛振林名誉、荣誉的行为提起民事诉讼。因此，葛某某可以作为本案的原告。

2. 洪某某发表的案涉文章是否构成名誉侵权

构成。原《民法通则》第 101 条[①]规定，公民、法人享有名誉权，公民的人格尊严受法律保护，禁止用侮辱、诽谤等方式损害公民、法人的名誉。《最高人民法院关于确定民事侵权精神损害赔偿责任若干问题的解释》第 3 条规定，自然人死亡后，他人仍不得以侮辱、诽谤、贬损、丑化或者违反社会公共利益、社会公德的方式，侵害死者的姓名、肖像、名誉、荣誉。由此可知，自然人死亡后，法律仍然保护其生前利益。原《民法通则》第 101 条规定的是“侮辱、诽谤等方式”，《最高人民法院关于确定民事侵权精神损害赔偿责任若干问题的解释》第 3 条规定的“以侮辱、诽谤、贬损、丑化或者违反社会公共利益、社会公德的方式”等行为类型。上述法律或司法解释列举了侵犯公民名誉权、荣誉权的行为，侵害公民名誉权、荣誉权的行为包括但不限于上述列举的各种情形。英雄烈士的精神是全民族的精神指引，是社会主义核心价值观的重要体现。歪曲英雄烈士的英勇事迹，是损害社会公共利益和道德的行为。本案中洪某某发表了对英雄烈士的侮辱性文章，符合“贬损、丑化或者违反社会公共利益、社会公德的方式”，确实侵害了英雄烈士的名誉权和荣誉权。

法律规定

1.《民法典》第一千零二十四条

民事主体享有名誉权。任何组织或者个人不得以侮辱、诽谤等方式侵害他人的名誉权。

名誉是对民事主体的品德、声望、才能、信用等的社会评价。

2.《民法典》第一千零三十一条第一款

民事主体享有荣誉权。任何组织或者个人不得非法剥夺他人的荣誉称号，不得诋毁、贬损他人的荣誉。

3.《最高人民法院关于确定民事侵权精神损害赔偿责任若干问题的解释》(2001 年)第三条

自然人死亡后，其近亲属因下列侵权行为遭受精神痛苦，向人民法院起诉请求赔偿精神损害的，人民法院应当依法予以受理：

(一)以侮辱、诽谤、贬损、丑化或者违反社会公共利益、社会公德的其他方式，侵害死者姓名、肖像、名誉、荣誉；

(二)非法披露、利用死者隐私，或者以违反社会公共利益、社会公德的其

① 现为《民法典》第 1024 条。

他方式侵害死者隐私;

(三)非法利用、损害遗体、遗骨,或者以违反社会公共利益、社会公德的其他方式侵害遗体、遗骨。

《最高人民法院关于确定民事侵权精神损害赔偿责任若干问题的解释》(2001年)2020年经过修正,原第三条已调整为如下内容。

《最高人民法院关于确定民事侵权精神损害赔偿责任若干问题的解释》(2020年修正)第三条

死者的姓名、肖像、名誉、荣誉、隐私、遗体、遗骨等受到侵害,其近亲属向人民法院提起诉讼请求精神损害赔偿的,人民法院应当依法予以支持。

4.《最高人民法院关于适用〈中华人民共和国民事诉讼法〉的解释》第六十九条

对侵害死者遗体、遗骨以及姓名、肖像、名誉、荣誉、隐私等行为提起诉讼的,死者的近亲属为当事人。

社会意义

"狼牙山五壮士"这一系列英雄人物及其事迹,已经成为全民族的精神记忆。在现今的和平年代,狼牙山五壮士的英雄烈士的名誉和荣誉也受到法律的保护。2021年1月1日开始施行的《民法典》设置了"人格权编",其中第五章专章规定了"名誉权和荣誉权",对每一个公民的名誉和荣誉撑起了"保护伞"。侵犯他人名誉和荣誉的事件经常发生。大学生在日常生活中应当规范自身行为,千万不要侮辱和诽谤他人,这不仅会造成他人精神上的痛苦,行为人也需要承担法律责任。

案例溯源

本案一审案号为(2015)西民初字第27841号,二审案号为(2016)京02民终6272号。

专题四
尊重他人隐私权　自身权利有边界

近年来，出租房内暗藏摄像头、酒店偷拍、“人肉搜索”等新闻频频出现在热搜中，一方面，说明在日常生活中人们的隐私安全还面临挑战；另一方面，体现公民的隐私权意识有了一定程度的提高。但是仍然需要注意的是，许多人的隐私意识并不深入，仅在面对明显的侵犯隐私权的行为时才会有所反应，而对于日常生活中更多潜在的侵犯隐私权的行为浑然不觉。比如，未经本人同意公开私人书信，是侵犯隐私权的行为吗？在与邻居的相邻位置安装摄像设备，是否侵犯了邻居的隐私权？本专题选取了两个真实案例以提醒同学们注意生活中可能被忽视的侵犯隐私权的行为，保护自己，尊重他人。

▶ 案例一：未经本人同意公开私人书信，是侵犯隐私权的行为吗？——钱某书书信著作权及隐私权纠纷案

关键词：著作权　隐私权　私人书信

法律要点：未经本人同意公开私人书信，是侵犯隐私权的行为。

基本案情

上诉人（原审被告）：甲拍卖有限公司（以下简称甲公司）

被上诉人（原审原告）：杨某康

原审被告：李某强

原审原告杨某康及配偶钱某书、其女钱某和原审被告李某强是很好的朋友。他们常年保持书信往来，李某强收藏了三人寄来的书信共有100多封。直到2013年5月，原审原告杨某康发现原审被告之一甲公司要在6月21日举办公开拍卖钱某书书信手稿的活动，并且计划在6月18日至20日举行预展活动。并且，甲公司已经在2013年5月20日举行了大型展览，将本应属于私人

书信的钱某书书信手稿公之于众。杨某康认为,甲公司的展览行为和李某强将私人书信交付第三方的行为是对自己一家三人著作权和隐私权的严重侵犯,遂对两被告提起了诉讼。一审法院认定,杨某康作为钱某书的继承人,以及其女钱某的继承人之一,在钱某的另一位继承人即其配偶杨某成出具同意杨某康起诉说明的情况下,杨某康有权就上述侵权行为提起诉讼。一审法院判决甲公司停止侵害涉案书信手稿著作权的行为,两名被告都要停止侵害原告隐私权的行为,甲公司要向原告杨某康支付相应的经济损失,并与李某强共同向杨某康支付精神损害抚慰金。同时,两被告还应当在报纸上刊登向原告赔礼道歉的声明。被告之一的甲公司对一审判决结果不服,向北京市高级人民法院提出上诉。二审法院确认了一审法院的判决,驳回了甲公司的上诉。

法律讲堂

1. 什么属于隐私

根据《民法典》第1032条第2款的规定,"隐私是自然人的私人生活安宁和不愿为他人知晓的私密空间、私密活动、私密信息"。公民的隐私与他人无关,与社会公共利益无关。我们日常生活中的私人书信、日记、相册、住址、电话号码、财产状况等都构成隐私。我们不仅要保护好个人的隐私,而且要遵守权利的边界,不实施侵犯他人隐私权的行为。

2. 本案中杨某康是否可以作为配偶钱某书的继承人和其女钱某的继承人之一提起诉讼

可以。李某强出售给甲公司以及甲公司披露的书信内容,均是基于写信人独立创作表达的真情实感,并融合个人生活和工作经历形成的智力成果,符合作品独创性要求,是我国著作权法保护的作品。钱某书、杨某康和其女钱某对各自创作的书信作品都享有独立的著作权,应当受到我国著作权法的保护。根据原《侵权责任法》第18条第1款①的规定,被侵权人死亡的,其近亲属有权请求侵权人承担侵权责任。杨某康的配偶钱某书和其女钱某都已经去世,在这种情况下,杨某康和钱某的配偶杨某成作为钱某的继承人,均有权继承钱某著作权中的财产权,依法保护其著作权中的署名权、修改权和保护作品完整权,依法行使其著作权中的发表权。因为钱某配偶杨某成已经出具同意杨某康在本案中单独主张权利的书面声明,所以杨某康有权依法主张钱某的相关权利。同

① 现为《民法典》第1181条第1款。

时，杨某康作为钱某书的继承人，有权依法继承钱某书著作权中的财产权，依法保护其著作权中的署名权、修改权和保护作品完整权，依法行使其著作权中的发表权。

被告甲公司主张一审法院没有查明钱某和其继子女之间是否存在抚养关系，以及继子女是否放弃行使涉案权益。原《继承法》第 10 条[①]第 3 款规定，“本法所说的子女，包括婚生子女、非婚生子女、养子女和有扶养关系的继子女”，即继子女获得继承权的条件是与继父母形成扶养关系。继子女和被继承人形成继父母子女关系时继子女已经成年，在这种情况下，双方之间是否形成抚养关系需要证据来证明。当钱某和杨某成结婚时，杨某成的子女都已经成年，本案中已经出示的证据并不能证明钱某和其继子女存在抚养关系，因此继子女无权继承钱某的遗产，其继子女是否声明放弃行使权利，都不影响杨某康作为钱某的继承人之一行使涉案权利。

3. 被告李某强和甲公司是否侵犯钱某书、杨某康和钱某的隐私权

被告李某强和甲公司侵犯了钱某书、杨某康和钱某的隐私权。钱某书、杨某康和钱某写给李某强的书信均是私人书信，其内容与公共利益无关，属于公民的隐私范畴，应当受到我国法律保护。钱某书、杨某康和钱某各自有权保护自己的隐私权不受侵犯。李某强和甲公司在没有获得钱某书、杨某康和钱某许可的情况下，将私人书信公开，是侵犯隐私权的行为。案件发生时钱某书和钱某已经去世，在本案中，李某强和甲公司公开个人隐私的行为对死者近亲属杨某康形成了精神冲击，使其遭受极大的痛苦。死者的近亲属具有和死者的隐私相关的人格利益，而该利益应当受到法律的保护。因此，杨某康可以就本案隐私权问题对李某强和甲公司提起诉讼。

法律规定

1.《民法典》第一千一百八十一条第一款

被侵权人死亡的，其近亲属有权请求侵权人承担侵权责任。……

2.《民法典》第一千一百二十七条

遗产按照下列顺序继承：

（一）第一顺序：配偶、子女、父母；

（二）第二顺序：兄弟姐妹、祖父母、外祖父母。

---

① 现为《民法典》第 1127 条。

继承开始后，由第一顺序继承人继承，第二顺序继承人不继承；没有第一顺序继承人继承的，由第二顺序继承人继承。

本编所称子女，包括婚生子女、非婚生子女、养子女和有扶养关系的继子女。

本编所称父母，包括生父母、养父母和有扶养关系的继父母。

本编所称兄弟姐妹，包括同父母的兄弟姐妹、同父异母或者同母异父的兄弟姐妹、养兄弟姐妹、有扶养关系的继兄弟姐妹。

3.《著作权法实施条例》第十五条第一款

作者死亡后，其著作权中的署名权、修改权和保护作品完整权由作者的继承人或者受遗赠人保护。

4.《最高人民法院关于确定民事侵权精神损害赔偿责任若干问题的解释》(2001 年)第三条

自然人死亡后，其近亲属因下列侵权行为遭受精神痛苦，向人民法院起诉请求赔偿精神损害的，人民法院应当依法予以受理：

(一)以侮辱、诽谤、贬损、丑化或者违反社会公共利益、社会公德的其他方式，侵害死者姓名、肖像、名誉、荣誉；

(二)非法披露、利用死者隐私，或者以违反社会公共利益、社会公德的其他方式侵害死者隐私；

(三)非法利用、损害遗体、遗骨，或者以违反社会公共利益、社会公德的其他方式侵害遗体、遗骨。

《最高人民法院关于确定民事侵权精神损害赔偿责任若干问题的解释》(2001 年)2020 年经过修正，《最高人民法院关于确定民事侵权精神损害赔偿责任若干问题的解释》(2001 年)第三条已调整为《最高人民法院关于确定民事侵权精神损害赔偿责任若干问题的解释》(2020 年修正)第三条的内容。

《最高人民法院关于确定民事侵权精神损害赔偿责任若干问题的解释》(2020 年修正)第三条

死者的姓名、肖像、名誉、荣誉、隐私、遗体、遗骨等受到侵害，其近亲属向人民法院提起诉讼请求精神损害赔偿的，人民法院应当依法予以支持。

5.《民法典》第四编“人格权编”的第六章为“隐私权和个人信息保护”，其中第一千零三十二条第二款对“隐私”进行了明确的定义，第一千零三十三条对侵犯隐私权的行为作出了界定。

《民法典》第一千零三十二条

自然人享有隐私权。任何组织或者个人不得以刺探、侵扰、泄露、公开等方式侵害他人的隐私权。

隐私是自然人的私人生活安宁和不愿为他人知晓的私密空间、私密活动、私密信息。

《民法典》第一千零三十三条

除法律另有规定或者权利人明确同意外，任何组织或者个人不得实施下列行为：

（一）以电话、短信、即时通讯工具、电子邮件、传单等方式侵扰他人的私人生活安宁；

（二）进入、拍摄、窥视他人的住宅、宾馆房间等私密空间；

（三）拍摄、窥视、窃听、公开他人的私密活动；

（四）拍摄、窥视他人身体的私密部位；

（五）处理他人的私密信息；

（六）以其他方式侵害他人的隐私权。

社会意义

私人书信是作者基于生活经验、学术经历、观点见解等形成的独创性作品，其内容与公共利益无关，单纯是表达个人情感，属于隐私范畴，应当受到我国法律保护。未经权利人同意使用私人书信，给权利人带来巨大的精神冲击，使其承受创伤和痛苦，权利人当然可以提起诉讼，维护自己的合法权益。大学生在日常生活中应当谨记，一定要尊重他人的隐私权，保护他人的个人信息，严格规范自己的行为。

案例溯源

本案一审案号为（2013）二中民初字第10113号，二审案号为（2014）高民终字第1152号。

▶ 案例二：在与邻居的相邻位置安装摄像设备，是否侵犯了邻居的隐私权？——潘某1、潘某2隐私权纠纷案

关键词：隐私权　社会公共利益　自助救济　权利边界

法律要点：在与邻居的相邻位置安装摄像设备，超越自身权利边界，是侵害邻居隐私权的行为。

基本案情

上诉人(原审被告):潘某1

上诉人(原审被告):潘某2

被上诉人(原审原告):张某

潘某1、潘某2和张某是邻居关系,他们居住的卧室左右相邻,房间外有一个公共阳台。张某房间的门在阳台的南边,朝向北边,潘某1、潘某2房间的门在阳台东侧,朝向西边。本案发生在2010年,整个事件因潘某1和潘某2在房门外和南阳台上方外墙处各安装了监控摄像头而起。上述摄像头监控的范围包括张某南阳台外侧、双方共用的北阳台和楼梯走道。张某对潘某1和潘某2的行为表示了极大的不满,认为摄像头能够窥探自己的隐私,严重超越了潘某1和潘某2权利的边界。虽然他们所居住社区的居民委员会对两方进行了调解,但并未成功。潘某1和潘某2坚决拒绝拆除摄像头,张某一气之下将二人起诉至法院,请求法院判令二人将摄像头拆除。

一审法院认为,潘某1和潘某2安装的监控摄像头,其监控范围确实属于原被告三人生活的共同区域,且与张某的日常生活有密切联系。摄像头能够捕捉到的画面也包含张某的生活细节。这一设置摄像头的行为足以侵害张某的隐私权,是超越被告二人自身权利边界的行为。潘某1和潘某2二人通过摄像头采集到的信息是为个人所用,完全无益于公共利益。因此,张某的诉讼请求应当得到支持。潘某1和潘某2对一审法院的判决不服,向上海市第一中级人民法院提出上诉。二审法院认为,虽然潘某1和潘某2二人称其设置摄像头是自助救济的行为,但是该自助救济显然超过合理限度,不仅侵害了张某的隐私权,也破坏了本应和睦友善的邻里关系,对公共利益造成了损害。二审法院维持了一审法院的判决,认定被告二人应当拆除设置在公共区域的摄像头。

法律讲堂

潘某1、潘某2安装的摄像头是否侵犯张某的隐私权

潘某1、潘某2安装的摄像头侵犯张某的隐私权。原《民法通则》(2009年修正)第7条[①]规定,民事活动应当尊重社会公德,不得损害社会公共利益,扰乱社会经济秩序。本案中,潘某1和潘某2设置的摄像头能够监控的范围包括张某的南阳台外侧、双方公用的北阳台和走廊,这些区域都和张某的日常生活紧密关联。潘某1和潘某2辩称安装摄像头意在保护公共利益,对乱丢垃圾、

① 现为《民法典》第8条。

盗窃等行为能起到防范作用，但摄像头可以捕捉到的镜头明显包括张某的私人空间。两位上诉人所称的自助救济明显超越了合理限度，对张某的隐私权造成了损害，也损害了社会公共利益。

法律规定

1.《民法典》第八条

民事主体从事民事活动，不得违反法律，不得违背公序良俗。

2.《民法典》第一百七十九条

承担民事责任的方式主要有：

（一）停止侵害；

（二）排除妨碍；

（三）消除危险；

（四）返还财产；

（五）恢复原状；

（六）修理、重作、更换；

（七）继续履行；

（八）赔偿损失；

（九）支付违约金；

（十）消除影响、恢复名誉；

（十一）赔礼道歉。

法律规定惩罚性赔偿的，依照其规定。

本条规定的承担民事责任的方式，可以单独适用，也可以合并适用。

3.《民法典》第一千零三十二条

自然人享有隐私权。任何组织或者个人不得以刺探、侵扰、泄露、公开等方式侵害他人的隐私权。

隐私是自然人的私人生活安宁和不愿为他人知晓的私密空间、私密活动、私密信息。

社会意义

本案中潘某1、潘某2和张某是邻居，在日常生活中本应和谐相处、相互尊重。如果邻居之间都能维持和睦友善的邻里关系，整个社会就能呈现和谐稳定的状态。每个人行使权利的前提是不侵害他人的权利，维护自身的权利应当在合理的限度内。每一个公民都不应突破自身权利的边界而损害他人的合法权益。如果行为超越权利边界,所产生的影响将不止于引发公民个体之间的权益纠纷,还不利于推动整个社会构建和谐良善的秩序。

案例溯源

本案一审案号为(2010)徐民一(民)初字第6327号,二审案号为(2011)沪一中民一(民)终字第288号。

专题五
高空抛物危害大　严重还要担刑责

下述真实案例就发生在东莞市某小区，从 24 层高空掉落的苹果砸中 3 个月大女婴，致其重伤二级，肇事女孩监护人被判赔 185 万余元。实际上，由于高空抛物致人重伤乃至死亡的案例屡见不鲜。2021 年 3 月 1 日起《刑法修正案(十一)》施行，“高空抛物”正式入刑。本专题选取了两个真实案例，警示同学们切勿高空抛物，共同维护“头顶上的安全”。

▶ 案例一：宠物能否视为高空坠物？——彭某诉林某、何某财产损害纠纷案

关键词：高空坠物　宠物致害　侵权责任

法律要点：宠物高空坠落致人损害，饲养人应当承担侵权责任。宠物适用建筑物高空坠物的规定。

基本案情

原告：彭某

被告：林某、何某

2019 年 8 月 6 日上午 10 时左右，彭某将其名下一辆车停放在某公寓楼下划定的地面停车位上，该停车位处于某公寓 2124 号房阳台外相对应的地面位置。6 日上午 11 时左右，公寓的保安在巡逻时发现一条白色小狗从公寓楼高层坠落并砸中彭某的车辆，导致彭某的车受损。彭某到达现场后马上进行了报警处理。经调查，坠楼白色小狗系居住在坠落现场上方 21 楼的住户即林某、何某饲养的宠物。彭某遂起诉至法院，要求林某与何某承担侵权损害赔偿责任。

珠海市香洲区人民法院经审理认为，原《侵权责任法》第 78 条规定：“饲养的动物造成他人损害的，动物饲养人或者管理人应当承担侵权责任，但能够证

明损害是因被侵权人故意或者重大过失造成的，可以不承担或者减轻责任。”林某与何某作为案涉坠楼小狗的饲养人，未能依法履行管理义务，对饲养的宠物狗疏于管理，导致宠物狗在活动过程中从阳台坠落并砸中彭某的车辆，给彭某造成了财产损失，应承担赔偿责任。2020 年 1 月 9 日，法院判决林某、何某赔偿彭某财产损失 10, 150 元。该判决已生效。

法律讲堂

1. 哪些情况适用高空坠物规定

建筑物、构筑物或者其他设施及其搁置物、悬挂物发生脱落、坠落造成他人损害，所有人、管理人或者使用人不能证明自己没有过错的，应当承担侵权责任。所有人、管理人或者使用人赔偿后，有其他责任人的，有权向其他责任人追偿。

2. 本案能否适用建筑物高空坠物规定

白色小狗可被视作从建筑物上坠落的搁置物品，适用建筑物高空坠物规定。

判断本案能否适用建筑物高空坠物规定，关键在于白色小狗能否被视作“物品”。《汉语大词典》对“物品”这样解释：除人以外的具体的东西，可以是事物、生物、物质等。换言之，单纯从词义本身分析，白色小狗可以被视作民事法律关系中的客体物品，其管理人或所有人有义务对其进行管理和注意。此外，无论是动物还是其他无生命物体，其从高空坠落所带来的危害性是一样的，都会危害特定人的生命财产安全，因此，从立法初衷考量，也应当将动物纳入高空坠物中“物品”的范围。

3. 本案中林某、何某是否应当承担侵权责任

前已述及，林某、何某所饲养的白色小狗可被视为建筑物坠物，且林某、何某对其疏于管理导致砸中彭某爱车致其受损，应当承担侵权赔偿责任，对彭某进行赔偿。

判定林某、何某是否应当承担侵权责任，关键在于林某、何某能否证明自己对宠物尽到了管理义务，以及彭某是否有主观故意或重大过失。林某、何某应当承担侵权责任，理由有二：其一，林某、何某并未证明自己已经尽到对宠物的认真管理义务，存在过错。相较其他宠物，小狗的好动程度更高，因此，宠物饲养人应当注意对小狗进行控制，防止它乱跑出门或爬上阳台坠落，抑或是做好

防护措施,加装阳台防护栏。事发时,白色小狗从阳台坠落,足以说明林某、何某没有对阳台进行特殊处理,以至于白色小狗能够爬上阳台并坠落。其二,彭某不存在主观故意或重大过失。彭某将车停放于公寓地面停车场时,并不能预知会有白色小狗坠落,缺乏主观故意的条件。此外,彭某将车辆停放在小区规划的地面停车场,该停车位周围并无消防通道或禁停标识,属于规范操作,合情合理,更不存在重大过失。综上,林某、何某存在对宠物疏于管理的过错,且彭某不存在主观故意或重大过失,林某、何某应承担侵权责任。

法律规定

1.《民法典》第一千一百六十七条

侵权行为危及他人人身、财产安全的,被侵权人有权请求侵权人承担停止侵害、排除妨碍、消除危险等侵权责任。

2.《民法典》第一千二百四十五条

饲养的动物造成他人损害的,动物饲养人或者管理人应当承担侵权责任;但是,能够证明损害是因被侵权人故意或者重大过失造成的,可以不承担或者减轻责任。

3.《民法典》第一千二百五十三条

建筑物、构筑物或者其他设施及其搁置物、悬挂物发生脱落、坠落造成他人损害,所有人、管理人或者使用人不能证明自己没有过错的,应当承担侵权责任。所有人、管理人或者使用人赔偿后,有其他责任人的,有权向其他责任人追偿。

社会意义

高空抛坠物致人损害案件的发生,使人们对于高空抛坠物行为深恶痛绝。在本案中,白色小狗的饲养人疏于管理,以致小狗坠落砸损他人财物,饲养人应承担相应赔偿责任。本案判决正确适用侵权责任法的规定,依法判决侵权人承担侵权责任,对高空抛坠物行为进行了否定性评价,保护了人民群众财产安全,同时也警醒动物饲养人要严格饲养动物管理,做好安全防护措施,避免发生类似安全事故。大学生在饲养宠物时要谨慎看护,防止宠物掉落。除宠物外,阳台上也不宜堆放过多物品,一是阳台本身承重能力有限,二是遇上极端天气,阳台上的物品容易坠落。

案例溯源

本案一审案号为(2019)粤0402民初12841号。

▶ 案例二:高空抛物要负刑事责任吗?——蒋某以危险方法危害公共安全案

关键词:高空抛物　公共安全　刑事处罚

法律要点:行为人为泄私愤高空抛物,威胁公共安全,将受到严厉刑事制裁。

基本案情

公诉机关:上海市闵行区人民检察院

被告人:蒋某

2019年8月1日17时许,蒋某因家庭矛盾,通过开锁人员撬开其父母位于上海市闵行区江航路X弄X号X室的房门,持棒球棍对家中物品进行打砸。随后蒋某与父母发生了激烈的争吵。争吵过程中,恼羞成怒的蒋某随手将手边的平板电脑、手机、水果刀等物品从14楼扔出窗外,砸落在小区公共道路及楼下停放的三辆轿车上,严重危害公共安全。经估价,被砸的三辆轿车物损共计人民币4293元。

上海市闵行区人民法院经审理认为,蒋某因家庭矛盾,为发泄不满,故意将手机、平板电脑、水果刀等物从14楼高处扔下,部分物品砸落在小区公共道路上,还砸坏楼下停放的三辆机动车,虽未造成人身伤害或财产重大损失的严重后果,但足以危害公共安全,其行为已构成以危险方法危害公共安全罪。蒋某主动报警,到案后如实供述自己的犯罪事实,属于自首,依法可以减轻处罚;蒋某自愿认罪认罚,依法可从宽处罚。公诉机关指控的事实及罪名成立,量刑建议适当,应予采纳。蒋某具有赔偿情节,可酌情从轻处罚。

法律讲堂

1. 高空抛物可能需要承担哪些责任

一是民事责任。根据《民法典》第1254条第1款之规定,禁止从建筑物中抛掷物品。从建筑物中抛掷物品或者从建筑物上坠落的物品造成他人损害的,由侵权人依法承担侵权责任;经调查难以确定具体侵权人的,除能够证明自己不是侵权人的外,由可能加害的建筑物使用人给予补偿。可能加害的建筑物使用人补偿后，有权向侵权人追偿。二是行政责任。行为人高空抛物，扰乱公共秩序，但不构成犯罪的，应当根据《治安管理处罚法》相关规定给予罚款、拘留等行政处罚。三是刑事责任。根据《刑法》第 291 条之二的规定，从建筑物或者其他高空抛掷物品，情节严重的，处 1 年以下有期徒刑、拘役或者管制，并处或者单处罚金。有前款行为，同时构成其他犯罪的，依照处罚较重的规定定罪处罚。

2. 本案蒋某的主观心态如何认定

蒋某明知高空抛物行为可能会砸到人或者车，却放任这种结果发生，属于故意犯罪。

《刑法》第 14 条第 1 款规定，明知自己的行为会发生危害社会的结果，并且希望或者放任这种结果发生，因而构成犯罪的，是故意犯罪。本案中的蒋某 1997 年生，事发时已经 22 岁，作为一个成年人，完全能够意识到从 14 楼的高空抛掷平板电脑、水果刀等物品的危害性，并且事发地正处于小区公共道路，高空抛物有极大可能砸到人或者车，但蒋某对此持放任态度，应认定存在主观故意。

3. 本案蒋某的行为是否足以危害公共安全

蒋某在小区居民进出的高发时间段高空抛物，足以对不特定多数人的人身、财产安全造成威胁。

所谓公共安全，是指不特定多数人的生命、健康和重大公共财产安全以及其他公共利益安全。在本案中，蒋某为发泄不满将手边的物品扔出窗外，根据普通人的认知，具有一定重量的物体从 14 楼的高度坠下，已足以具备伤人损物的撞击力，至于其抛掷物是平板电脑还是手机，是锐器还是钝器，不妨碍实际危害后果的发生。值得强调的是案发事件是下午 5 时，正是小区居民进出的高发时间段，一旦有人或车经过，就有可能被砸中。因此，上述高空抛物行为对不特定多数人的生命、健康等公共利益安全造成了威胁，足以危害公共安全。

《刑法》第 114 条规定，放火、决水、爆炸以及投放毒害性、放射性、传染病病原体等物质或者以其他危险方法危害公共安全，尚未造成严重后果的，处 3 年以上 10 年以下有期徒刑。从上述规定可以得知“以危险方法危害公共安全罪”属于“危险犯”，“危险犯”既可以是行为犯，又可以是结果犯。换言之，只要行为人实施的行为可能会对公共安全造成危险，即使没有造成严重后果，也构成以危险方法危害公共安全罪。本案中，蒋某的行为虽然没有造成人身伤害或财产重大损失的严重后果，但已经对公共安全产生了威胁，蒋某构成以危险方法危害公共安全罪。

4. 本案蒋某是否构成故意毁坏财物罪

本案蒋某高空抛物具有随意性，不针对特定人或物。涉案财物实际受损金额共计 4293 元，未达到数额较大认定标准，不构成故意毁坏财物罪。

根据《刑法》第 275 条的规定，故意毁坏公私财物，数额较大或者有其他严重情节的，处 3 年以下有期徒刑、拘役或者罚金；数额巨大或者有其他特别严重情节的，处 3 年以上 7 年以下有期徒刑。按照上述规定，故意毁坏公私财物数额较大或者情节严重的，才构成犯罪。因此，是否数额较大或者情节严重，是区分罪与非罪的界限。按照《最高人民检察院、公安部关于公安机关管辖的刑事案件立案追诉标准的规定（一）》第 33 条的规定，故意毁坏公私财物，造成公私财物损失 5000 元以上的，应予立案追诉。本案受损金额共计 4293 元，不符合立案条件。此外，故意毁坏财物罪要求针对特定财物，本案中，蒋某随手从高空抛掷物品，不具有针对性。综上，蒋某不构成故意毁坏财物罪。

法律规定

1.《刑法》第十四条

明知自己的行为会发生危害社会的结果，并且希望或者放任这种结果发生，因而构成犯罪的，是故意犯罪。

2.《刑法》第六十七条

犯罪以后自动投案，如实供述自己的罪行的，是自首。对于自首的犯罪分子，可以从轻或者减轻处罚。其中，犯罪较轻的，可以免除处罚。

……

3.《刑法》第一百一十四条

放火、决水、爆炸以及投放毒害性、放射性、传染病病原体等物质或者以其他危险方法危害公共安全，尚未造成严重后果的，处三年以上十年以下有期徒刑。

4.《刑法》第二百七十五条

故意毁坏公私财物，数额较大或者有其他严重情节的，处三年以下有期徒刑、拘役或者罚金；数额巨大或者有其他特别严重情节的，处三年以上七年以下有期徒刑。

5.《刑法》第二百九十一条之二

从建筑物或者其他高空抛掷物品，情节严重的，处一年以下有期徒刑、拘役或者管制，并处或者单处罚金。

有前款行为，同时构成其他犯罪的，依照处罚较重的规定定罪处罚。

6.《刑事诉讼法》第十五条

犯罪嫌疑人、被告人自愿如实供述自己的罪行，承认指控的犯罪事实，愿意接受处罚的，可以依法从宽处理。

7.《最高人民检察院、公安部关于公安机关管辖的刑事案件立案追诉标准的规定(一)》第三十三条

故意毁坏公私财物，涉嫌下列情形之一的，应予立案追诉：

(一)造成公私财物损失五千元以上的；

……

社会意义

高空抛物被称为“悬在城市上空的痛”，对人们的生命财产造成严重威胁。本案对高空抛物行为的司法认定，结合了行为人的生活阅历及生活常识综合判断其对抛物场所、所抛的具体物品、抛物的时间、抛物的高度等因素的认识，认定行为人具有相关犯罪的故意，同时结合所抛物品在客观上造成的危害后果，全面考量行为的社会危害程度，认定其行为足以危害公共安全，构成以危险方法危害公共安全罪。为司法机关处理该类案件提供了重要参考。

此外，本案是《最高人民法院关于依法妥善审理高空抛物、坠物案件的意见》施行后，上海法院判决的第一起高空抛物入刑的案件，警示行为人高空抛物一旦造成严重后果并且危及社会公共安全利益，除承担民事赔偿责任外，还将会面临刑事处罚。过去在司法实践中，对高空抛物构成犯罪的案件一般按照以危险方法危害公共安全罪处罚，《刑法修正案(十一)》将高空抛物罪作为《刑法》第六章“妨害社会管理秩序罪”项下的一个独立罪名，明确了高空抛物罪侵害的法益，补强了刑法对于高空抛物不法行为的规制。该修正案已于2021年3月1日正式施行。

大学生应主动预防高空抛物行为的发生，树立正确的生活观念，共同营造良好社会风尚。同时，大学生应做好情绪管理，重视心理健康，生活中与人发生矛盾与纠纷，应理性思考寻求解决途径，避免一时激愤犯下大错。

案例溯源

本案一审案号为(2019)沪0112刑初2501号。

专题六
法律保护消费者　产品缺陷可维权

我国法律保护消费者的合法权益,作为消费者,大学生也要提高自主维权意识,学习法律知识,运用法律手段维护自己的合法权益。在消费领域中,食品消费与人们的生活联系得尤为紧密,因此本专题选取了与食品消费相关的两个典型案例,希望能够激发同学们的维权意识,并且为同学们提供作为消费者的维权思路。

▶ 案例一:消费者要求支付价款十倍的赔偿金,是否以受害方因涉案食品实际遭受人身、财产的损害为条件?——孟某诉甲药业有限公司等产品责任纠纷案

关键词:生产者　消费者　惩罚性赔偿

法律要点:消费者要求支付价款十倍的赔偿金,不以受害方因不符合食品安全标准的食品实际遭受人身、财产损害为条件。

基本案情

上诉人(原审原告):孟某

被上诉人(原审被告):甲药业有限公司(以下简称甲公司)、乙保健品有限公司(以下简称乙公司),系甲公司的子公司

原审被告:丙医药连锁有限公司(以下简称丙公司)

2012 年 7 月 27 日和 28 日,原告孟某在丙公司一共买了 7 盒 Y 牌胶原蛋白粉。该产品由甲公司监制,由乙公司生产。胶原蛋白粉的单价是 248 元/盒,生产日期分别是"2011 年 9 月 28 日"和"2011 年 11 月 5 日",外包装上的配料表中含有"食品添加剂(D－甘露糖醇、柠檬酸)"。在购买了胶原蛋白粉之后,孟某发现其中 D－甘露糖醇这一食品添加剂只能在糖果中添加,而胶原蛋白粉是

固体饮料，其中不能添加 D－甘露糖醇。生产者在胶原蛋白粉中超范围滥用这一食品添加剂的行为，是不符合食品安全国家标准的。孟某向一审法院提起诉讼，除要求各被告退还 1736 元的货款之外，还要求各被告支付十倍赔偿金 17,360 元，并承担本案的一切诉讼费用。

一审法院查明，乙公司的生产标准是《食品安全国家标准食品添加剂使用标准 GB2760—2011》，其中的附录明确与 D－甘露糖醇相对应的"食品名称"仅为"糖果"，而"糖果"的范围限于"胶基糖果、除胶基糖果以外的其他糖果"，并不包括"固体饮料类"。根据《食品安全法》第 3 条、第 38 条的规定，乙公司作为生产者，没有按照食品的生产标准生产产品，孟某要求乙公司退还货款的要求是合理的，一审法院予以支持。而甲公司作为监制方，没有尽到监督管理的职责，应当与乙公司承担连带责任。而对于孟某要求三被告赔偿货款十倍的赔偿金这一诉讼请求，一审法院认为，孟某没有提出足够的证据证明自己因为胶原蛋白粉中食品添加剂不符合食品生产标准而遭受人身、财产的损害，所以对孟某的这一请求不予支持。现行法律规定没有要求销售者和生产者共同承担赔偿责任，在乙公司和甲公司已经承担赔偿责任的前提下，丙公司作为销售者，无须再向孟某这一消费者承担赔偿责任。孟某对一审法院的判决结果不服，向广东省广州市中级人民法院提起上诉。二审法院认为，《食品安全法》第 96 条在本案中适用。消费者孟某可以基于第 96 条要求三被告承担十倍于货款的赔偿金。

法律讲堂

1. 孟某是否可以要求被告退还货款

可以。《食品安全法》（2009 年）第 3 条规定，食品生产经营者应当依照法律、法规和食品安全标准从事生产经营活动，对社会和公众负责，保证食品安全，接受社会监督，承担社会责任。第 38 条规定，食品、食品添加剂和食品相关产品的生产者，应当依照食品安全标准对所生产的食品、食品添加剂和食品相关产品进行检验，检验合格后方可出厂或者销售。乙公司作为生产者，没有按照食品的生产标准生产产品，孟某要求乙公司退还货款的要求是合理的，一审法院予以支持。而甲公司没有尽到监督管理的职责，应当与乙公司承担连带责任。现行法律规定没有要求销售者和生产者共同承担赔偿责任，在乙公司和甲公司已经承担赔偿责任的前提下，丙公司作为销售者，无须再向孟某这一消费者承担赔偿责任。

2. 孟某是否可以要求被告支付十倍赔偿金

可以。《食品安全法》第 96 条第 2 款规定，生产不符合食品安全标准的食品或者销售明知是不符合食品安全标准的食品，消费者除要求赔偿损失外，还可以向生产者或者销售者要求支付价款十倍的赔偿金。本款规定的是惩罚性的民事责任。惩罚性赔偿是在消费者的实际损失之外再予以其补偿性的赔偿。《食品安全法》设定这一条的目的，是对生产不符合食品安全标准的食品或者销售明知是不符合食品安全标准的食品等行为起到警示作用，避免不符合安全标准的食品进入流通领域，将损害进一步扩大。十倍赔偿金的支付不要求受害方因缺陷产品遭受实际的损害。在本案中，乙公司生产的胶原蛋白粉中食品添加剂不符合食品安全标准，甲公司也未尽到合理的监督管理职责，丙公司实际售卖了胶原蛋白粉这一不符合食品安全标准的食品。即使孟某没有出示证据证明自己因不符合食品安全标准的胶原蛋白粉而遭受人身、财产损害，依然可以请求三名被告承担十倍赔偿金。

法律规定

1.《食品安全法》(2009 年)第三条

食品生产经营者应当依照法律、法规和食品安全标准从事生产经营活动，对社会和公众负责，保证食品安全，接受社会监督，承担社会责任。

本案发生时施行的《食品安全法》是 2009 年颁布的。此后，《食品安全法》在 2015 年修订，又于 2018 年和 2021 年经过了两次修正。《食品安全法》(2009 年)第三条的规定已调整为《食品安全法》(2021 年修正)第四条的内容。

《食品安全法》(2021 年修正)第四条

食品生产经营者对其生产经营食品的安全负责。

食品生产经营者应当依照法律、法规和食品安全标准从事生产经营活动，保证食品安全，诚信自律，对社会和公众负责，接受社会监督，承担社会责任。

2.《食品安全法》(2009 年)第三十八条

食品、食品添加剂和食品相关产品的生产者，应当依照食品安全标准对所生产的食品、食品添加剂和食品相关产品进行检验，检验合格后方可出厂或者销售。

《食品安全法》(2009 年)第三十八条已调整为《食品安全法》(2021 年修正)第五十二条，内容保持不变。

《食品安全法》(2021 年修正)第五十二条

食品、食品添加剂、食品相关产品的生产者，应当按照食品安全标准对所生产的食品、食品添加剂、食品相关产品进行检验,检验合格后方可出厂或者销售。

3.《食品安全法》(2009年)第九十六条

违反本法规定,造成人身、财产或者其他损害的,依法承担赔偿责任。

生产不符合食品安全标准的食品或者销售明知是不符合食品安全标准的食品,消费者除要求赔偿损失外,还可以向生产者或者销售者要求支付价款十倍的赔偿金。

《食品安全法》(2009年)第九十六条第二款的规定已调整为《食品安全法》(2021年修正)第一百四十八条的内容。

《食品安全法》(2021年修正)第一百四十八条

消费者因不符合食品安全标准的食品受到损害的,可以向经营者要求赔偿损失,也可以向生产者要求赔偿损失。接到消费者赔偿要求的生产经营者,应当实行首负责任制,先行赔付,不得推诿;属于生产者责任的,经营者赔偿后有权向生产者追偿;属于经营者责任的,生产者赔偿后有权向经营者追偿。

生产不符合食品安全标准的食品或者经营明知是不符合食品安全标准的食品,消费者除要求赔偿损失外,还可以向生产者或者经营者要求支付价款十倍或者损失三倍的赔偿金;增加赔偿的金额不足一千元的,为一千元。但是,食品的标签、说明书存在不影响食品安全且不会对消费者造成误导的瑕疵的除外。

社会意义

近些年,生产者为了谋取巨额利益,生产不符合国家标准的食品,还将其投入市场,任由损害扩大。只有按照国家标准生产食品,才能保证健康。设置惩罚性赔偿的目的在于,对生产不符合食品安全标准的食品或者销售明知是不符合食品安全标准的食品等行为起到警示作用,避免不符合安全标准的食品进入流通领域,减少其所造成的损害。即使受害方没有因缺陷产品遭受实际的人身、财产损害,也可以请求生产者或销售者支付十倍赔偿金。大学生在日常生活遇到产品缺陷问题应勇于维护自身合法权益,完善的法律制度已经为此提供了强有力的保障。

案例溯源

本案一审案号为(2012)穗越法民一初字第2896号,二审案号为(2013)穗中法民一终字第3859号。

▶ 案例二：经营未标明基本信息的预包装食品承担何种法律责任？——魏某诉四川某公司网络购物合同纠纷案

关键词：预包装食品　食品安全标准　惩罚性赔偿

法律要点：预包装食品的包装标签未标明生产者的名称、地址等基本信息，消费者可根据《食品安全法》请求经营者承担惩罚性赔偿责任。

基本案情

原告：魏某

被告：四川某公司

四川某公司在某电商平台开设店铺售卖食品。魏某在该店铺一次性购买了风干牛肉20袋，总共花费1119元，其中产品花费1100元，邮费花费19元。魏某收货后拆封10袋风干牛肉食用。但魏某发现他购买的风干牛肉包装标签上没有标明该款风干牛肉的生产者名称、产地等基本信息。魏某遂以四川某公司销售的预包装食品包装标签未标明生产者名称、地址等基本信息为由，请求该公司返还价款1119元并支付十倍的赔偿金11，000元。

甘肃省天水市麦积区人民法院经审理认为，预包装食品，指预先定量包装或者制作在包装材料、容器中的食品。《食品安全法》第67条规定，预包装食品的包装上应当有标签。标签应当标明生产者的名称、地址、联系方式。第148条第2款规定："生产不符合食品安全标准的食品或者经营明知是不符合食品安全标准的食品，消费者除要求赔偿损失外，还可以向生产者或者经营者要求支付价款十倍或者损失三倍的赔偿金；增加赔偿的金额不足一千元的，为一千元。但是，食品的标签、说明书存在不影响食品安全且不会对消费者造成误导的瑕疵的除外。"

案涉产品的外包装袋标签上未标明该商品的生产者名称、地址等基本信息，四川某公司也未举证证明其按照相关规定尽到了必要的审查义务，应认定其明知案涉产品不符合食品安全标准却仍然销售，判决四川某公司向魏某返还价款并支付价款十倍的赔偿金11，000元。

法律讲堂

1. 什么是惩罚性赔偿

惩罚性赔偿，是指人民法院判决侵权人赔偿的数额超出实际损害数额，以惩罚恶劣的违法行为人，威慑社会潜在的不法行为人。《消费者权益保护法》

第 55 条规定,“经营者提供商品或者服务有欺诈行为的,应当按照消费者的要求增加赔偿其受到的损失,增加赔偿的金额为消费者购买商品的价款或者接受服务的费用的三倍;增加赔偿的金额不足五百元的,为五百元。法律另有规定的,依照其规定。经营者明知商品或者服务存在缺陷,仍然向消费者提供,造成消费者或者其他受害人死亡或者健康严重损害的,受害人有权要求经营者依照本法第四十九条、第五十一条等法律规定赔偿损失,并有权要求所受损失二倍以下的惩罚性赔偿”。根据《民法典》第 1185 条之规定,故意侵害他人知识产权,情节严重的,被侵权人有权请求相应的惩罚性赔偿。根据《民法典》第 1232 条之规定,侵权人违反法律规定故意污染环境、破坏生态造成严重后果的,被侵权人有权请求相应的惩罚性赔偿。

2. 本案中魏某购买的风干牛肉是否属于预包装食品

预包装食品,是指预先定量包装或者制作在包装材料和容器中的食品;包括预先定量包装以及预先定量制作在包装材质和容器中并且在一定量限范围内具有统一的质量或体积标识的食品。本案风干牛肉属于预包装食品。

预包装食品与散装食品相对。预包装食品则是指在顾客购买之前已进行称重量值并明码标价,而散装食品则是指在顾客购买之前,经营者没有对部分食品进行称重定价,在顾客购买时才进行称重标价。本案中,魏某在购买风干牛肉时,四川某公司已经明码标价一袋风干牛肉 55 元,可见该风干牛肉已预先量值定价,属于预包装食品。

3. 本案中魏某能否要求该公司返还价款

根据《食品安全法》第 34 条之规定,禁止生产经营无标签的预包装食品、食品添加剂。魏某可以要求公司返还价款。

根据法律规定,禁止经营者销售没有标签的预包装食品。涉案风干牛肉正是被法律明文禁止销售的没有生产者信息、厂址等标签的预包装食品,因此,魏某可以要求该公司返还价款,但前提是魏某应该将涉案食品如数退还商家,如果不能退还或者不能全部退还,则应按对应价格抵扣应退价款。

4. 本案中魏某能否要求该公司返还邮费 19 元

货物运输合同已经履行完成,魏某不能要求退还邮费。能否退还邮费关键在于货物运输合同是否完成。在本案中,货物运输合同的当事人为魏某和物流公司,四川某公司负责代办托运,物流公司负责将 20 袋风干牛肉运输并交付魏某,而魏某则负责支付邮费19元。根据事实情况,魏某已经如数收到货物并支付邮费19元,足以说明该份货物运输合同双方当事人均已经履行完成,故邮费不应退还。

法律规定

1.《食品安全法》(2021年修正)第二十六条

食品安全标准应当包括下列内容:

……

(四)对与卫生、营养等食品安全要求有关的标签、标志、说明书的要求;

……

2.《食品安全法》(2021年修正)第三十四条

禁止生产经营下列食品、食品添加剂、食品相关产品:

……

(十一)无标签的预包装食品、食品添加剂;

……

3.《食品安全法》(2021年修正)第六十七条

预包装食品的包装上应当有标签。标签应当标明下列事项:

……

(三)生产者的名称、地址、联系方式;

……

4.《食品安全法》(2021年修正)第一百四十八条

……

生产不符合食品安全标准的食品或者经营明知是不符合食品安全标准的食品,消费者除要求赔偿损失外,还可以向生产者或者经营者要求支付价款十倍或者损失三倍的赔偿金;增加赔偿的金额不足一千元的,为一千元。但是,食品的标签、说明书存在不影响食品安全且不会对消费者造成误导的瑕疵的除外。

5.《最高人民法院关于审理食品安全民事纠纷案件适用法律若干问题的解释(一)》第十一条

生产经营未标明生产者名称、地址、成分或者配料表,或者未清晰标明生产日期、保质期的预包装食品,消费者主张生产者或者经营者依据食品安全法第一百四十八条第二款规定承担惩罚性赔偿责任的,人民法院应予支持,但法律、行政法规、食品安全国家标准对标签标注事项另有规定的除外。

社会意义

食品消费是人们日常消费的重要组成部分,食品安全的重要性不言而喻。本案通过对经营者不符合食品安全标准的行为进行惩罚性打击:一方面,增加经营者的违法成本,促使经营者重视食品安全问题;另一方面,保护了广大消费者的合法权益,营造良好的消费环境。大学生应当厘清作为消费者应当享有的权利类型,在消费过程中树立维权意识,用法律武器维护自己的合法权益。

案例溯源

本案一审案号为(2020)甘0503民初1054号。

第三章
恋爱婚姻生活

恋爱婚姻生活是大学生生活的重要方面。恋爱关系的双方应当做到平等和独立,既尊重对方,也保护好自己。大学生选择走入婚姻时也应当认真谨慎,需要知道达到法定条件的婚姻才具有法律效力。尊老爱幼、孝敬父母不仅是中华民族的传统美德,也是生活中需要承担的责任。每一个家庭都树立良好的家风,能够推动整个社会形成和谐稳定的秩序。本章通过5个专题共10个真实案例,为同学们讲述恋爱婚姻家庭生活中可能遇到的法律问题。包括表达爱慕含义的特殊数额金钱性质如何认定?同居期间的财产归属如何认定?一方未满法定婚龄的婚姻,其效力如何认定?已支付的彩礼能否要求返还?自愿赡养老人的非继承人可以参与遗产分配吗?饲养动物未直接接触受害人,动物饲养人应否承担侵权责任?在看病就医过程中,医保报销能否免除第三方侵权人的赔偿责任?医疗机构及其医务人员存在过错应如何担责?

同学们在日常生活中需要注意:恋爱婚姻要理性,彼此尊重和独立;法定条件可结婚,夫妻双方讲平等;尊老爱幼是美德,孝顺父母树家风;饲养动物致损害,侵权责任必承担;看病就医需谨慎,不要忘记保权益。

专题一
恋爱婚姻要理性　彼此尊重和独立

许多大学生都非常憧憬能够收获一份美好的校园爱情，在恋爱中的情侣们，往往不会选择用签订协议等书面约定的方式处分各自的财产，即使针对一些诸如房屋购买等重大事项进行了约定，也普遍存在约定内容与事实不符的情况，由此很容易产生相关财产纠纷。本专题选取两个典型案例，提醒同学们校园恋爱要理性，尤其是涉及财产处分时，一定要谨慎考虑，不要让纯真的校园恋爱以法律纠纷结尾。

▶ 案例一：表达爱慕含义的特殊数额金钱性质如何认定？——王某与舒某民间借贷纠纷

关键词：民间借贷　赠与关系　恋爱期间　财产纠纷

法律要点：表达爱慕含义的特殊数额金钱，无约定应认定赠与。

基本案情

原告：王某

被告：舒某

王某与舒某于2018年6月底通过某网站认识，并确立了恋爱关系，中间经过短暂分手与复合，最终于2018年11月彻底分手。恋爱期间，王某多次向舒某进行数额不等的转账，部分转账有“我爱你，老婆”“这是情人节礼物”“我乐意给的”等留言或者附注。发生矛盾并短暂分手期间，双方在派出所签订了协议书，约定舒某于2018年10月1日起，每月月底以支付宝转账方式偿还王某1万元，连续偿还10个月，共计10万元。现王某诉至法院，以双方存在借贷关系为由，要求舒某偿还13万余元，并支付逾期利息。

法院经审理认为，恋爱期间，双方对于给付款项系赠与还是民间借贷有明确约定的，应当按照约定认定款项性质。在本案中，对于舒某出具协议认可的10万元，法院认定为借贷，由舒某偿还本金和逾期利息；对于备注了“这是赠与”“我乐意给的”等内容的转账，法院认定为赠与；对于没有明确约定，但系“520”“1314”等具有表达爱慕含义的特殊数额金钱，法院亦认定为赠与，舒某无须偿还。

法律讲堂

1. 如何区分恋情期间的转账是赠与还是借贷

恋爱期间，由于男女双方相互爱恋，向对方赠与财物是人之常情，尤其在“5·20”、情人节等特殊节日，许多情侣会彼此发送表达爱慕含义的特殊数额红包。而在双方分手后，一方把交往过程中所产生的经济往来完全按照普通人之间的借贷关系而主张由对方返还，与情理不合，亦不符法律规定。

民间借贷是指自然人、法人、其他组织之间及其相互之间进行资金融通的行为。成立借贷关系要满足两个条件：(1)双方达成借贷的合意；(2)借款款项的实际支付。

在本案中，争议的焦点主要在于双方是否存在借贷的合意。从双方当事人提供的微信聊天记录等证据能够证实涉案款项均系双方在谈恋爱同居期间所产生，基于双方的特殊关系，相互之间频繁转账，数额不等，转款的次数和金额显然与正常的借贷关系截然不同，其中部分转账，如520元、52,000元明显是表达爱慕和感情的特殊数额，且舒某同一天也向王某转账52,000元，均系双方自愿支付，这种支付行为也并非基于民间借贷的合意，根据社会交往习惯及日常生活经验法则，该款项在双方无特别约定的情况下应认定为恋人之间的赠与关系。

因此，正如本案中法院的裁判结果，恋爱期间，双方对于给付款项系赠与还是民间借贷有明确约定的，应当按照约定认定款项性质；对于备注了“这是赠与”“我乐意给的”等内容的转账，应认定为赠与；对于没有明确约定，但系“520”“1314”等具有表达爱慕含义的特殊数额金钱，法院亦认定为赠与。

2. 微信红包或者转账记录能单独认定借贷关系的事实吗？

不可以。《最高人民法院关于审理民间借贷案件适用法律若干问题的规定》(2015年)第17条规定“原告仅依据金融机构的转账凭证提起民间借贷诉讼，被告抗辩转账系偿还双方之前借款或者其他债务，被告应当对其主张提供证据证明。被告提供相应证据证明其主张后，原告仍应就借贷关系的成立承担举证证明责任”。本案中,原告王某以民间借贷纠纷提起诉讼,应由其提供证据证明与被告舒某达成了借贷合意和基于借贷合意所进行的款项交付。

被告舒某以转账系赠与行为进行抗辩并提供了相应证据,完成了其举证责任,原告王某仍应对双方系民间借贷关系进一步提供证据证明,仅凭转账凭证不能证明双方系民间借贷关系,因此,根据《最高人民法院关于适用〈中华人民共和国民事诉讼法〉的解释》第 90 条的规定,“当事人对自己提出的诉讼请求所依据的事实或者反驳对方诉讼请求所依据的事实,应当提供证据加以证明,但法律另有规定的除外。在作出判决前,当事人未能提供证据或者证据不足以证明其事实主张的,由负有举证证明责任的当事人承担不利的后果”。

微信红包和微信转账在日常生活中越来越普遍,但是在享受微信支付的便捷的同时,也要注意其中主要存在的两项风险:(1)微信红包和转账的接收账号不一定都是经过实名认证的,微信昵称并不能与借款人的身份对应,存在无法证明收款人是借款人本人的潜在风险;(2)微信转账记录或者微信红包只能证明双方存在经济往来,但是不能直接认定双方之间存在的是借贷关系,还需要其他证据予以佐证。

法律规定

1.《最高人民法院关于审理民间借贷案件适用法律若干问题的规定》第二条第一款(2015 年)

出借人向人民法院起诉时,应当提供借据、收据、欠条等债权凭证以及其他能够证明借贷法律关系存在的证据。

《最高人民法院关于审理民间借贷案件适用法律若干问题的规定》(2015 年)经过 2020 年 8 月、12 月的两次修改,修正前的第二条第一款的规定已调整为修正后的《最高人民法院关于审理民间借贷案件适用法律若干问题的规定》(2020 年 12 月修正)第二条第一款的内容。

《最高人民法院关于审理民间借贷案件适用法律若干问题的规定》(2020 年 12 月修正)第二条第一款

出借人向人民法院提起民间借贷诉讼时,应当提供借据、收据、欠条等债权凭证以及其他能够证明借贷法律关系存在的证据。

2.《最高人民法院关于审理民间借贷案件适用法律若干问题的规定》第十七条(2015 年)

原告仅依据金融机构的转账凭证提起民间借贷诉讼,被告抗辩转账系偿还双方之前借款或其他债务,被告应当对其主张提供证据证明。被告提供相应证据证明其主张后，原告仍应就借贷关系的成立承担举证证明责任。

《最高人民法院关于审理民间借贷案件适用法律若干问题的规定》（2015年）经过2020年8月、12月的两次修改，修正前的第十七条的规定已调整为修正后的《最高人民法院关于审理民间借贷案件适用法律若干问题的规定》（2020年12月修正）第十六条的内容。

《最高人民法院关于审理民间借贷案件适用法律若干问题的规定》（2020年12月修正）第十六条

原告仅依据金融机构的转账凭证提起民间借贷诉讼，被告抗辩转账系偿还双方之前借款或者其他债务的，被告应当对其主张提供证据证明。被告提供相应证据证明其主张后，原告仍应就借贷关系的成立承担举证责任。

3.《最高人民法院关于适用〈中华人民共和国民事诉讼法〉的解释》第九十条

当事人对自己提出的诉讼请求所依据的事实或者反驳对方诉讼请求所依据的事实，应当提供证据加以证明，但法律另有规定的除外。

在作出判决前，当事人未能提供证据或者证据不足以证明其事实主张的，由负有举证证明责任的当事人承担不利的后果。

社会意义

情侣之间互发520元、1314元等金额的红包表达爱意越来越普遍，同时，恋爱期间双方基于感情及信任，对金钱往来的性质及目的往往不会直接说明，这就使因借贷而发生的转账与为了表达爱意进行赠与的转账越发难以区分。近几年这类案件也逐渐增多，在司法实践中也形成了"表达爱慕含义的特殊数额，无约定应认定赠与"的裁判倾向。大学生大多没有自己独立的经济来源，盲目地过度付出，不仅感情受到伤害，个人和家庭财产也被透支。在恋爱之中，当然要真心、真诚地对待自己的恋人，但是也切勿失去理智，爱自己的人才能更好地被爱，恋爱期间如果发生借贷，应尽量形成书面协议，减少财务风险。

案例溯源

本案由北京市第三中级人民法院2019年12月通报的恋爱期间财产纠纷典型案例，以及（2019）宁0402民初7615号、（2020）宁04民终789号民事判决改编。

▶ 案例二:同居期间的财产归属如何认定?——王某与杜某房屋所有权确认纠纷

关键词:恋爱关系　所有权确认　共有协议

法律要点:同居共同购房产权约定与实际出资不一致,应认定约定有效。

基本案情

上诉人(原审原告):王某

被上诉人(原审被告):杜某

王某与杜某原系恋人关系。2009 年 6 月 1 日,二人共同购买了涉案房屋,房屋总价款 678,195 元,首付款为 138,195 元,余款 540,000 元以向银行按揭贷款方式支付。同日,二人签订《共有协议》,约定涉案房屋为双方共同所有,二人各持有 50% 份额。

2010 年 4 月起,二人以王某的名义开立的某银行账户作为偿还房屋贷款月供账户还款。2013 年 2 月 25 日,王某与杜某共同进行了收房,王某出资对该房屋进行了简单装修。后二人分手。经查,涉案房屋尚未取得房屋所有权证,现该房屋由王某居住使用。

在一审庭审中,王某称签订共有协议的原因系应开发商要求,按照杜某首付款的出资比例,杜某仅享有房屋 9.72% 的份额,当时约定 50% 的份额归王某所有实际是将首付款 40.28% 的份额赠与杜某,现双方已分手,且房产未实际交付给杜某,该份共有协议尚未生效,故要求撤销赠与。杜某对此不予认可,称共有协议为双方真实意思表示,合法有效,应当按协议处理。此外,经一审法院释明,王某坚持要求按照其出资比例确认其享有的房屋产权份额。

一审法院认为,双方签订的《共有协议》是双方真实意思的表示,且内容不违反法律、行政法规的规定,应属有效。双方原为恋爱关系,以缔结婚姻为目的而购买房屋属客观事实,虽在购房中王某承担了首付款主要付款义务,但因双方未就不能结婚时房屋的归属进行约定,故涉案房屋应按共有协议的约定份额由双方所有,不应按出资多少确定房屋产权的归属。根据双方的《共有协议》,对诉争房屋王某占有 50% 的份额,杜某占有 50% 的份额,双方属于按份共有。现王某要求确认享有诉争房屋 90.28% 份额的诉讼请求,无事实及法律依据,法院对此不予支持。王某不服原审法院判决,提起上诉。二审法院认为,王某主张其中 40.28% 的份额是基于缔结婚姻的目的而赠与杜某的,但并未提供有力证据予以证明，原审法院根据本案事实，判决驳回王某要求确认其享有涉案房屋份额的90.28%的诉讼请求并无不当，遂驳回上诉，维持原判。

法律讲堂

1. 男女双方在同居期间共同购房，在双方对于产权比例有明确约定的情况下，能否依据实际出资比例确认房屋产权

我国法律属于大陆法系，私法自治是大陆法系民法的基本原则之一，它是指私法主体具有根据自己的意思形成私法关系的自由。如果同居双方有约定，且该约定是双方真实意思的表示，且内容不违反法律、行政法规的规定，那么将优先从其约定。

法院经审理认为，同居期间共同购房，双方签订协议对于共同购房事宜、产权比例等作出明确约定的，如不存在无效或者可撤销事由，应当认定该协议的效力。协议中对于房屋产权约定与实际出资比例不一致的，应当按照协议确定房屋产权归属。

在该案中，虽然购房中王某承担了首付款主要付款义务，但双方未就不能结婚时房屋的归属进行约定，因此，涉案房屋应按共有协议约定的份额由双方所有，不应按出资多少确定房屋产权的归属。故法院驳回了王某的诉讼请求。

2. 同居期间的共同财产如何分割

在以往的司法实践中，除像本案这样有共有协议的优先从其约定外，若无约定，解除同居关系时，同居生活期间双方共同所得的收入和购置的财产，按一般共有财产处理。

为了更好地理解这一问题，这里需要区分民法中两种共有类型：

(1)按份共有，是指两个以上的民事主体对同一项不动产或者动产按照其份额享有所有权。按份共有可以发生在自然人之间、法人之间，也可以发生在自然人和法人之间，是最常见的共有关系。

(2)共同共有，是指两个以上的民事主体基于共同关系，共同享有一物的所有权。共同共有具有以下特征：第一，共同共有的前提是存在共同关系，它是基于共同关系产生的。这里所说的共同关系可以是法律直接规定的，常见的如夫妻关系、家庭关系，也可以是协议约定的，常见的如合伙关系。第二，区别于按份共有，共同共有顾名思义，是不确定份额的共有，共同共有的共有人平等地对共有物享有平等地享有占有、使用、收益、处分权和承担义务，只有共同共有关系消灭时，才能划分各自对财产的份额。比如，在一般的婚姻关系当中，夫妻二人共同购买的房屋想要出售,必须由夫妻二人共同签字同意,而不考虑实际谁出资更多,只有在离婚的时候,才会综合考虑各项因素对财产进行分割。但是合伙关系可能存在例外,如果依法律的规定或者当事人的特别约定,合伙人可以按一定的份额享有表决权,也可以按照约定的比例分配利润。

而对于同居关系,虽然不属于婚姻关系,但是法院会综合考虑情侣双方的同居状态,符合未办理结婚登记而以夫妻名义同居生活,存在经济混同的,根据《最高人民法院关于人民法院审理未办理结婚登记而以夫妻名义同居生活案件的若干意见》(以下简称《若干意见》)第 10 条的规定,“解除非法同居关系时,同居生活期间双方共同所得的收入和购置的财产,按一般共有财产处理……”作为双方共同共有财产予以平均分割。

但是需要注意的是,上文引用的《若干意见》已于 2021 年 1 月 1 日废止。从目前来看,2021 年 1 月 1 日开始实施的《民法典》第 308 条“共有人对共有的不动产或者动产没有约定为按份共有或者共同共有,或者约定不明确的,除共有人具有家庭关系等外,视为按份共有”和第 309 条“按份共有人对共有的不动产或者动产享有的份额,没有约定或者约定不明确的,按照出资额确定;不能确定出资额的,视为等额享有”,将不具有家庭关系的共有人对没有约定共有性质或约定不明的共有物,均视为按份共有,按照出资额确定各自份额,无法确定出资额的视为等额享有。这似乎否定了已废止的《若干意见》中的观点,但实际上,这两条与作为《若干意见》出台背景的原《物权法》第 103 条和第 104 条的内容是一致的,因此,接下来的司法审判将会怎样认定同居期间的共同财产性质以及最高人民法院还会发布怎样的司法解释进行补位,还有待进一步考察。

法律规定

《民法典》第二百九十八条

按份共有人对共有的不动产或者动产按照其份额享有所有权。

社会意义

随着社会经济的发展,基于同居关系而产生房屋共有的情形愈发常见,恋爱双方往往出于结婚目的而共同购置房产,但又由于各种原因最终未能结婚,分手后共有财产的分割就成为双方争执的焦点。有的大学生有毕业就结婚的打算,因此会提早考虑结婚买房的问题,但是一定要注意恋爱期间须谨慎签订协议,充分考虑后果,理性面对感情。其实不仅是本案中这样金额较大的房屋共有协议,即使是几千元的借贷协议,大学生也要充分认识到自己签订行为的法律后果。

案例溯源

本案一审案号为(2013)通民初字第15334号,二审案号为(2014)三中民终字第04007号。

专题二
法定条件可结婚　夫妻双方讲平等

在符合法律规定的前提下，在校大学生也可以选择结婚，组建幸福美满的家庭。《民法典》第五编“婚姻家庭”第二章“结婚”中规定了婚姻成立的条件、程序和婚姻无效的情形。本专题选取的两个典型案例，在聚焦一方未满法定婚龄的婚姻之效力的认定和未办理结婚登记的情况下，已经支付的彩礼是否可以请求返还，旨在告诉同学们双方达到法定婚龄的婚姻才有效力，要求结婚的男女双方应当履行法律规定的程序，亲自到婚姻登记机关申请结婚登记。

▶ 案例一：一方未满法定婚龄的婚姻，其效力如何认定？——常某与郭某婚姻无效纠纷案

关键词：结婚条件　法定婚龄　无效婚姻

法律要点：婚姻中一方未满法定婚龄，该婚姻属于无效婚姻。

基本案情

原告：常某，男

被告：郭某，女

2013年6月6日，郭某由于本人未达到法定结婚年龄，利用村民李某（当时已因交通事故去世）骗取了身份证，并使用该身份证与常某登记结婚，二人于2015年4月25日登记离婚。郭某本人生于1995年5月8日，登记结婚和登记离婚时尚未达到法定结婚年龄。2019年，常某向法院请求宣告2013年6月6日至2015年4月24日期间，常某与郭某的婚姻无效。

法院经审理认为，依据《婚姻法》第6条之规定，“结婚年龄，男不得早于二十二周岁，女不得早于二十周岁”。依据该法第10条之规定，“有下列情形之一的，婚姻无效……（四）未到法定婚龄的”。在本案中，郭某于1995年5月8日

出生，其在涉案婚姻关系存续期间始终未满法定婚龄，属于法律规定的婚姻无效的情形，故涉案婚姻关系应属无效。

法律讲堂

1. 本案常某与郭某的婚姻是否成立

本案常某与郭某的婚姻已经成立。根据已查明的事实，郭某与常某亲自前往婚姻登记机关自愿办理结婚登记，双方之间的婚姻关系因结婚登记并取得结婚证而成立。郭某虽然冒用他人身份办理结婚登记，但实际实施婚姻登记行为的仍是郭某本人，郭某应为涉案婚姻关系的当事人。

需要注意的是，郭某冒用他人身份证办理结婚登记的行为仅构成婚姻登记的瑕疵，该瑕疵并不足以影响双方之间婚姻关系的成立。此外，常某并无与李某结婚的意愿，且婚姻登记时李某已经去世，她不可能有与常某结婚的意愿，更不用说亲自到婚姻登记机关办理结婚登记，不能仅依据婚姻登记信息机械地认定李某为涉案婚姻关系的当事人。

2. 本案常某与郭某的婚姻是否有效

本案郭某一直未达到法定结婚年龄，与常某的婚姻无效。依据原《婚姻法》第 10 条①之规定，婚姻无效的具体情形有四种：(1)重婚的；(2)有禁止结婚的亲属关系的；(3)婚前患有医学上认为不应当结婚的疾病，婚后尚未治愈的；(4)未到法定婚龄的。

前已述及，虽然郭某冒用他人身份证与常某结婚，但不影响二人婚姻的成立。依据原《婚姻法》第 6 条②之规定，结婚年龄，男不得早于 22 周岁，女不得早于 20 周岁。郭某与常某登记结婚时，实际年龄为 18 岁，未满法定婚龄，此时该婚姻是无效婚姻。二人离婚时，郭某实际年龄为 20 岁。在这段"婚姻"存续期间，郭某的年龄始终未达到法定结婚年龄，婚姻无效情形没有消除，故郭某与常某的婚姻无效。

3. 郭某冒用李某身份证的行为会受到哪些处罚

郭某同时违反了《居民身份证法》和原《民法总则》，应受到罚款或拘留等行政处罚，承担侵犯李某人格权益的民事责任。

身份证作为每个人的身份标识，具有不可替代性。郭某冒用他人身份证违

---

① 现为《民法典》第 1051 条。内容有调整。

② 现为《民法典》第 1047 条。

反了《居民身份证法》第17条之规定，冒用他人居民身份证或者使用骗领的居民身份证，由公安机关处200元以上1000元以下罚款，或者处10日以下拘留，有违法所得的，没收违法所得。此外，郭某冒用已经去世的李某身份证与常某进行婚姻登记，侵害李某的人格利益，有违公序良俗。李某家属可据此提起民事诉讼，要求郭某承担相应侵权责任，如赔礼道歉、赔偿损失等。

法律规定

1.《民法典》第一千零四十六条

结婚应当男女双方完全自愿，禁止任何一方对另一方加以强迫，禁止任何组织或者个人加以干涉。

2.《民法典》第一千零四十七条

结婚年龄，男不得早于二十二周岁，女不得早于二十周岁。

3.《民法典》第一千零四十九条

要求结婚的男女双方应当亲自到婚姻登记机关申请结婚登记。符合本法规定的，予以登记，发给结婚证。完成结婚登记，即确立婚姻关系。未办理结婚登记的，应当补办登记。

4.《民法典》第一千零五十一条

有下列情形之一的，婚姻无效：

（一）重婚；

（二）有禁止结婚的亲属关系；

（三）未到法定婚龄。

5.《居民身份证法》第十七条

有下列行为之一的，由公安机关处二百元以上一千元以下罚款，或者处十日以下拘留，有违法所得的，没收违法所得：

（一）冒用他人居民身份证或者使用骗领的居民身份证的；

……

6.《民法典》第八条

民事主体从事民事活动，不得违反法律，不得违背公序良俗。

社会意义

婚姻的有效与否决定了该婚姻能否得到法律的保护。在本案中，通过对未达到法定结婚年龄婚姻的否定性评价，打击冒用他人身份证进行登记结婚的违法行为，警醒人们要重视法定结婚条件，依法按照程序完成结婚登记，才能受到法律的保护。大学生正处于人生的关键期,即将面临恋爱与婚姻的重要选择,但也要遵守法律规定,达到法定结婚年龄再结婚。

案例溯源

本案一审案号为(2019)京 0112 民初 13089 号。

▶ 案例二:已支付的彩礼能否要求返还?——赵某与董某婚约财产纠纷案

关键词:登记结婚　同居关系　彩礼返还

法律要点:双方未办理结婚登记手续,支付彩礼一方可要求返还彩礼。

基本案情

原告:赵某

被告:董某

2017 年 1 月 21 日,赵某与董某经媒人介绍相识确定恋爱关系。2017 年 1 月 25 日,赵某向董某支付了 13 万元彩礼。2017 年 2 月,双方在家乡举办了婚礼。举办婚礼后双方到董某居住地共同生活,但一直未办理结婚登记手续,其间赵某向董某陆续转款 2.9 万元。2018 年 2 月 13 日,赵某支付 4284.3 元用于购买黄金首饰交于董某。于 2018 年 11 月因感情不和分手。赵某认为董某应该退还上述款项,但董某拒绝退还,赵某遂诉至法院。

北京市海淀区人民法院经审理认为,赵某与董某自由恋爱,赵某系以结婚为目的向董某支付了彩礼 13 万元,但双方至今并未登记结婚,故董某应当将彩礼返还。对于返还数额,双方在家乡已经举办了婚礼,对周围人群产生了一定的影响,且双方举办婚礼后共同居住生活,因赵某身体不适导致双方感情不和,法院考虑上述情形酌情由董某返还部分彩礼。对于黄金首饰,是赵某在情人节前夕购买送给董某,完全出于赵某自愿的赠与行为,董某可以不予退还。对于赵某主张的 2.9 万元,是发生在共同生活期间,男女双方都需要承担的生活必需费用,董某可以不予退还。

法律讲堂

1. 收取彩礼是否违反《民法典》关于禁止借婚姻索取财物的规定

男方按风俗自愿适度给付彩礼不违法。“禁止借婚姻索取财物”的规定,实际上是打击以结婚为幌子索取财物的行为。不以结婚为目的,把结婚当作手段来赚钱甚至诈骗钱财，违背了公序良俗，应当被法律禁止。

男方根据当地风俗结合自身经济承受能力给付一定数额彩礼，属于自愿赠与行为，符合法律规定。但近年来一些地方出现天价彩礼，这可能会让原本贫穷的家庭雪上加霜，也可能让一些普通家庭“因婚致贫”“因婚返贫”，这种天价彩礼是应该被革除的陋习。

2. 婚姻关系成立的条件是什么，涉案“婚姻”是否成立

根据《民法典》第 1046 条之规定，结婚应当男女双方完全自愿，禁止任何一方对另一方加以强迫，禁止任何组织或者个人加以干涉。根据《民法典》第 1049 条之规定，要求结婚的男女双方应当亲自到婚姻登记机关申请结婚登记。符合本法规定的，予以登记，发给结婚证。完成结婚登记，即确立婚姻关系。未办理结婚登记的，应当补办登记。

本案赵某与董某虽然举办了婚礼并且共同生活，但其一直没有办理结婚登记手续。因此，涉案婚姻不成立，赵某与董某的关系应被认定为同居关系，不受婚姻法保护。

3. 涉案彩礼是否应该退还

赵某与董某未办理结婚登记手续，赵某可以请求董某退还彩礼。依据原《最高人民法院关于适用〈中华人民共和国婚姻法〉若干问题的解释（二）》第 10 条[①]之规定，当事人请求返还按照习俗给付的彩礼的，如果查明属于以下情形，人民法院应当予以支持：（1）双方未办理结婚登记手续的；（2）双方办理结婚登记手续但确未共同生活的；（3）婚前给付并导致给付人生活困难的。适用前款第 2 项、第 3 项的规定，应当以双方离婚为条件。本案属于双方未办理结婚登记手续的情形，赵某可以要求退还彩礼。

法律规定

1.《民法典》第一千零四十二条

禁止包办、买卖婚姻和其他干涉婚姻自由的行为。禁止借婚姻索取财物。

禁止重婚。禁止有配偶者与他人同居。

禁止家庭暴力。禁止家庭成员间的虐待和遗弃。

---

① 现为《最高人民法院关于适用〈中华人民共和国民法典〉婚姻家庭编的解释（一）》第 5 条。

2.《民法典》第一千零四十六条

结婚应当男女双方完全自愿，禁止任何一方对另一方加以强迫，禁止任何组织或者个人加以干涉。

3.《民法典》第一千零四十九条

要求结婚的男女双方应当亲自到婚姻登记机关申请结婚登记。符合本法规定的，予以登记，发给结婚证。完成结婚登记，即确立婚姻关系。未办理结婚登记的，应当补办登记。

4.《最高人民法院关于适用〈中华人民共和国民法典〉婚姻家庭编的解释（一）》第五条

当事人请求返还按照习俗给付的彩礼的，如果查明属于以下情形，人民法院应当予以支持：

（一）双方未办理结婚登记手续；

（二）双方办理结婚登记手续但确未共同生活；

（三）婚前给付并导致给付人生活困难。

适用前款第二项、第三项的规定，应当以双方离婚为条件。

社会意义

彩礼，本质上是一种附带条件的赠与行为。双方缔结婚姻关系是彩礼给付的重要前提，如果两人达成婚姻关系，彩礼就归受赠人所有；反之，如果两人未缔结婚姻关系，彩礼给付就失去了原本的意义。本案支持双方未办理结婚登记手续应该返还彩礼，维护社会稳定，同时也提醒广大适婚青年注意缔结婚姻的法定条件，及时办理结婚登记手续。

案例溯源

本案一审案号为（2019）京0108民初35190号。

专题三
尊老爱幼是美德　孝顺父母树家风

《孝经》有言，“夫孝，德之本也”。自古以来，中国人就提倡孝老爱亲。应在全社会大力提倡尊敬老人、关爱老人、赡养老人，大力发展养老事业，让老年人都能有一个幸福美满的晚年。本专题选取两个典型案例，聚焦于精神赡养和非继承人自愿赡养，以期更好地帮助大学生理解赡养扶助义务的法律责任。

▶ 案例一："常回家看看"入法近10年——陈某某赡养费纠纷案

关键词："常回家看看"　赡养义务　精神赡养

法律要点：子女对父母有赡养扶助的义务，不仅包括"物质赡养"，"精神赡养"同样重要。

基本案情

原告：陈某某

被告：陈某某三个女儿

陈某某与妻子1952年结婚，婚后育有二子、三女，妻子及两个儿子均已去世。陈某某同小女儿生活。陈某某年事已高且体弱多病，希望女儿常回家探望照顾自己，因女儿不同意负担陈某某的医药费及赡养费，故诉请判令长女和次女每月探望其不少于一次，患病期间三个女儿必须轮流看护；三个女儿共同给付陈某某医疗费、赡养费。

法院认为，子女对父母有赡养扶助的义务，子女不履行赡养义务时，无劳动能力或生活困难的父母，有要求子女给付赡养费的权利。子女不能因为父母有退休收入或者有一定的经济来源就完全将父母置之不顾，这不仅违反法律规定，也有悖中华民族"百行孝为先"的传统美德。子女对于不在一起生活的父母，应根据其实际生活需要、实际负担能力、当地一般生活水平，给付一定的赡养费用。本案陈某某年事已高且身患疾病,三个女儿作为赡养人,应当履行对其经济上供养、生活上照料和精神上慰藉的义务,故判决长女和次女每月探望陈某某不少于一次,并给付陈某某赡养费,三个女儿共同负担陈某某医疗费用。

法律讲堂

“常回家看看”为何构成法律责任

根据《老年人权益保障法》第 13 条、第 14 条、第 18 条的规定,老年人养老以居家为基础,家庭成员应当尊重、关心和照料老年人。赡养人应当履行对老年人经济上供养、生活上照料和精神上慰藉的义务,照顾老年人的特殊需要。家庭成员应当关心老年人的精神需求,不得忽视、冷落老年人。与老年人分开居住的家庭成员,应当经常看望或者问候老年人。

老年人的合法权益受国家法律保护,子女对父母有赡养、扶助的义务。赡养人应当履行对老年人经济上供养、生活上照料和精神上慰藉的义务,照顾老年人的特殊需要。家庭成员应当关心老年人的精神需求,不得忽视、冷落老年人。与老年人分开居住的家庭成员,应当经常看望或者问候老年人。

由此可见,精神赡养是保障老年人合法权益的重要内容。赡养父母是子女应尽的义务,该义务的内容不仅包括人们通常认为的经济上供养的义务,还包括生活上的照料和精神上的慰藉。“常回家看看”的表象是精神赡养,内里是对老年人的关怀和对亲情的维护。法院作出要求子女定时探望的判决不在于强迫双方坐在一起,而是希望子女能够在家庭生活中关心老人的精神生活需要,经常看望和问候老人,让老年人感觉到温暖。尽管精神赡养被规定在法律责任和法律义务之中,但这一立法目的在于促使人们关注老年人的精神需求,培养人们关心老年人精神生活的道德能力。

本案中,原告陈某某提起诉讼,除要求抚养费外,同时要求长女和次女每月探望、给予精神赡养,实质就是需要女儿经常回家看望,以享天伦之乐。本案原告年事已高且身患疾病,确需赡养。几位被告系原告之子女,并由原告养育成人,是赡养人,有赡养原告的法定义务。故原告提出要求被告尽精神赡养义务的理由正当,符合人伦,亦于法有据,法院也予以支持。法院还着重指出,原告将被告养育成人,耗费了其较大的精力,晚年应当得到被告的照顾。其中不仅需要被告物质上的帮助,更需要其精神上的关心。被告应理解、尊重、关心、体贴原告的精神生活,常回家看看、唠唠家常,对老人进行必要的探视或看望,以解父亲的思念之情,让老人真正在人格上得到尊重,精神上得到慰藉,让老人安度晚年。

法律规定

1.《民法典》第二十六条

父母对未成年子女负有抚养、教育和保护的义务。

成年子女对父母负有赡养、扶助和保护的义务。

2.《民法典》第一千零六十七条

……

成年子女不履行赡养义务的,缺乏劳动能力或者生活困难的父母,有要求成年子女给付赡养费的权利。

3.《老年人权益保障法》第十三条

老年人养老以居家为基础,家庭成员应当尊重、关心和照料老年人。

4.《老年人权益保障法》第十四条

赡养人应当履行对老年人经济上供养、生活上照料和精神上慰藉的义务,照顾老年人的特殊需要。

赡养人是指老年人的子女以及其他依法负有赡养义务的人。

……

5.《老年人权益保障法》第十五条

赡养人应当使患病的老年人及时得到治疗和护理;对经济困难的老年人,应当提供医疗费用。

对生活不能自理的老年人,赡养人应当承担照料责任;不能亲自照料的,可以按照老年人的意愿委托他人或者养老机构等照料。

6.《老年人权益保障法》第十八条

家庭成员应当关心老年人的精神需求,不得忽视、冷落老年人。

与老年人分开居住的家庭成员,应当经常看望或者问候老年人。

……

7.《老年人权益保障法》第十九条

……

赡养人不履行赡养义务,老年人有要求赡养人付给赡养费等权利。

……

社会意义

在2012年《老年人权益保障法》的修订中,进一步细化了家庭成员对老年人的“精神慰藉”义务的内容,第18条第2款明确规定:与老年人分开居住的家庭成员,应当经常看望或者问候老年人。换句话说,就是人们通常所讲的“常回家看看”。这一修订回应了日益突出的“空巢”老人现象，该现象大多指子女由于工作、婚姻或者求学而与父母分开居住或者远在外地，把老人长期留在家中独居。尽管随着物质生活水平的提高，独守“空巢”的中老年夫妇的物质生活需要问题已经得到缓解，但是由于长期独守“空巢”引发的心理失调问题却广泛存在且未得到子女的充分重视。部分子女对孝顺父母的理解往往就是寄钱回家的物质赡养，却总是忽视父母长辈更加期望子女能多回去看望他们，精神赡养同样重要。

近些年，涉及“精神赡养”的案件数量也有所上升，老人要求子女定期探望的诉求，表达了他们的精神需求，符合法律规定，自然应当得到支持。但是这类案件执行难，强制执行效果差。毕竟“常回家看看”需要子女用心去陪伴父母长辈，仅依靠一份判决，难以实现精神安慰。大学生离家求学，课程任务重，能够回家陪伴父母长辈的时间有限，更应该多关注父母长辈的精神需求。

案例溯源

本案由一审案号为（2020）黑0804民初116号的案例改编。

▶ 案例二：自愿赡养老人的非继承人可以参与遗产分配吗？——高某翔诉高甲、高乙、高丙继承纠纷案

关键词：继承纠纷　非继承人　自愿赡养　遗产分配

法律要点：在遗嘱无效的情况下，自愿赡养老人的非继承人可以参与遗产分配。

基本案情

原告：高某翔

被告：高甲、高乙、高丙

高某启与李某分别系高某翔的祖父母，高某翔没有工作，专职照顾高某启与李某生活直至二人去世，高某启与李某后事由高某翔出资办理。高某启与李某去世前立下代书遗嘱，主要内容为因高某翔照顾老人，二人去世后将居住的回迁房屋送给高某翔。高甲、高乙、高丙为高某启与李某的子女，案涉回迁房屋系高某启、李某与高甲交换房产所得。高甲、高乙、高丙认为案涉代书遗嘱的代书人是高某翔的妻子，且没有见证人在场，遗嘱无效。高某翔以上述三人为被告提起诉讼，请求确认高某启、李某所立案涉遗嘱合法有效，以及确认其因继承

取得案涉回迁房屋的所有权。

法院认为,高某翔提供的代书遗嘱因代书人是高某翔的妻子,在代书遗嘱时双方是恋爱关系,这种特殊亲密的关系与高某翔取得遗产存在身份和利益上的利害关系,属于《继承法》第18条规定的禁止代书人,因此其代书行为不符合代书遗嘱的法定形式要求,应属无效。本案应当按照法定继承进行处理。高某翔虽然不是法定第一顺序继承人,但其自愿赡养高某启、李某并承担了丧葬费用,根据《继承法》第14条的规定,继承人以外的对被继承人扶养较多的人,可以分配给他们适当的遗产,高某翔可以视为第一顺序继承人。根据与非继承人所行扶养行为相适应,和其他有赡养义务的继承人所尽赡养义务相比较的适当比例,高某翔有权获得与其付出相适应的继承案涉回迁房屋的权利。

法律讲堂

1. 遗产处置有哪几种方式

(1)遗嘱继承,即被继承人生前订立遗嘱,指定继承人继承遗产;

(2)遗赠,即被继承人生前订立遗嘱,将遗产赠与国家、集体或继承人以外的个人;

(3)遗赠扶养协议,即被继承人与扶养人订立的协议,扶养人承担遗赠人生养死葬的义务,并于遗赠人死后取得其遗产。扶养人是指法定继承人以外的其他公民或集体所有制组织。

(4)法定继承。

2. 在遗嘱无效的情况下,自愿赡养老人的非继承人可以参与遗产分配吗

首先,要明确的是哪些人享有法定继承权以及继承的顺位。根据《民法典》第1127条第1款及第2款的规定,遗产按照下列顺序继承:(1)第一顺序:配偶、子女、父母;(2)第二顺序:兄弟姐妹、祖父母、外祖父母。继承开始后,由第一顺序继承人继承,第二顺序继承人不继承;没有第一顺序继承人继承的,由第二顺序继承人继承。

而本案中的原告高某翔系高某启与李某的孙子,在其父亲未先于爷爷奶奶去世的情况下,本不享有法定继承权。但是根据原《继承法》第14条①的规定,继承人以外的对被继承人扶养较多的人,可以分配给他们适当的遗产。原《继承法》第14条所规定的分配适当的遗产,是指与非继承人所行扶养行为相适

① 现为《民法典》第1131条。

应，和其他有赡养义务的继承人所尽赡养义务相比较的适当比例。

本案中，高某翔虽没有赡养祖父母的法定义务，但其能专职侍奉生病的祖父母多年直至老人病故，使老人得以安享晚年，高某翔几乎尽到了对高某启、李某两位被继承人生养死葬的全部扶养行为，这正是良好社会道德风尚的具体体现，并足以让社会、家庭给予褒奖。而本案其他继承人有能力扶养老人，但仅是在老人患病期间轮流陪护，与高某翔之后数年对患病老人的照顾相比，高甲、高乙、高丙的行为不能被认为尽到了扶养义务。据此，高某翔有权获得与其付出相适应的继承案涉回迁房屋的权利。

3. 遗嘱应如何书写才具有法律效力

本案中的涉案遗嘱是一种典型的代书遗嘱，那么大家可能会有疑惑，遗嘱怎么写才具有法律效力？

实际上，法院对遗嘱的真实性的认定一般从遗嘱内容及形式要件两个方面来进行：

(1)遗嘱内容系遗嘱人真实意思表示。遗嘱人立遗嘱时需神志清醒，具备完全的民事行为能力；遗嘱内容系其本人真实意思表示，无证据证实系受他人胁迫、欺骗立下遗嘱；遗嘱人所立遗嘱未违反法律和损害社会公共利益。

(2)遗嘱形式符合法定形式要件。遗嘱一般有自书遗嘱、代书遗嘱、打印遗嘱、录音录像遗嘱、口头遗嘱、公证遗嘱六种形式，录音录像遗嘱和打印遗嘱是民法典新增的两个遗嘱形式。其各自要求的形式要件如下：

①自书遗嘱：A. 由遗嘱人亲笔书写遗嘱全文；B. 由遗嘱人亲笔签名，遗嘱有 2 页以上，遗嘱人应当在每页上签字确认；C. 注明年、月、日，遗嘱中的时间记载是确定遗嘱人的遗嘱能力的准据，也是在有多份遗嘱时确定各份遗嘱先后的标准，所注日期一定要具体到日。

②代书遗嘱：对于本案中这样由遗嘱人请他人代替自己书写的遗嘱。代书遗嘱应当：A. 有两个以上见证人在场见证，其中一人代书；B. 注明年、月、日；C. 代书人、其他见证人和遗嘱人都必须在遗嘱上签名；D. 遗嘱代书人、见证人应当具有完全的民事行为能力，不是未成年人或者精神上、智力不健全的人，继承人、受遗赠人及与其有利害关系的人不能作为遗嘱代书人、见证人。

③打印遗嘱：A. 有两个以上见证人在场见证；B. 遗嘱人和见证人应当在遗嘱每一页签名；C. 注明年、月、日；D. 遗嘱见证人应当具有完全的民事行为能力，不是未成年人或者精神上、智力不健全的人，继承人、受遗赠人及与其有利害关系的人不能作为遗嘱见证人。

④录音录像遗嘱:以录音录像形式立的遗嘱:A. 应当有两个以上见证人在场见证;B. 遗嘱人和见证人应当在录音录像中记录其姓名或者肖像;C. 遗嘱人和见证人应当在录音录像中记录年、月、日;D. 遗嘱见证人应当具有完全的民事行为能力,不是未成年人或者精神上、智力不健全的人,继承人、受遗赠人及与其有利害关系的人不能作为遗嘱见证人。

⑤口头遗嘱:遗嘱人在危急情况下,可以立口头遗嘱。口头遗嘱应当有两个以上见证人在场见证(遗嘱见证人应当具有完全的民事行为能力,不是未成年人或者精神上、智力不健全的人,继承人、受遗赠人及与其有利害关系的人不能作遗嘱见证人)。危急情况消除后,遗嘱人能够以书面或者录音录像形式立遗嘱的,所立的口头遗嘱无效。

⑥公证遗嘱:公证遗嘱由遗嘱人经公证机构办理。

本案中涉案的代书遗嘱由于代书人是高某翔的妻子,在代书遗嘱时双方是恋爱关系,这种特殊亲密的关系与高某翔取得遗产存在身份和利益上的利害关系,属于原《继承法》第18条规定的禁止代书人,因此,其代书行为不符合代书遗嘱的法定形式要求,法院认定无效。

法律规定

1.《民法典》第一千一百三十一条

对继承人以外的依靠被继承人扶养的人,或者继承人以外的对被继承人扶养较多的人,可以分给适当的遗产。

2.《民法典》第一千一百四十条

下列人员不能作为遗嘱见证人:

……

(三)与继承人、受遗赠人有利害关系的人。

3.《民法典》第一千一百二十七条

遗产按照下列顺序继承:

(一)第一顺序:配偶、子女、父母;

(二)第二顺序:兄弟姐妹、祖父母、外祖父母。

继承开始后,由第一顺序继承人继承,第二顺序继承人不继承;没有第一顺序继承人继承的,由第二顺序继承人继承。

本编所称子女,包括婚生子女、非婚生子女、养子女和有扶养关系的继子女。

本编所称父母,包括生父母、养父母和有扶养关系的继父母。

本编所称兄弟姐妹,包括同父母的兄弟姐妹、同父异母或者同母异父的兄弟姐妹、养兄弟姐妹、有扶养关系的继兄弟姐妹。

4.《民法典》第一千一百三十三条

自然人可以依照本法规定立遗嘱处分个人财产,并可以指定遗嘱执行人。

自然人可以立遗嘱将个人财产指定由法定继承人中的一人或者数人继承。

自然人可以立遗嘱将个人财产赠与国家、集体或者法定继承人以外的组织、个人。

自然人可以依法设立遗嘱信托。

5.《民法典》第一千一百三十四条

自书遗嘱由遗嘱人亲笔书写,签名,注明年、月、日。

6.《民法典》第一千一百三十五条

代书遗嘱应当有两个以上见证人在场见证,由其中一人代书,并由遗嘱人、代书人和其他见证人签名,注明年、月、日。

7.《民法典》第一千一百三十六条

打印遗嘱应当有两个以上见证人在场见证。遗嘱人和见证人应当在遗嘱每一页签名,注明年、月、日。

8.《民法典》第一千一百三十七条

以录音录像形式立的遗嘱,应当有两个以上见证人在场见证。遗嘱人和见证人应当在录音录像中记录其姓名或者肖像,以及年、月、日。

9.《民法典》第一千一百三十八条

遗嘱人在危急情况下,可以立口头遗嘱。口头遗嘱应当有两个以上见证人在场见证。危急情况消除后,遗嘱人能够以书面或者录音录像形式立遗嘱的,所立的口头遗嘱无效。

10.《民法典》第一千一百三十九条

公证遗嘱由遗嘱人经公证机构办理。

11.《民法典》第一千一百四十三条

无民事行为能力人或者限制民事行为能力人所立的遗嘱无效。

遗嘱必须表示遗嘱人的真实意思,受欺诈、胁迫所立的遗嘱无效。

伪造的遗嘱无效。

遗嘱被篡改的,篡改的内容无效。

十三 社会意义

本案裁判结合与继承有关的法律规定,肯定了非法定继承人高某翔自愿赡养老人的行为,并且确定其享有第一顺序的继承权利,综合考虑高某翔的赡养行为与其他有赡养义务的继承人所尽赡养义务相较的适当比例对其继承遗产的范围进行了认定,充分发挥了我国法律创设自愿赡养老人的非继承人适当分得遗产这一民事权利的立法目的,即鼓励公民发扬助人为乐、团结和睦、互帮互助的传统美德,这也是构建社会主义和谐社会的要求。

案例溯源

本案来自最高人民法院发布人民法院大力弘扬社会主义核心价值观十大典型民事案例之九:高某翔诉高甲、高乙、高丙继承纠纷案——自愿赡养老人继承遗产案。

专题四
饲养动物致损害　侵权责任必承担

饲养动物致人损害的事件时有发生，给受害人带来了身体、精神和财产损害。因此，本专题依托两个典型案例，对饲养动物伤人、流浪猫狗伤人等问题进行提示，对司法实践中如何认定饲养动物致人损害赔偿的责任进行了总结。一方面，提醒各位爱宠养宠之人要注意尽到管理责任，预防风险；另一方面，为同学提供受到饲养动物损害后如何维权的思路。

▶ 案例一：饲养动物未直接接触受害人，动物饲养人应否承担侵权责任？——欧某诉高某饲养动物损害责任纠纷案

关键词：因果关系　管理义务　动物损害

法律要点：饲养动物虽未直接接触受害人，但因其追赶、逼近等危险动作导致受害人摔倒受伤的，应认定其与受害人发生身体损害结果之间存在因果关系，动物饲养人应当承担侵权责任。

基本案情

上诉人(原审原告)：欧某

被上诉人(原审被告)：高某

2017年8月13日19时20分，原告欧某在丈夫陪同下徒步经广东某地宽敞公共人行道时，遇到趴在台阶上休息的由被告高某饲养的一只棕色泰迪犬。高某对其所饲养的犬只未拴狗绳及进行任何约束。泰迪犬见欧某夫妻接近，向欧某方向走了两步(约50厘米)，此时欧某与泰迪犬相距约3米。欧某见泰迪犬靠近，惊慌往其左侧避让时摔倒受伤，后欧某的损伤被评定为9级伤残。

一审法院认定，被告高某未采取安全防范措施，致使饲养的泰迪犬肆意在公共场所活动，并在靠近欧某时令欧某受惊吓倒地受伤，高某作为动物饲养人

及管理人应承担相应责任。与此同时，该泰迪犬见欧某靠近时，在没有吠叫、没有发起攻击、仅向欧某移动约 50 厘米与欧某仍相距约 3 米的前提下，欧某由于过度惊慌，采取避让措施不当摔倒致自己受伤，其本身存在重大过失。一审法院判决由高某承担 30% 责任。原告欧某不服，提出上诉，二审法院认为，虽然犬只与人体不存在实际接触，但该伤害与犬只之间具备了引起与被引起的关系，故二者具备因果关系，亦未有证据证明欧某在受伤害过程中存有主动挑逗、投打、追赶等故意或者重大过失等情形，被告高某应承担全部赔偿责任。

法律讲堂

1. 饲养动物损害责任的构成要件是什么

2021 年 1 月 1 日起施行的《民法典》第 1245 条规定："饲养的动物造成他人损害的，动物饲养人或者管理人应当承担侵权责任；但是，能够证明损害是因被侵权人故意或者重大过失造成的，可以不承担或者减轻责任。"内容与本案中法院依照的原《侵权责任法》第 78 条基本一致，适用饲养动物损害责任一般条款应当具备的要件是：

第一，动物为饲养的动物，即为特定人所占有、控制，而不是野生动物。

第二，存在造成他人损害的事实，被侵权人是动物饲养人或者管理人以外的他人，造成的损害既包括人身损害，也包括财产损害。

第三，饲养人或者管理人对动物的不当管束行为与他人受损害的事实之间具有因果关系，即他人受损害的事实是饲养的动物导致的，原因是饲养人或者管理人管束动物不当。但需要注意区分的是，动物所致损害须排除人为因素，不能是由饲养人或者管理人的意志所支配的，如果行为人以动物为工具，致使动物致人损害，则行为人的行为所造成的损害不属于饲养动物损害责任，而可能构成其他故意犯罪。

同时，本条还规定了饲养动物损害责任的免责事由，如果动物的饲养人或者管理人能够证明损害是被侵权人故意或者重大过失造成的，可以不承担责任或者减轻责任。除此之外，关于不可抗力、正当防卫、紧急避险的规定也可以适用于该条。

但是需要注意《民法典》第 1246 条和第 1247 条的特别情形：

第 1246 条规定："违反管理规定，未对动物采取安全措施造成他人损害的，动物饲养人或者管理人应当承担侵权责任；但是，能够证明损害是因被侵权人故意造成的，可以减轻责任。"简单来说，如果动物饲养人或者管理人违反当地的动物管理规定，如本案中的《广东省犬类管理规定》，必须承担责任，即使是被侵权人故意挑衅动物造成损害也不能免除只能减轻责任,而被侵权人的重大过失不再作为免责事由。

第 1247 条规定:"禁止饲养的烈性犬等危险动物造成他人损害的,动物饲养人或者管理人应当承担侵权责任。"简单来说,只要饲养的是藏獒等烈性犬,无论被侵权人是否存在故意挑衅或者重大过失行为,动物饲养人或管理人都要承担全部责任。

2. 饲养动物并未直接接触受害人,被告高某是否应承担侵权责任

根据原《侵权责任法》第 78 条"饲养的动物造成他人损害的,动物饲养人或者管理人应当承担侵权责任,但能够证明损害是因被侵权人故意或者重大过失造成的,可以不承担或者减轻责任"[①]以及第 79 条"违反管理规定,未对动物采取安全措施造成他人损害的,动物饲养人或者管理人应当承担侵权责任"[②]的规定,动物饲养人或者管理人有义务按规定饲养或者管理动物,并对动物采取安全措施,如其所饲养或管理的动物造成他人损害的,动物饲养人或者管理人应承担侵权责任,仅在被侵权人故意或者重大过失的情形下,才能减轻动物饲养人或者管理人的责任。

本案中,2017 年 8 月 13 日 19 时 20 分,原告欧某在丈夫陪同下徒步经广东某地宽敞公共人行道时,遇到一只由被告高某饲养的正趴在台阶上休息的泰迪犬,该泰迪犬见欧某夫妻接近,向欧某方向走了两步,欧某见泰迪犬靠近,往其左侧避让时摔倒受伤导致本案涉案损失产生。高某称其饲养的泰迪犬并无"追赶、扑倒、撕咬、吠叫"等情形,系欧某自行摔倒,故其不应承担赔偿责任。欧某则主张系高某对其所饲养的犬只未拴狗绳以及进行任何约束,系涉案犬只的攻击行为导致欧某摔倒进而引发涉案的损失。双方争议的焦点在于:饲养动物并未直接接触受害人,被告高某是否应承担侵权责任?

二审法院分析如下:

首先,高某未有证据证明其所饲养的泰迪犬已取得《犬类准养证》,其饲养涉案犬只违反了《广东省犬类管理规定》第 4 条"县以上城市(含县城镇、近郊)、工矿、港口、机场、游览区及其 3 公里以内的地区,经济开发区、各类有对外经济合作的乡镇政府所在地,均列为犬类禁养区。上述地区的机关单位、外国驻粤机构、外籍人士等,因特殊情况需要养犬者,须经当地公安部门批准,领取

① 现为《民法典》第 1245 条。

② 现为《民法典》第 1246 条。

《犬类准养证》并对犬只进行免疫注射后方可圈（栓）养”的规定。

其次，涉案的犬只虽未对人实施如“抓伤、扑倒、撕咬”等直接接触人体的动作，一般人在陌生犬只尤其是未被约束的犬只进入到在自身安全界线内的时候，会本能产生恐惧的心理，故欧某在看到未被采取任何约束措施的涉案犬只突然起立并向其逼近的时候，因本能的恐惧而避让进而摔倒，并致欧某受伤。虽然犬只与人体不存在实际接触，但该伤害与犬只之间具备了引起与被引起的关系，故二者具备因果关系，动物饲养人或者管理人对此亦应当承担侵权责任。

最后，高某主张欧某的摔倒可能系石头绊倒，或者被其他动物的攻击所致，但其并未提供相应证据证实其主张，亦未有证据证明欧某在受伤害过程中存有主动挑逗、击打、追赶等故意或者重大过失等情形。据此可认定，欧某本案所涉的损失系高某未规范饲养动物导致，本案中亦无证据证明高某存在能减轻其责任的情形，故高某应对欧某的涉案损失承担全部赔偿责任。一审法院认定欧某由于过度惊慌导致摔倒受伤，本身存在重大过失，并认定欧某自身承担70%的责任，法律适用有误，二审法院予以纠正。

法律规定

1.《民法典》第一千二百四十五条

饲养的动物造成他人损害的，动物饲养人或者管理人应当承担侵权责任；但是，能够证明损害是因被侵权人故意或者重大过失造成的，可以不承担或者减轻责任。

2.《民法典》第一千二百四十六条

违反管理规定，未对动物采取安全措施造成他人损害的，动物饲养人或者管理人应当承担侵权责任；但是，能够证明损害是因被侵权人故意造成的，可以减轻责任。

3.《民法典》第一千二百四十七条

禁止饲养的烈性犬等危险动物造成他人损害的，动物饲养人或者管理人应当承担侵权责任。

社会意义

从散见于原《侵权责任法》、《治安管理处罚法》中的相关法律条文，《民法典》将饲养动物损害责任独立成章，国家对文明饲养动物作出了明确规范。饲养宠物不能忘记承担起相应的社会责任。饲养人或管理人应始终牢记相关法律责任，遵守当地的动物管理规定，依法文明饲养，尽到管护责任，让宠物与人类一起共享和谐生活。2021年5月1日起,新《动物防疫法》施行,其第30条明确规定:“单位和个人饲养犬只,应当按照规定定期免疫接种狂犬病疫苗,凭动物诊疗机构出具的免疫证明向所在地养犬登记机关申请登记。携带犬只出户的,应当按照规定佩戴犬牌并采取系犬绳等措施,防止犬只伤人、疫病传播……”由此,遛狗不拴绳或不佩戴犬牌,即使未实际造成他人损害,也已涉嫌违法。文明饲养宠物,是每位爱宠之人应尽的义务。

案例溯源

本案一审案号为(2017)粤0781民初2581号,二审案号为(2018)粤07民终2934号。

▶ 案例二:流浪动物伤人,喂养者应否承担侵权责任?——王某与杜某生命权、健康权、身体权纠纷案

关键词:饲养动物损害责任　流浪动物　事实上的饲养关系

法律要点:由于投喂人长期投喂行为,让流浪动物对其产生依赖,形成事实上的饲养关系的喂养者需要对流浪动物伤人承担适当责任。

基本案情

原告:王某

被告:杜某

2016年9月5日傍晚,居住在北京市某小区的王某在小区X号楼X单元楼下遭流浪狗袭击,左小腿部受伤。咬伤王某的流浪狗于2015年进入该小区,且自2015年年末至咬伤王某之日长期活动在小区X号楼X单元楼附近。在此期间,小区居民杜某及其家人长期喂养此狗,并收留其所生小狗。王某遂将邻居杜某诉至法院,要求其赔偿损失并就此事赔礼道歉。案件公开后,就流浪狗管理制度及喂养者是否应承担赔偿责任等问题引发公众关注。

一审法院认为,杜某及其家人长期在固定地点向狗喂食,此狗亦长期活动在杜某家附近,故杜某与该流浪狗形成事实上的饲养关系,杜某应当承担侵权责任。

法律讲堂

流浪动物伤人,喂养者是否需要承担责任

依据原《侵权责任法》第78条①、第82条②的规定,饲养的动物造成他人损害的,动物饲养人或者管理人应当承担侵权责任,但能够证明损害是因被侵权人故意或者重大过失造成的,可以不承担或者减轻责任。遗弃、逃逸的动物在遗弃、逃逸期间造成他人损害的,由原动物饲养人或者管理人承担侵权责任。

一般来说,喂养人投喂流浪狗都是出于同情和怜悯,是不能由偶尔喂食流浪狗的行为推定其具有饲养或者管理流浪动物的意图的。因此法院在认定喂养人是否需要承担侵权责任,主要考虑喂养人的长时间投喂行为,是否让流浪动物对其产生了依赖,比如,流浪动物因此定点定时等待投喂,活动规律,由此增加了特定区域的伤人风险,那么流浪动物与喂养者之间就形成了事实上的饲养关系。作为流浪动物事实上的饲养人,自然也就具有了对流浪动物的管理责任,如果流浪动物伤人,喂养人就要承担适当的责任。

在本案中,法院认为,伤人之狗虽原系流浪狗,但杜某及其家人在长达一年多的时间里在固定地点向狗喂食,此狗亦长期活动在杜某家附近,据此,在上述期间,杜某与伤人之狗已形成事实上的饲养关系,应承担相应侵权责任。

在司法实践中,除了如本案中长期投喂流浪动物、提供住所被认定为事实上的饲养关系的情形,还有一部分案例虽然没有持续而长期的对流浪动物进行投喂,但是实际控制了流浪动物也被认定为流浪动物的管理人。比如,在刘某与董某饲养动物责任纠纷案[案号为(2013)郑民二终字第1205号]中,董某捡到一条流浪狗,狗脖颈上拴有狗链,当天,董某牵狗去打牌,打牌期间将小狗交给他人拴到路旁树上后,小狗将刘某咬伤。法院认为,董某在捡到流浪狗后实际控制管理小狗,董某作为小狗的管理者应当承当相应的侵权责任。

法律规定

1.《民法典》第一千二百四十五条

饲养的动物造成他人损害的,动物饲养人或者管理人应当承担侵权责任;但是,能够证明损害是因被侵权人故意或者重大过失造成的,可以不承担或者减轻责任。

---

① 现为《民法典》第1245条。

② 现为《民法典》第1249条。

2.《民法典》第一千二百四十九条

遗弃、逃逸的动物在遗弃、逃逸期间造成他人损害的，由动物原饲养人或者管理人承担侵权责任。

3.《民法典》第一千二百五十一条

饲养动物应当遵守法律法规，尊重社会公德，不得妨碍他人生活。

社会意义

救助流浪动物是值得被肯定的爱心之举，偶尔投喂流浪动物并不会因此承担约束和管理的责任。但是许多爱心人士经常在小区或者学校里投喂流浪动物，引来越来越多的流浪动物聚集，让其他住户不堪其扰，也增加了社区和校园公共环境的危险，就需要承担起一定的管理责任。当然，最重要的还是在源头上减少流浪动物的出现，既然选择了饲养动物，就要对动物负责，不要轻易遗弃它们。遇到流浪猫狗，条件允许的可以进行收养，给它一个“家”，或者送到当地救助流浪动物的专门机构。

案例溯源

本案一审案号为(2016)京0108民初37700号。

专题五
看病就医需谨慎　不要忘记保权益

生病后到医院看病就医，是患者基于对医院和医生专业的信任作出的选择。患者心中充满对恢复健康的渴望，也期待在医院获得温情、善良的对待。然而，有些医疗机构在诊疗过程中确实存在过错，但有时患者和家属的不理解也将矛盾进一步激化。本专题选取的两个典型案例，涉及医保报销能否免除第三方侵权人的赔偿责任和医疗机构及其医务人员存在过错应如何担责，旨在告诉同学们看病就医时若合法权益遭受侵害，要勇敢拿起法律武器保护自身权益，同时在心中常怀一份包容和理解，对医院和医生的专业保持尊重。

▶ 案例一：医保报销能否免除第三方侵权人的赔偿责任？——孔某与河南某医院医疗损害责任纠纷案

关键词：非法行医　医疗事故　医保报销范围

法律要点：医保报销不包括应由第三方侵权人支付的医疗费用，不能免除侵权人的赔偿责任。

基本案情

上诉人（原审被告）：河南某医院

被上诉人（原审原告）：孔某

2019 年 4 月 25 日，孔某到河南某医院住院治疗“股骨头坏死”疾病，但在 2019 年 4 月 27 日河南某医院的医生安排孔某进行推拿按摩治疗时，该医院的推拿人员张某将孔某右大腿按断，导致孔某右股骨干骨折，同时，其“股骨头坏死”病情恶化。因伤势过重，孔某只能在医院继续住院医治其断腿，医院也给孔某进行了“股骨干骨折内固定术”手术，许久未能痊愈出院。之后，孔某了解到给他按摩的张某无医疗机构行医资格证，不具备在医疗机构从事推拿按摩治疗工作的资质，医院对孔某的损害后果存在严重过错。

此外，孔某认为，虽然医院自行承担了孔某救治期间的全部医疗费用，医院将其通过城乡居民医保途径报销的费用据为己有，逃避其应当承担的赔偿责任，在双方未对孔某的其他损失赔偿达成一致情况下，现医院却想通过诉讼要求终止其对孔某本应承担的赔偿责任和义务，违背了“治病救人”的基本医疗准则和精神，更是逃避了其应当承担的法律义务和责任，故孔某将河南某医院诉至法院。

河南省郑州市金水区人民法院经审理认为，患者在诊疗活动中受到损害，医疗机构及其医务人员有过错的，由医疗机构承担赔偿责任。本案中，张某未取得医师执业证书即在被告处从事医疗行为，医院存在过错，因此法院一审判决医院赔偿孔某的损失。孔某要求医院返还医保报销费用，于法无据，法院依法不予支持。河南某医院不服一审判决，上诉至河南省郑州市中级人民法院，二审法院审理后判决驳回上诉，维持原判。

法律讲堂

1. 什么是基本医疗保险

基本医疗保险是为补偿劳动者因疾病风险造成的经济损失而建立的一项社会保险制度。通过用人单位和个人缴费，建立医疗保险基金，参保人员患病就诊发生医疗费用后，由医疗保险经办机构给予一定的经济补偿，以避免或减轻劳动者因患病、治疗等所带来的经济风险。根据《保险法》第30条的规定，下列医疗费用不纳入基本医疗保险基金支付范围：(1)应当从工伤保险基金中支付的；(2)应当由第三人负担的；(3)应当由公共卫生负担的；(4)在境外就医的。医疗费用依法应当由第三人负担，第三人不支付或者无法确定第三人的，由基本医疗保险基金先行支付。基本医疗保险基金先行支付后，有权向第三人追偿。

2. 张某未取得医师执业证书就上岗行医，河南某医院有无过错

《执业医师法》第14条第2款规定未经医师注册取得执业证书，不得从事医师执业活动。张某无证上岗属于非法行医，河南某医院有重大过错。

经查明，张某一直未取得医师执业证书，却被河南某医院聘用为医师。根据法律规定，未经医师注册取得执业证书，不得从事医师执业活动。医疗机构对其聘用的医师有审查其行医资格的义务。本案中，河南某医院并未尽到审查义务，导致未取得医师执业证书的张某有机会无证上岗，并造成患者受伤，违反

《执业医师法》第14条之规定,对此医院存在严重过错。

3. 本案中孔某有医保,能否免除河南某医院的赔偿责任

不能。《社会保险法》第30条第2款规定,医疗费用依法应当由第三人负担,第三人不支付或者无法确定第三人的,由基本医疗保险基金先行支付。基本医疗保险基金先行支付后,有权向第三人追偿。河南某医院应承担对孔某的侵权赔偿责任。

河南某医院对其工作人员无证上岗并给患者造成伤害的情形存在严重过错,根据原《侵权责任法》第54条①之规定,由此引发的孔某的医疗费用依法应当由河南某医院负担。医疗保险基金是为了补偿患者因疾病风险造成的经济损失,不能成为侵权人逃避赔偿责任的"挡箭牌"。本案属于《社会保险法》第30条第1款规定应由第三人支付的情形,不能被纳入医保支付范围,即孔某虽然有医保,也不能免除河南某医院的赔偿责任。

4. 本案医保已报销费用能否退还给孔某

《社会保险法》第30条第1款规定应由第三人支付的医疗费用不纳入医保支付范围。本案不在医保支付范围内,医保已报销费用不能退还给孔某。

孔某因右股骨干骨折的医疗费用应由河南某医院全额负担,本案根本不存在应该由医保支付的情形。医保已经先行垫付的部分费用,应当退还给当地的社会保险经办机构,而不是孔某。

法律规定

1.《民法典》第一千二百一十八条

患者在诊疗活动中受到损害,医疗机构或者其医务人员有过错的,由医疗机构承担赔偿责任。

2.《民法典》第一千二百二十二条

患者在诊疗活动中受到损害,有下列情形之一的,推定医疗机构有过错:

(一)违反法律、行政法规、规章以及其他有关诊疗规范的规定;

(二)隐匿或者拒绝提供与纠纷有关的病历资料;

(三)遗失、伪造、篡改或者违法销毁病历资料。

① 现为《民法典》第1218条。

3.《社会保险法》第三十条

下列医疗费用不纳入基本医疗保险基金支付范围：

(一)应当从工伤保险基金中支付的；

(二)应当由第三人负担的；

(三)应当由公共卫生负担的；

(四)在境外就医的。

医疗费用依法应当由第三人负担，第三人不支付或者无法确定第三人的，由基本医疗保险基金先行支付。基本医疗保险基金先行支付后，有权向第三人追偿。

4.《执业医师法》第十四条

医师经注册后，可以在医疗、预防、保健机构中按照注册的执业地点、执业类别、执业范围执业，从事相应的医疗、预防、保健业务。

未经医师注册取得执业证书，不得从事医师执业活动。

社会意义

本案判决医院赔偿患者损失，保护患者合法权益，缓解医患关系，打击非法行医，警醒医疗机构严格执行审查义务，做到合法合规执业。我们在就医的过程中要选择有资质的医院，切忌病急乱投医。大学生也要记得按时购买医保，为自己撑上一把"健康伞"。

案例溯源

本案一审案号为(2020)豫0105民初14430号，二审案号为(2020)豫01民终14949号。

▶ 案例二：医疗机构及其医务人员存在过错应如何担责？——史某等与北京某医院医疗损害责任纠纷案

关键词：医疗过错　因果关系　损害赔偿

法律要点：医疗机构未尽充分的告知义务，及术后护理不到位，存在过错，应当承担赔偿责任。

基本案情

原告：史某利、史某欣(被侵权人近亲属)

被告：北京某医院(侵权人)

曹某与史某和是夫妻关系,史某欣、史某利是二人的儿子。2016 年 4 月 12 日,曹某因"发现肝癌 3 年,呕吐伴腹疼腹胀 1 天"入住北京某医院,初步诊断为原发性肝癌可能性大、陈旧性脑梗死等。2016 年 4 月 28 日,医院进行 B 超引导下肝脏穿刺,病理结果提示肝腺癌。医院告知患者家属患者需要一级护理,严格卧床。2016 年 4 月 30 日,曹某在无人陪护下于病房内自行下床摔倒。经髋关节平片显示:左股骨颈骨折。2016 年 5 月 9 日,经头颅 CT,发现颅内多发脑梗死。5 月 11 日 8 时 30 分,曹某处于昏迷状态,转 ICU 治疗,医院告知患者家属病危。2016 年 5 月 17 日,曹某经抢救无效后死亡。史某二人认为医院违反诊疗常规,没有尽到与当时的医疗水平相对应的诊疗义务,对患者诊疗行为存在过错,在患者入院期间疏于对患者的照顾导致患者摔伤。手术操作不当,术后护理不当,对于患者术后出现的问题未及时发现和处理,最终导致曹某不幸去世,故诉至法院,要求医院赔偿医疗费、住院伙食补助费、死亡赔偿金、丧葬费、精神抚慰金、鉴定费等费用。

北京市门头沟区人民法院就北京某医院的医疗行为是否存在过错以及该过错与曹某的损害后果是否存在因果关系,委托某鉴定所进行鉴定,最终确定北京某医院对曹某的损害后果承担 30% 的赔偿责任。对于史某利、史某欣要求北京某医院赔偿医疗费、住院伙食补助费、护理费、营养费、丧葬费、死亡赔偿金,法院予以支持。上述费用的具体数额根据法院确定的比例及双方确认的证据予以判定,诉讼请求过高的部分法院不予支持。

北京某医院不服一审判决,上诉至北京市第一中级人民法院,二审法院审理后认为,一审法院认定事实清楚、适用法律正确,但对部分款项数额计算错误,依法重新计算并予以调整。

法律讲堂

1. 医疗机构应当履行的告知义务内容有哪些

医疗机构应当向患者及其家属详细说明患者病情、诊疗计划和方案、医疗风险,但应避免对患者产生不利后果;与患者权益相关的医院规章制度;患者应当自行配合的方式、方法;如实回答患者咨询;详细介绍药品的服用方法、医疗器械的使用方法;详细告知患者出院后的注意事项及院外治疗的方法、复诊时间和需携带的资料;诊疗措施和药物的毒副作用;手术过程中可能出现的并发症和意外情况,可以采取的预防、避免、和补救的措施,术后的并发症及后遗症及预防、避免和补救的方法;实施新的实验性临床医疗方法时,应如实告知理论依据、成熟程度、风险概率、其他临床实验的结果等信息;可供选择的治疗方式及各自的利弊，以及选择某种治疗方式的理由；药品的保存方法、避免误服和失效等。

2. 本案医嘱告知患者需要一级护理严格卧床，是否尽到充分告知义务

医嘱告知内容不充分，没有尽到充分说明义务。原《侵权责任法》第55条[1]第1款规定医务人员在诊疗活动中应当向患者说明病情和医疗措施。需要实施手术、特殊检查、特殊治疗的，医务人员应当及时向患者说明医疗风险、替代医疗方案等情况，并取得其书面同意；不宜向患者说明的，应当向患者的近亲属说明，并取得其书面同意。本案医嘱仅告知患者需要一级护理，严格卧床，对于患者应注意的重要事项和所需要的陪护照顾没有进行充分告知，说明义务履行存在瑕疵。

3. 医院的术后护理是否到位

不到位。医院对于一级护理的患者，一旦发现没家属陪床，应根据患者病情和生活自理能力提供适当的照顾和帮助，防止患者出现不必要的损伤。

根据《卫生部关于印发〈综合医院分级护理指导原则（试行）〉的通知》第14条的规定，对一级护理患者需要每小时巡视，观察患者病情变化。根据患者病情，实施对应安全措施。本案医院发现患者没有家属陪床时，没有及时提供安全护理措施，疏于对患者的照顾导致患者自行下床摔伤，护理不到位。

法律规定

1.《民法典》第一千一百七十九条

侵害他人造成人身损害的，应当赔偿医疗费、护理费、交通费、营养费、住院伙食补助费等为治疗和康复支出的合理费用，以及因误工减少的收入。造成残疾的，还应当赔偿辅助器具费和残疾赔偿金；造成死亡的，还应当赔偿丧葬费和死亡赔偿金。

2.《民法典》第一千一百八十一条

被侵权人死亡的，其近亲属有权请求侵权人承担侵权责任。被侵权人为组织，该组织分立、合并的，承继权利的组织有权请求侵权人承担侵权责任。

被侵权人死亡的，支付被侵权人医疗费、丧葬费等合理费用的人有权请求侵权人赔偿费用，但是侵权人已经支付该费用的除外。

---

① 现为《民法典》第1219条。

3.《民法典》第一千二百一十八条

患者在诊疗活动中受到损害，医疗机构或者其医务人员有过错的，由医疗机构承担赔偿责任。

4.《民法典》第一千二百一十九条

医务人员在诊疗活动中应当向患者说明病情和医疗措施。需要实施手术、特殊检查、特殊治疗的，医务人员应当及时向患者具体说明医疗风险、替代医疗方案等情况，并取得其明确同意；不能或者不宜向患者说明的，应当向患者的近亲属说明，并取得其明确同意。

医务人员未尽到前款义务，造成患者损害的，医疗机构应当承担赔偿责任。

5.《民法典》第一千二百二十一条

医务人员在诊疗活动中未尽到与当时的医疗水平相应的诊疗义务，造成患者损害的，医疗机构应当承担赔偿责任。

6.《卫生部关于印发〈综合医院分级护理指导原则（试行）〉的通知》第十四条

对一级护理患者的护理包括以下要点：

（一）每小时巡视患者，观察患者病情变化；

（二）根据患者病情，测量生命体征；

（三）根据医嘱，正确实施治疗、给药措施；

（四）根据患者病情，正确实施基础护理和专科护理，如口腔护理、压疮护理、气道护理及管路护理等，实施安全措施；

（五）提供护理相关的健康指导。

社会意义

本案判决医院承担部分赔偿责任，保护患者合法权益，警示医院依法履行说明义务，充分告知患者及其家属有关注意事项、认真实施诊疗、积极救助患者、增强责任意识，同时也提醒患者及患者家属严格遵循医嘱。造成医患关系紧张的原因比较复杂，需要社会共同努力解决。除了倡导大家通过合理途径维权，更应鼓励大家多一分理解，少一分抱怨。大学生在遇到类似问题时应积极理性沟通，合理维权。

案例溯源

本案一审案号为（2017）京0109民初946号，二审案号为（2018）京01民终3390号。

第四章
交通出行

进入大学，许多同学离开家乡，来到新的城市，周末或者小长假常会选择出游，欣赏风景；有的同学会选择与朋友一起策划几场自助游，丰富自己的大学生活。但是，外出旅游过程中发生意外的情况时有发生，如何运用法律手段保护自身权益，同时，在交通出行过程中应该注意哪些法律问题以避免自身陷入法律纠纷之中，都需要同学们引起重视。

本章通过6个专题共12个真实案例，对同学们日常交通出行过程中可能面临的法律纠纷进行了分析。比如，新兴的网红蹦床项目体验过程中受伤，谁来担责？驴友出游发生意外，责任如何分担？故意损毁名胜古迹除了承担民事责任，还要承担怎样的刑事处罚？哪种行为构成非法收购、运输、出售珍贵、濒危野生动物、非法采伐国家重点保护植物？漠视交通法规，交通肇事逃离、醉驾飙车将面临怎样的后果？无偿替人保管财物或拾得遗失物后财物丢失，赔偿责任如何分担？……

同学们在日常交通出行中需要注意：旅行购买必要险，人身财产保安全；交通法规记心间，交通肇事莫逃离；替人保管好财物，必要及时归原主；不要私占遗失物，应当返还权利人；生态环境需爱护，助力建设好生态；传承好文化遗产，不破坏文物古迹。

专题一
旅行购买必要险　人身财产保安全

▶ 案例一：体验"网红"蹦床受伤，经营者是否应担责？——某蹦床馆、张某违反安全保障义务责任纠纷案

关键词：安全保障义务　善良管理人标准　过错责任原则

法律要点：体验"网红"蹦床受伤，经营者应当因未尽安全保障义务承担赔偿责任。

基本案情

上诉人（原审被告）：某蹦床馆

被上诉人（原审原告）：张某

张某于2019年8月25日下午在某蹦床馆娱乐时发生意外，事故发生时张某按照某蹦床馆工作人员指示，坐在毛绒玩具上，身体稍向前倾，这与设备厂家所要求的正确玩法，即体验者需要以趴着的姿态抱着毛绒玩具不一致，事故造成张某胸12椎体压缩性骨折。

一审法院认为，从事住宿、餐饮、娱乐等经营活动或其他社会活动的自然人、法人、其他组织，未尽合理限度范围内的安全保障义务致使他人遭受人身损害，应承担相应的赔偿责任。张某完全按照蹦床馆的指示进行游玩，自身没有任何过错，故蹦床馆应承担全部赔偿责任。被告某蹦床馆不服，提起上诉，二审法院认为，一审判决认定事实清楚，适用法律正确，驳回上诉，维持原判。

法律讲堂

1. 什么是"安全保障义务"

原《侵权责任法》第37条①规定了安全保障义务,这是公共场所的管理人或者群众性活动的组织者的法定义务,娱乐项目的经营者自然也被包含其中。

安全保障义务,顾名思义,是一种要求义务人采取必要、适当的措施保障他人的人身财产免受不当侵害的作为义务。具体而言,管理人或者组织者需要消除其管理或控制的公共场所中的危险因素,创设一个安全的环境,以避免他人遭受损害。

本案中的蹦床馆作为从事娱乐体验活动的场馆,属于公共场所,因此其对参加娱乐体验活动的消费者负有安全保障义务,保障消费者的人身财产安全。

2. 蹦床馆是否应该对消费者受到的损害承担赔偿责任

原《侵权责任法》第37条第1款②规定,宾馆、商场、银行、车站、娱乐场所等公共场所的管理人或者群众性活动的组织者,未尽到安全保障义务,造成他人损害的,应当承担侵权责任。

3. 蹦床等高危娱乐项目中,经营者安全保障义务的范围如何确定

一般而言,判断行为人是否履行了安全保障义务,法院将从法定标准、特别标准、善良管理人标准、一般标准等几个方面进行综合考量。尽管对于本案中的被告蹦床馆的经营者应当承担的安全保障义务内容并没有明确的法律规定,但在侵权责任理论层面,对违反安全保障义务侵权责任的认定适用过错责任原则,即以行为人主观上的过错为承担民事责任的基本条件,安全保障义务自身的特性将主观上的过错限定在过失上,具体来说就是未尽到应尽的注意义务。由于蹦床运动的危险性,为了最大限度地保障消费者的人身财产安全,一般采用最高的注意义务标准,即善良管理人标准。

善良管理人标准,是指将具有相当知识经验的人,对于一定事件的所用注意作为标准,依据行为人的职业来斟酌所用的注意程度,客观地加以认定。对于蹦床馆等高危娱乐项目经营者来说,必须遵守《娱乐场所管理条例》等法律法规的明文规定、对消费者采取特殊保障就是其安全保障义务的应有之义。具体来说,其经营场所中的服务设施应当安全可靠,无安全隐患,保证定期维护;

① 现为《民法典》第1198条。

② 现为《民法典》第1198条第1款。

服务人员应当接受过专业的培训，具有专业的风险知识；通过警示标志、提示话语以及告知书等方式对不安全因素进行充分的提示和告知，对游戏参与者是否具有不适合参与该游戏的情形予以审核等。

本案中，某蹦床馆提供的证人马某证言为，当天张某“是按照要求做的，但是他身体往前倾不够多”，张某陈述其臀部先着地，导致腰部受伤，结合事故现场监控视频，可以证明事故发生时张某按照某蹦床馆工作人员指示，坐在毛绒玩具上，身体稍向前倾，这与设备厂家所要求的正确玩法即体验者需要以趴着的姿态抱着毛绒玩具不一致。本案事故造成张某胸 12 椎体压缩性骨折，不正确的姿势导致张某在下落过程中腰部受到冲击，是张某受伤的直接原因，某蹦床馆未按照正确玩法指示张某游玩案涉项目，存在过错，未尽到安全保障义务。张某按照某蹦床馆的指示进行游玩，自身没有过错，因此法院判决某蹦床馆承担全部赔偿责任。

法律规定

《民法典》第一千一百九十八条

宾馆、商场、银行、车站、机场、体育场馆、娱乐场所等经营场所、公共场所的经营者、管理者或者群众性活动的组织者，未尽到安全保障义务，造成他人损害的，应当承担侵权责任。

……

社会意义

近年来，人们越来越追求新奇体验，各类蹦床项目近两年也成了名副其实的网红游戏，各地出现了许多蹦床馆、蹦床体验俱乐部。消费者在蹦床区域内可以作出许多姿势，可以跳跃，可以翻滚，可以飞檐走壁，“弹跳飞人”“蹦床粘粘墙”“蹦床公主抱”等项目在许多短视频平台都非常火爆，大学生也成为主要消费人群之一。但是也正因为这些项目的刺激性，同时伴随极大的危险性，2020 年发生了数起蹦床事故，受伤者轻则扭伤骨折，重则高位截瘫，其中许多是 20 岁左右的年轻人。同学们在外游玩，一定要注意安全，选择正规的有经营资质的游乐场所并且一定要在专业的安全员指导下进行，以最大限度地降低风险、保护自己。

案例溯源

本案一审案号为（2020）皖 0303 民初 3059 号，二审案号为（2020）皖 03 民终 3969 号。

▶ 案例二：结伴出游发生意外，责任如何分担？——丁财险公司、王某生命权、健康权、身体权纠纷案

关键词：安全保障义务　景区经营者　旅行社　过错

法律要点：代订团购票的旅行社，明知组织者不具有从事旅游业务资质，仍向其提供旅游线路，允许其以旅行社的名义享受团体票优惠，也须对游客出游尽到管理及合理的安全保障义务。

基本案情

上诉人（原审被告）：丁财险公司

被上诉人（原审原告）：王某

被上诉人（原审被告）：刘某、陈某、甲景区经营公司、乙财险公司、丙旅行社

被告刘某建立户外旅游群，并自行找车组织人员去户外旅游。原告王某与被告陈某系多年同事。2018 年 8 月 24 日，原告王某通过其介绍随被告刘某组织的旅游团队到被告甲景区经营公司经营的甲景区旅游。在该景区的双叠瀑布景点附近，原告离开游览步道，来到下面的小河处，因青石绿苔湿滑导致摔倒。事故发生后，原告在医院住院 39 天，诊断为左踝关节骨折等。

另查明，被告刘某通过微信名“人生百味”的案外人购买了涉案景区门票，该门票以被告丙旅行社名义预订，系享有优惠政策的团购票。另外，被告甲景区经营公司在被告乙财险公司投保了风景名胜区责任保险，被告丙旅行社在被告丁财险公司投保了旅行社责任保险。

一审法院根据当事人的各自过错对原告损伤结果的发生介入程度或所起作用大小，酌情确定责任比例为：原告自行承担 70%，被告刘某承担 10%，被告甲景区经营公司承担 10%，被告丙旅行社承担 10%。丁财险公司不服，提起上诉，二审法院驳回上诉，维持原判。

法律讲堂

1. 原告在本次事故中的过错程度

法院认为，原告作为完全民事行为能力人，应当具备保护自身安全的意识和能力，应当意识到在超出正规游览路线外及在河边游玩的危险性及可能导致的后果。原告因自身的冒险行为，导致其摔伤的后果，自己应承担主要责任。

2. 刘某建立户外旅游群,组织旅游是否需要资质

根据旅游法相关规定,只有具备合法资质的主体才能够进行旅游的组织经营活动。任何单位和个人,只有取得旅游行政管理部门的许可,在工商行政管理部门登记注册,方可从事旅游业务经营。具体来说,设立旅行社,招徕、组织、接待旅游者,为其提供旅游服务,应当具备下列条件:(1)取得旅游主管部门的许可,依法办理工商登记;(2)有固定的经营场所;(3)有必要的营业设施;(4)有符合规定的注册资本;(5)有必要的经营管理人员和导游;(6)法律、行政法规规定的其他条件(如经营出境旅游、边境旅游业务的,应当取得相应的业务经营许可)。需要注意的是,部分户外俱乐部尽管在工商部门进行了登记注册,但是经营范围一般是装备销售和户外活动策划、组织等,并没有获得旅行社业务经营许可证,是没有合法的经营旅游业务的资质的;至于本案中被告刘某这样的"驴头",很大一部分甚至未进行工商注册登记,更不可能具有经营旅游业务的合法主体资格。

因此,由于被告刘某不具有从事旅游业务资质,亦不是专业的旅游从业人员,贸然组织他人,特别是多人的集体旅游活动,明显超出其个人的组织管理及安全保障能力。被告刘某组织营利性旅游服务,招徕游客组团出游,未尽到合理的安全保障义务,发生本次事故,其行为明显具有过错,应承担相应的民事赔偿责任。

3. 同行的被告陈某对原告受伤后果是否有过错

法院认为,被告陈某与原告结伴同行,对原告受伤的发生不具有过错,不承担民事赔偿责任。

4. 什么是旅行社责任险,被告丙旅行社是否具有过错,被告丁财险公司是否应在保险范围内承担责任

丙旅行社行为具有过错,被告丁财险公司应在丙旅行社责任险责任限额内承担赔偿责任。这也是本案二审的争议焦点所在。

法院认为,原告王某、被告刘某虽未与被告丙旅行社签订旅游合同,但被告丙旅行社为其提供了涉案景区的团购票。旅游过程中必然包含的交通、购票、住宿、饮食、购物、娱乐等事务的服务并非旅行社直接提供,但是任何一个环节都属于旅游过程的一部分,旅行社对于各个环节的制定与选择具有主导性,旅行社应当就各个环节对旅游者履行合理的安全保障义务。

被告丙旅行社与原告虽未订立旅游合同,但丙旅行社明知刘某不具有从事旅游业务资质,仍向其提供旅游线路,允许其以丙旅行社的名义享受团体票优惠,招徕游客组团出游,却未对刘某组织原告等游客出游尽到管理及合理的安全保障义务,其行为具有过错。

旅行社责任险,是指旅行社根据保险合同的约定,向保险公司支付保险费用,保险公司对旅行社在从事旅游业务经营活动中,因旅行社的疏忽、过失导致游客人身、财产遭受损害,而承担赔偿保险金责任的险种。被告丙旅行社向被告丁财险公司投保了旅行社责任险,本次事故发生在保险期内,应先由被告丁财险公司在旅行社责任险责任限额内赔偿。

5. 被告甲景区经营公司是否已完全尽到安全保障义务,被告乙财险公司是否应在保险范围内承担责任

法院认为,被告甲景区经营公司作为经营者负有安全保障义务。原《侵权责任法》规定的安全保障义务是法定义务,目的是促使义务人采取必要、适当的措施保护他人免受不当危险的侵害。被告甲景区经营公司在景区内事发处附近设置了警示牌,已尽到一定的安全保障义务。但涉案区域并未安装栏杆、锁链,在此情况下,被告甲景区经营公司作为景区经营者根据一般社会生活经验和智识水平应当预见游客在该区域游玩时可能会发生的危险,且该处水域多有青石绿苔,湿滑难行,但被告甲景区经营公司未达到经营者所应达到的注意程度,未安排专人在危险区域负责景区安全,防止游客发生危险。因此,被告甲景区经营公司对原告的损伤后果未完全尽到安全保障义务,具有一定过错。

被告甲景区经营公司在被告乙财险公司投保了风景名胜责任保险,应由被告乙财险公司在保险限额内赔偿。

综上,根据当事人的各自过错对原告损伤结果的发生介入程度或所起作用大小,法院酌情确定责任比例为原告自行承担70%,被告刘某承担10%,被告甲景区经营公司承担10%,被告丙旅行社承担10%。

法律规定

1.《民法典》第一千一百六十五条第一款

行为人因过错侵害他人民事权益造成损害的,应当承担侵权责任。

2.《民法典》第一千一百七十九条

侵害他人造成人身损害的,应当赔偿医疗费、护理费、交通费、营养费、住院伙食补助费等为治疗和康复支出的合理费用,以及因误工减少的收入。造成残疾的,还应当赔偿辅助器具费和残疾赔偿金;造成死亡的,还应当赔偿丧葬费和死亡赔偿金。

3.《保险法》第六十五条

保险人对责任保险的被保险人给第三者造成的损害,可以依照法律的规定或者合同的约定,直接向该第三者赔偿保险金。

责任保险的被保险人给第三者造成损害,被保险人对第三者应负的赔偿责任确定的,根据被保险人的请求,保险人应当直接向该第三者赔偿保险金。被保险人怠于请求的,第三者有权就其应获赔偿部分直接向保险人请求赔偿保险金。

……

责任保险是指以被保险人对第三者依法应负的赔偿责任为保险标的的保险。

4.《最高人民法院关于审理旅游纠纷案件适用法律若干问题的规定》第三条(2020 年修正)

因旅游经营者方面的同一原因造成旅游者人身损害、财产损失,旅游者选择要求旅游经营者承担违约责任或者侵权责任的,人民法院应当根据当事人选择的案由进行审理。

5.《最高人民法院关于审理旅游纠纷案件适用法律若干问题的规定》第七条(2020 年修正)

旅游经营者、旅游辅助服务者未尽到安全保障义务,造成旅游者人身损害、财产损失,旅游者请求旅游经营者、旅游辅助服务者承担责任的,人民法院应予支持。

因第三人的行为造成旅游者人身损害、财产损失,由第三人承担责任;旅游经营者、旅游辅助服务者未尽安全保障义务,旅游者请求其承担相应补充责任的,人民法院应予支持。

6.《最高人民法院关于审理旅游纠纷案件适用法律若干问题的规定》第十条(2020 年修正)

旅游经营者将旅游业务转让给其他旅游经营者,旅游者不同意转让,请求解除旅游合同、追究旅游经营者违约责任的,人民法院应予支持。

旅游经营者擅自将其旅游业务转让给其他旅游经营者,旅游者在旅游过程中遭受损害,请求与其签订旅游合同的旅游经营者和实际提供旅游服务的旅游经营者承担连带责任的,人民法院应予支持。

7.《最高人民法院关于审理旅游纠纷案件适用法律若干问题的规定》(2010 年版)第十四条

因旅游辅助服务者的原因造成旅游者人身损害、财产损失,旅游者选择请求旅游辅助服务者承担侵权责任的,人民法院应予支持。

旅游经营者对旅游辅助服务者未尽谨慎选择义务,旅游者请求旅游经营者承担相应补充责任的,人民法院应予支持。

在《最高人民法院关于审理旅游纠纷案件适用法律若干问题的规定》(2020 年修正)中,本条已被删除。

社会意义

在景区游玩时,也要注意不要脱离队伍,不要偏离正常的旅游路线,不要以身涉险,注意景区内的安全提示。大学生作为成年人,应当具备保护自身安全的意识和能力,为自己的行为负责,安全出行,快乐旅游。

案例溯源

本案一审案号为(2019)辽 0104 民初 6353 号,二审案号为(2020)辽 01 民终 14243 号。

专题二
交通法规记心间　交通肇事莫逃离

本专题选取了三个案例,针对最常见三种交通事故案件类型(交通肇事、醉驾、追逐竞驶)进行案例分析,案例中的被告人有的就是在读大学生,对交通法规的漠视让他们付出了沉重的代价。

▶ 案例一:交通肇事莫逃离——钱某1、李某交通肇事案

关键词:交通事故　机动车　逃逸

法律要点:交通运输肇事后逃逸,是交通肇事罪法定刑升格的条件(情节)之一。

基本案情

公诉机关:云南省武定县人民检察院

附带民事诉讼原告人:解某1、解某2、解某3、黄某

被告人:钱某1

2020年3月3日7时4分许,湖北某大学在读学生钱某1酒后驾驶其父李某所有的云AXXX××号小型普通客车沿国道108线由禄劝县城往武定县城方向行驶至国道108线K3264+900米处时,与行人钱某2发生碰撞,造成钱某2当场死亡、云AXXX××号小型普通客车受损的道路交通事故。事故发生后,被告人钱某1肇事后驾驶车辆逃离现场。于当日11时许在楚大高速公路大理州境内被抓获。经武定县公安局交通警察大队认定,被告人钱某1承担事故的全部责任。

另查明,被告人钱某1驾驶的云AXXX××号车辆的所有人为附带民事诉讼被告人李某。该车辆于2020年1月11日在人保财险某支公司投保了机动车交通事故责任强制保险及保险限额为100万元的商业第三者责任险,并投保

了不计免赔险。还查明，案发后，事故处理过程中，被告人钱某1的父亲李某赔偿了被害人家属丧葬费等费用共计10万元人民币。

法院认为，被告人钱某1违反道路交通安全法规定，饮酒后驾驶机动车发生一人死亡的重大交通事故，且肇事后逃离现场，其行为已构成交通肇事罪，依法应处三年以上七年以下有期徒刑。被告人钱某1被抓获后能如实供述犯罪事实，愿意接受刑罚处罚，并积极赔偿了被害人部分经济损失，依法可从轻处罚。被告人钱某1因其犯罪行为给附带民事诉讼原告人造成的经济损失依法应承担赔偿责任。因此，法院最终判决被告人钱某1犯交通肇事罪，判处有期徒刑三年六个月（刑期自判决执行之日起计算。判决执行前先行羁押的，羁押一日折抵刑期一日）；附带民事诉讼被告中国人民财产保险股份有限公司某支公司在交强险责任限额和商业第三者责任险范围内给付附带民事诉讼原告人解某1、解某2、解某3、黄某人民币688,223元；由中国人民财产保险股份有限公司某支公司退还附带民事诉讼被告李某预付的人民币10万元。

法律讲堂

1. 交通违法和交通犯罪如何区分

在人们的日常驾驶中，可能会涉及由两类情形引起的处罚，即交通违法和交通犯罪，二者在客观上都表现为行为人在交通运输过程中实施了违反交通运输管理法规的行为，那么这二者之间有什么区别呢？

从广义上来说，违法行为是指一切违反国家的宪法、法律、行政法规和规章的行为，违反刑法的犯罪行为自然也被包含其中，但是人们在交通领域所说的“交通违法行为”往往被作为与交通犯罪相区分的狭义概念来使用。在狭义层面，“交通违法”行为处在行政法的规制范围之内，主要依据《道路交通安全法》进行惩处，根据我国有关规定，对交通违法行为的处罚包括罚款、拘留、暂扣驾驶证、吊销驾驶证、记分等方式。

而交通犯罪行为则被纳入刑法的规制范围，不仅对社会有危害性，而且危害社会的行为必须符合《刑法》关于犯罪的规定，是应受刑罚处罚的行为。针对交通犯罪的刑法规定主要是《刑法》第133条的交通肇事罪和第133条之一的危险驾驶罪，处罚包括拘役、罚金、有期徒刑等方式。

2. 交通肇事罪的构成要件是什么

《刑法》第133条规定：“违反交通运输管理法规，因而发生重大事故，致人重伤、死亡或者使公私财产遭受重大损失的，处三年以下有期徒刑或者拘役；交通运输肇事后逃逸或者有其他特别恶劣情节的,处三年以上七年以下有期徒刑;因逃逸致人死亡的,处七年以上有期徒刑。"

从法条就可以看出,交通肇事罪的客观构成要件是发生重大事故,致人重伤、死亡或者使公私财产遭受重大损失的严重后果,并不是只要发生交通事故即构成本罪。根据《最高人民法院关于审理交通肇事刑事案件具体应用法律若干问题的解释》第 2 条的规定,一般来说,构成交通肇事罪通常须造成一定的实害结果。

本案中,被告人钱某 1 违反道路交通安全法规定,饮酒后在道路上驾驶机动车与行人钱某 2 发生碰撞,导致一人死亡的重大交通事故,且钱某 1 为在读大学生,已满足刑事责任年龄、具备刑事责任能力,构成交通肇事罪。

需要注意的是,交通肇事罪的主观状态必须是过失(包括疏忽大意的过失和过于自信的过失),这种过失心态不是对于自己的违章行为,而是对于自己的违章行为可能造成的后果,如果行为人是故意利用交通工具伤人杀人,那就应当认为故意伤害罪或故意杀人罪,而非交通肇事罪。

3. 交通肇事罪如何量刑

根据上述《刑法》第 133 条之规定,交通肇事罪的量刑可以简单分为三档:

(1)致人重伤、死亡或者使公私财产遭受重大损失的,处三年以下有期徒刑或者拘役;(2)交通运输肇事后逃逸或者有其他特别恶劣情节的,处三年以上七年以下有期徒刑;(3)因逃逸致人死亡的,处七年以上有期徒刑。

由此可见,我国刑法严厉打击交通运输肇事后逃逸的行为,把交通运输肇事后逃逸作为法定刑升格条件之一。根据《最高人民法院关于审理交通肇事刑事案件具体应用法律若干问题的解释》第 3 条之规定,"交通运输肇事后逃逸"是指行为人具有该解释规定的情形之一,在发生交通事故后,为逃避法律追究而逃跑的行为。其实质上是一种故意的不作为,即故意不履行救助被害人的义务,量刑就将上升至三年以上。更加严重的是,如果"因逃逸致人死亡"(行为人在交通肇事后故意不救助被害人,致使被害人因得不到救助而死亡),则将面临七年以上的有期徒刑。

本案中,尽管被告人钱某 1 被抓获后能如实供述犯罪事实,愿意接受刑罚处罚,并积极赔偿了被害人部分经济损失,根据《刑法》第 67 条可从轻处罚,但是由于钱某 1 存在肇事后逃逸的情节,就只能在三年以上七年以下的范围内从轻处罚。最终法院判处有期徒刑三年六个月,钱某 1 在本该在大学校园中无忧无虑地度过美好校园生活的年纪,肇事后不仅自己要入狱服刑,也给受害人的家庭带来了沉重的打击,每位大学生都应警醒!

4. 交强险、商业第三者险是否可以因为被告人自身酒后驾驶、肇事后逃逸的过错免赔

《道路交通安全法》第76条已明确规定了机动车发生交通事故造成人身伤亡、财产损失的,由保险公司在机动车第三者责任强制保险责任限额范围内予以赔偿。故法院未采纳本案中保险公司所提交强险不予赔偿的意见。

对于商业第三者险的免赔事由,根据《保险法》第17条第2款的规定,对保险合同中免除保险人责任的条款,保险人在订立合同时应当在投保单、保险单或者其他保险凭证上作出足以引起投保人注意的提示,并对该条款的内容以书面或者口头形式向投保人作出明确说明;未作提示或者明确说明的,该条款不产生效力。在本案中,保险公司未提供证据证实其将案涉的含有免责条款的保险单交付投保人李某,所提供的机动车综合商业保险条款无投保人签字认可,也未提供证据证实其已经就保险合同中相关免责条款在投保人投保之前或之时向投保人进行明确说明。现有证据无法证实保险公司就该项免责条款尽到提示或明确说明的义务。因此,保险合同中的免责条款不发生法律效力。

法律规定

1.《道路交通安全法》第七十六条

机动车发生交通事故造成人身伤亡、财产损失的,由保险公司在机动车第三者责任强制保险责任限额范围内予以赔偿;不足的部分,按照下列规定承担赔偿责任:

……

(二)机动车与非机动车驾驶人、行人之间发生交通事故,非机动车驾驶人、行人没有过错的,由机动车一方承担赔偿责任;有证据证明非机动车驾驶人、行人有过错的,根据过错程度适当减轻机动车一方的赔偿责任;机动车一方没有过错的,承担不超过百分之十的赔偿责任。

……

2.《保险法》第十七条

订立保险合同,采用保险人提供的格式条款的,保险人向投保人提供的投保单应当附格式条款,保险人应当向投保人说明合同的内容。

对保险合同中免除保险人责任的条款,保险人在订立合同时应当在投保单、保险单或者其他保险凭证上作出足以引起投保人注意的提示,并对该条款的内容以书面或者口头形式向投保人作出明确说明;未作提示或者明确说明的,该条款不产生效力。

3.《刑法》第一百三十三条

违反交通运输管理法规,因而发生重大事故,致人重伤、死亡或者使公私财产遭受重大损失的,处三年以下有期徒刑或者拘役;交通运输肇事后逃逸或者有其他特别恶劣情节的,处三年以上七年以下有期徒刑;因逃逸致人死亡的,处七年以上有期徒刑。

4.《最高人民法院关于审理交通肇事刑事案件具体应用法律若干问题的解释》第二条

交通肇事具有下列情形之一的,处三年以下有期徒刑或者拘役:

(一)死亡一人或者重伤三人以上,负事故全部或者主要责任的;

……

5.《最高人民法院关于审理交通肇事刑事案件具体应用法律若干问题的解释》第三条

"交通运输肇事后逃逸",是指行为人具有本解释第二条第一款规定和第二款第(一)至(五)项规定的情形之一,在发生交通事故后,为逃避法律追究而逃跑的行为。

6.《刑法》第六十七条

……

犯罪嫌疑人虽不具有前两款规定的自首情节,但是如实供述自己罪行的,可以从轻处罚;因其如实供述自己罪行,避免特别严重后果发生的,可以减轻处罚。

7.《刑法》第三十六条

由于犯罪行为而使被害人遭受经济损失的,对犯罪分子除依法给予刑事处罚外,并应根据情况判处赔偿经济损失。

……

8.《民法典》第一千二百零八条

机动车发生交通事故造成损害的,依照道路交通安全法律和本法的有关规定承担赔偿责任。

9.《最高人民法院关于审理道路交通事故损害赔偿案件适用法律若干问题的解释》(2012 年版)第十六条

同时投保机动车第三者责任强制保险(以下简称"交强险")和第三者责任商业保险(以下简称"商业三者险")的机动车发生交通事故造成损害,当事人

同时起诉侵权人和保险公司的,人民法院应当按照下列规则确定赔偿责任:

(一)先由承保交强险的保险公司在责任限额范围内予以赔偿;

(二)不足部分,由承保商业三者险的保险公司根据保险合同予以赔偿;

(三)仍有不足的,依照道路交通安全法和侵权责任法的相关规定由侵权人予以赔偿。

……

《最高人民法院关于审理道路交通事故损害赔偿案件适用法律若干问题的解释》(2012年)第十六条的规定已调整为《最高人民法院关于审理道路交通事故损害赔偿案件适用法律若干问题的解释》(2020年修正)第十三条的内容。

《最高人民法院关于审理道路交通事故损害赔偿案件适用法律若干问题的解释》(2020年修正)第十三条

同时投保机动车第三者责任强制保险(以下简称"交强险")和第三者责任商业保险(以下简称"商业三者险")的机动车发生交通事故造成损害,当事人同时起诉侵权人和保险公司的,人民法院应当依照民法典第一千二百一十三条的规定,确定赔偿责任。

……

社会意义

随着社会的快速发展和人民生活水平的逐步提高,轿车已经普及,考取驾照也成了很多大学生的寒暑假安排,同时,由于机动车增加,交通安全问题也日益严峻。尤其在发生交通肇事事故后,恐惧和无知都不能成为逃逸的借口,法网恢恢,疏而不漏,切勿心存侥幸心理!如果发生交通事故首先要报警,积极救助伤员,切不可选择逃逸,否则只会害人害己。

案例溯源

本案一审案号为(2020)云2329刑初117号。

▶ 案例二:危险驾驶触刑法,醉驾飙车极危险——杨某危险驾驶案;张某某、金某危险驾驶案

关键词:危险驾驶罪　追逐竞驶　醉酒驾驶

法律要点:在道路上驾驶机动车追逐竞驶,情节恶劣的或者醉酒驾驶机动车的,构成危险驾驶罪。

基本案情

1. 杨某危险驾驶案

公诉机关：河南省焦作市中站区人民检察院

被告人：杨某

2020 年 1 月 18 日 23 时 15 分许，某大学在校大学生杨某酒后驾驶白色梅赛德斯—奔驰牌小型普通客车经焦作市解放区果园路由南向北行驶至果园路与烈士街交叉口处被执勤民警当场查获，经对其进行呼出气体酒精含量检测，结果为 167mg/100ml，随即民警将其带至焦作市人民医院抽取血样，2020 年 1 月 19 日，经新乡医学院司法鉴定中心司法鉴定：杨某血液中检出乙醇含量为 158.4mg/100ml，符合驾驶人员血液中酒精含量大于或者等于 80mg/100ml 的醉酒驾驶国家标准。

法院认为，被告人杨某醉酒后在道路上驾驶机动车，其行为已构成危险驾驶罪。被告人杨某到案后如实供述自己的犯罪事实，并自愿认罪认罚，可以从轻处罚。判决被告人杨某犯危险驾驶罪，判处拘役二个月，缓刑三个月，并处罚金 25,000 元。

2. 张某某、金某危险驾驶案

公诉机关：上海市浦东新区人民检察院

被告人：张某某、金某

2012 年 2 月 3 日 20 时 20 分许，被告人张某某、金某相约驾驶摩托车出去享受大功率摩托车的刺激感，约定“陆家浜路、河南南路路口是目的地，谁先到谁就等谁”。随后，由张某某驾驶无牌的本田大功率二轮摩托车（经过改装），金某驾驶套牌的雅马哈大功率二轮摩托车（经过改装），从上海市浦东新区乐园路 99 号车行出发，行至杨高路、巨峰路路口掉头沿杨高路由北向南行驶，经南浦大桥到陆家浜路下桥，后沿河南南路经复兴东路隧道、张杨路回到张某某住所。全程 28.5 公里，沿途经过多个公交站点、居民小区、学校和大型超市。在行驶途中，二被告人驾车在密集车流中反复并线、曲折穿插、多次闯红灯、大幅度超速行驶。当行驶至陆家浜路、河南南路路口时，张某某、金某遇执勤民警检查，遂驾车沿河南南路经复兴东路隧道、张杨路逃离。其中，在杨高南路浦建路立交（限速 60km/h）张某某行驶速度 115km/h、金某行驶速度 98km/h；在南浦大桥桥面（限速 60km/h）张某某行驶速度 108km/h、金某行驶速度 108km/h；在南浦大桥陆家浜路引桥下匝道（限速 40km/h）张某某行驶速度大于 59km/h、金某行驶速度大于 68km/h；在复兴东路隧道（限速 60km/h）张某某行驶速度 102km/h、金某行驶速度 99km/h。

2012年2月5日21时许，被告人张某某被抓获到案后，如实供述上述事实，并向公安机关提供被告人金某的手机号码。金某接公安机关电话通知后于2月6日21时许主动投案，并如实供述上述事实。

法院判决被告人张某某犯危险驾驶罪，判处拘役四个月，缓刑四个月，并处罚金人民币4000元；被告人金某犯危险驾驶罪，判处拘役三个月，缓刑三个月，并处罚金人民币3000元。

法律讲堂

1. 什么情况下醉驾构成犯罪，酒驾和醉酒驾车的区别是什么

根据《刑法》第133条之一第1款第2项的规定，在道路上“醉酒驾驶机动车的”构成危险驾驶罪。

2013年12月18日，最高人民法院、最高人民检察院和公安部联合发布了《关于办理醉酒驾驶机动车刑事案件适用法律若干问题的意见》，该意见对适用醉驾型危险驾驶罪作出了更细化的规定。根据该意见第1条的规定，在道路上驾驶机动车，血液酒精含量达到80mg/100ml以上的，属于醉酒驾驶机动车，依照《刑法》第133条之一第1款的规定，以危险驾驶罪定罪处罚。而对于饮酒后驾车，但未达到醉酒驾驶机动车标准，即血液酒精含量低于80mg/100ml的，按照道路交通安全法的有关规定给予行政处罚。

在第一个案例中，杨某血液中检测出乙醇含量为158.4mg/100ml，符合驾驶人员血液中酒精含量大于或者等于80mg/100ml的醉酒驾驶国家标准。

2017年最高人民法院发布《关于常见犯罪的量刑指导意见（二）（试行）》，该指导意见规定对于醉酒驾驶机动车的被告人，应当综合考虑被告人的醉酒程度、机动车类型、车辆行驶道路、行车速度、是否造成实际损害以及认罪悔罪等情况，准确定罪量刑。对于情节显著轻微危害不大的，不予定罪处罚；犯罪情节轻微不需要判处刑罚的，可以免予刑事处罚。

2. “追逐竞驶”如何认定

根据《刑法》第133条之一第1款规定，在道路上驾驶机动车“追逐竞驶，情节恶劣的”构成危险驾驶罪。理解本罪的关键有二：什么样的行为属于刑法意义上的“追逐竞驶”？以及如何判断情节是否“恶劣”？

本专题选取的张某某、金某危险驾驶案是最高人民法院审判委员会讨论通过的指导案例32号，指明了类似案件的裁判要点：“（1）机动车驾驶人员出于竞技、追求刺激、斗气或者其他动机，在道路上曲折穿行、快速追赶行驶的，属于

《中华人民共和国刑法》第一百三十三条之一规定的'追逐竞驶'。(2)追逐竞驶虽未造成人员伤亡或财产损失,但综合考虑超过限速、闯红灯、强行超车、抗拒交通执法等严重违反道路交通安全法的行为,足以威胁他人生命、财产安全的,属于危险驾驶罪中'情节恶劣'的情形。"

那么,本案中张某某、金某的行为是否属于《刑法》第133条之一第1款第1项规定的"追逐竞驶"呢?法院结合主观驾驶心态、客观行为、行驶路线三个方面进行了认定。从主观驾驶心态上看,二被告人张某某、金某到案后先后供述"心里面想找点享乐和刺激""在道路上穿插、超车、得到心理满足";在面临红灯时,"刹车不舒服、逢车必超""前方有车就变道曲折行驶再超越"。二被告人上述供述与相关视听资料相互印证,可以反映出其追求刺激、炫耀驾驶技能的竞技心理。从客观行为来看,二被告人驾驶超标大功率的改装摩托车,为追求速度,多次随意变道、闯红灯、大幅超速等。从行驶路线来看,二被告人共同自浦东新区乐园路99号出发,至陆家浜路、河南南路路口接人,约定了竞相行驶的起点和终点。因此,综合来看,二被告人的行为构成危险驾驶罪中的"追逐竞驶"。

至于二被告人的行为是否属于情节恶劣的认定,正如上文所述,追逐竞驶虽未造成人员伤亡或财产损失,但应综合考虑其驾驶行为是否导致公共交通安全处于抽象危险状态之下。在本案中,第一,从驾驶的车辆看,系无牌和套牌的大功率改装摩托车;第二,从驾驶的速度看,总体驾驶速度很快,多处路段超速达50%以上;第三,从驾驶的方式看,二被告人反复并线、穿插前车、多次闯红灯行驶;第四,从对待执法的态度看,二被告人在民警盘查时驾车逃避执法;第五,从行驶的路段看,途经的杨高路、张杨路、南浦大桥、复兴东路隧道等均系城市主干道及高架、隧道,沿途还有多处学校、公交及地铁站点、居民小区、大型超市等人流密集路段,均属车流和人流密集地段,在高速驾驶的刺激心态下和躲避执法的紧张心态下,极易引发重大恶性交通事故。因此,法院认为上述行为对不特定多数人的生命健康及财产安全造成相当程度的威胁,可以认定为情节恶劣。

法律规定

《刑法》第一百三十三条之一

在道路上驾驶机动车,有下列情形之一的,处拘役,并处罚金:

(一)追逐竞驶,情节恶劣的;

(二)醉酒驾驶机动车的;

……

社会意义

醉酒驾驶和追逐竞驶是最常见的两种构成危险驾驶罪的情形,上述案例中的刑事被告人都非常年轻,其中一位是在校大学生,在中国裁判文书网上可以搜索到许多年轻人包括大学生由于醉酒驾驶或飙车而触犯刑法的案例,值得警醒。醉驾入刑已过10年,危险驾驶罪也成为我国前几名高发的犯罪。成年以后,许多大学生可能会选择聚会时小酌一杯,但是一定要牢记切勿酒后开车,注意行车安全,遵守交通规则,既是保护他人,也是保护自己。

案例溯源

本专题中两个案例一审案号为(2020)豫0803刑初165号,二审案号为(2012)浦刑初字第4245号。

专题三
替人保管好财物　必要及时归原主

平时帮同学取个快递，在球场上帮球员拿一下东西，在大学生活中时常发生，帮别人临时保管物品，本是爱心之举，但是一定要负责任地履行好保管义务，善始善终，必要时及时归还原主，切勿好心成坏事，更不能心生贪念，否则不仅有可能要面临民事赔偿，数额较大的还可能要承担刑事责任。本专题选取两个典型案例，分别从民事和刑事案由对代为保管行为中需要注意的法律要点进行了分析。

▶ 案例一：球赛中无偿替人保管的财物丢失，保管人要承担违约责任吗？——张某与王某保管合同纠纷案

关键词：保管合同　人保　重大过失　妥善保管　迟延履行

法律要点：无偿保管人违反保管合同中的妥善保管义务，致保管物灭失的，保管人亦应承担违约责任。

基本案情

原告：张某

被告：王某

2017 年 9 月 17 日，原告大学生张某在南通体育中心参加业余足球比赛，被告在比赛中负责记录、后勤等工作。比赛开始前，因裁判要求原告将项链取下，原告即在球场上将黄金项链摘下后转交给大学生队友，大学生队友转交给领队许某，许某转交给被告王某，被告王某拿到黄金项链后将其放置在桌上敞开式的盒子中。比赛结束后，原告因匆忙离开未来得及到被告处取回保管的项链，第二天联系被告发现项链已丢失。

法院认定原告、被告二人之间已经形成了保管合同关系，综合考虑双方当

事人的利益与过错程度，酌定被告王某对原告张某的损失承担60%的民事赔偿责任。

法律讲堂

1. 什么是保管合同，保管合同成立的标准是什么

保管合同，是指双方当事人约定由一方当事人保管另一方当事人交付的物品，并返还该物品的合同。保管合同为实践合同，它的成立从当事人交付保管物始成立，它既可以为无偿合同，也可以为有偿合同。

这里需要先解释什么是实践合同。实践合同又称要物合同，是指除当事人双方意思表示一致外，还须交付标的物或完成其他现实交付才能成立的合同。以合同除意思表示之外是否需要其他现实成分为标准将合同划分为诺成合同和实践合同。区分诺成合同与实践合同的意义在于，确定合同是否成立以及标的物风险转移时间。典型的实践合同有：借用合同、自然人之间的借款合同、保管合同、定金合同。以自然人之间的借款合同为例，只有当借贷方实际交付借款时该合同才成立。

就本案而言，被告王某接受了他人传递过来的原告张某的物品，保管合同即成立，原告、被告二人之间就已经形成了保管合同关系，被告王某作为保管人就有义务保管好保管物。

2. 无偿保管，是否还要担责

原《合同法》第374条①规定："保管期间，因保管人保管不善造成保管物毁损、灭失的，保管人应当承担损害赔偿责任，但保管是无偿的，保管人证明自己没有重大过失的，不承担损害赔偿责任。"保管人违反保管合同中的妥善保管义务，致保管物灭失的，保管人应承担违约责任。

案涉项链从外观即可以看出属于贵重物品，被告王某明知球场人多手杂，对保管物品疏于保管，放置在众人均可拿取的桌面盒子中，导致了被保管物品灭失结果的发生。被告王某作为完全民事行为能力人，无偿保管物品的精神值得肯定，但明知自己随手放置贵重物品的行为可能会导致损害结果的发生而放任其行为，存在重大过失，应当承担赔偿责任。

同时，原告张某作为项链的拥有者，在比赛结束后没有及时找保管者取回项链，也存在一定的过错。且考虑此案中被告王某并没有因为保管行为而获得

① 现为《民法典》第897条。

报酬,为了提倡社会成员之间的互相协作之精神,法院综合考虑双方当事人的利益与过错程度,酌定被告王某对原告张某的损失承担60%的民事赔偿责任。

法律规定

1.《民法典》第八百八十八条

保管合同是保管人保管寄存人交付的保管物,并返还该物的合同。

寄存人到保管人处从事购物、就餐、住宿等活动,将物品存放在指定场所的,视为保管,但是当事人另有约定或者另有交易习惯的除外。

2.《民法典》第八百八十九条

寄存人应当按照约定向保管人支付保管费。

当事人对保管费没有约定或者约定不明确,依据本法第五百一十条的规定仍不能确定的,视为无偿保管。

3.《民法典》第八百九十条

保管合同自保管物交付时成立,但是当事人另有约定的除外。

4.《民法典》第八百九十二条

保管人应当妥善保管保管物。

当事人可以约定保管场所或者方法。除紧急情况或者为维护寄存人利益外,不得擅自改变保管场所或者方法。

5.《民法典》第八百九十七条

保管期内,因保管人保管不善造成保管物毁损、灭失的,保管人应当承担赔偿责任。但是,无偿保管人证明自己没有故意或者重大过失的,不承担赔偿责任。

社会意义

在大学生活中,无偿帮助同学或朋友保管物品的情况十分常见。在为他人保管财物时,一定要认真负责,避免因为保管不善而造成保管物毁损、灭失,否则不仅伤害与同学朋友之间的感情,如果存在故意或者重大过失还可能要承担法律上的赔偿责任。无偿保管的精神值得肯定,但也要注意为自己决定替他人保管财物的选择负责,不要好心办了坏事,要及时返还原主。

案例溯源

本案一审案号为(2018)苏0621民初1819号。

▶ 案例二：占有他人游戏账号及游戏道具拒不归还，是否构成侵占罪？——自诉人姜某诉被告人张某犯侵占罪案

关键词：侵占罪　自诉　虚拟财产

法律要点：将代为保管的他人财物非法占为己有，数额较大，拒不退还的，构成侵占罪。

基本案情

自诉人：姜某

被告人：张某

姜某于2019年8月15日成立了某网络信息服务中心。其于2020年2月在百姓网发布招聘信息，被告人张某看见招聘信息后与自诉人姜某取得联系，双方于2月28日建立了雇佣关系，工作地点在朝阳市双塔区，主要工作为在游戏中赚取游戏币，工作地点、办公设备、游戏账号及投资在账号里的游戏道具及召唤兽由自诉人姜某交给被告人张某代为保管。2020年4月，被告人张某将姜某的账号和投资在账号里的游戏道具、召唤兽据为己有，拒不归还。

一审法院认为，自诉人姜某与被告人张某之间具有委托关系，被告人张某占有由其管理的游戏道具并拒不归还，其行为构成侵占行为。现游戏道具的价值无法确认，被告人张某侵占游戏道具的价值是否达到侵占罪的立案标准无法确认。自诉人姜某指控被告人张某犯侵占罪证据不足，裁定驳回自诉人姜某的起诉。姜某不服，提起上诉，二审法院驳回上诉，维持原裁定。

法律讲堂

1. 什么样的侵占行为构成侵占罪

根据《刑法》第270条的规定，“将代为保管的他人财物非法占为己有，数额较大，拒不退还的，处二年以下有期徒刑、拘役或者罚金；数额巨大或者有其他严重情节的，处二年以上五年以下有期徒刑，并处罚金。将他人的遗忘物或者埋藏物非法占为己有，数额较大，拒不交出的，依照前款的规定处罚。本条罪，告诉的才处理”。

侵占罪的认定需要注意四点：

（1）构成侵占罪的前提，是被告人持有他人财物的行为是通过正当、善意、合法的手段。这也是该罪区别盗窃罪等其他犯罪行为的重要特征。

在本案中，自诉人姜某与被告人张某之间具有委托关系，被告人基于自诉

人的委托取得了对涉案游戏账号的占有，后拒不返还，属于侵占行为。但是如果被告人是在未经自诉人允许的情况下，通过非法手段取得了涉案游戏账号后拒不返还，则可能构成盗窃行为。

（2）侵占罪的犯罪对象限于三种财物：一是代为保管的他人财物；二是他人的遗忘物；三是他人的埋藏物。本案就是典型的代为保管的他人财物。

（3）侵占罪是典型的"亲告罪"，所谓亲告罪，是指只能由受害人或依《刑法》第98条的规定（如果被害人因受强制、威吓无法告诉的，被害人的近亲属也可以告诉）由其近亲属告诉的犯罪，需要以上主体主动告诉才处理。

（4）不同于针对侵占行为提起的民事诉讼不要求侵占财物的数额大小，要在刑事上成立本罪要求侵占财物的价值达到"数额较大"。在一般情况下，财产类犯罪中"数额较大"的标准由司法解释确定区间，并由各地根据自身经济发展的情况确定具体标准。但是目前并没有针对本条罪名"数额较大"标准的司法解释，一般以各地自己确定的标准为依据，通常至少在5000元以上。本案中，姜某诉被告人张某犯侵占罪，依法应向人民法院提供足以证明他人犯罪的证据，但姜某所提供的相关证据材料不足以确定游戏道具等虚拟财产的价值从而无法认定原审被告人张某构成侵占罪。

2. 哪些刑事案件可以自诉

同学们可能发现了，本案虽然是刑事案件，但是并非如一般情况由检察机关提起，而是由自诉人直接向法院起诉，这在刑事案件中属于比较特殊的自诉案件。自诉案件，是指由被害人或者其法定代理人直接向人民法院指控被告人的犯罪行为，由人民法院直接受理的案件。根据《最高人民法院关于适用〈中华人民共和国刑事诉讼法〉的解释》第1条的规定，人民法院直接受理的自诉案件包括：

（1）告诉才处理的案件：

A. 侮辱、诽谤案（《刑法》第246条规定的，但严重危害社会秩序和国家利益的除外）；

B. 暴力干涉婚姻自由案（《刑法》第257条第1款规定的）；

C. 虐待案（《刑法》第260条第1款规定的，但被害人没有能力告诉或者因受到强制、威吓无法告诉的除外）；

D. 侵占案（《刑法》第270条规定的）。

（2）人民检察院没有提起公诉，被害人有证据证明的轻微刑事案件：

A. 故意伤害案（《刑法》第234条第1款规定的）；

B. 非法侵入住宅案(《刑法》第 245 条规定的);

C. 侵犯通信自由案(《刑法》第 252 条规定的);

D. 重婚案(《刑法》第 258 条规定的);

E. 遗弃案(《刑法》第 261 条规定的);

F. 生产、销售伪劣商品案(《刑法》分则第三章第一节规定的,但严重危害社会秩序和国家利益的除外);

G. 侵犯知识产权案(《刑法》分则第三章第七节规定的,但严重危害社会秩序和国家利益的除外);

H.《刑法》分则第四章、第五章规定的,可能判处三年有期徒刑以下刑罚的案件。

该项规定的案件,被害人直接向人民法院起诉的,人民法院应当依法受理。对其中证据不足,可以由公安机关受理的,或者认为对被告人可能判处 3 年有期徒刑以上刑罚的,应当告知被害人向公安机关报案,或者移送公安机关立案侦查。

(3)被害人有证据证明对被告人侵犯自己人身、财产权利的行为应当依法追究刑事责任,且有证据证明曾经提出控告,而公安机关或者人民检察院不予追究被告人刑事责任的案件。

法律规定

《刑法》第二百七十条

将代为保管的他人财物非法占为已有,数额较大,拒不退还的,处二年以下有期徒刑、拘役或者罚金;数额巨大或者有其他严重情节的,处二年以上五年以下有期徒刑,并处罚金。

……

本条罪,告诉的才处理。

社会意义

代为保管的他人财物一定要及时返还权利人,否则不仅将要承担民事责任,如果数额较大的还将承担侵占罪的刑事责任,得不偿失。随着互联网的发展,关于虚拟财产的纠纷也逐渐增加,尤其是对于许多对游戏感兴趣的大学生,在游戏中投入了大量的时间和财力,虚拟财产已经在其生活中占据重要位置。《民法典》第 127 条“法律对数据、网络虚拟财产的保护有规定的,依照其规定”的规定,明确将虚拟财产作为民法的保护对象,尽管刑法还未对虚拟财产的属性和价值认定方式进行明确的规定,但这将成为未来的趋势。因此,一定要重视虚拟财产的价值,无论保管的对象是现实财产还是虚拟财产,都要尽到保管责任,不要侵占他人财产。

案例溯源

本案一审案号为(2020)辽1303刑初72号,二审案号为(2020)辽13刑终372号。

专题四
不要私占遗失物　应当返还权利人

拾金不昧是中华民族的传统美德,尽管这更多的是一项道德要求,但是法律也对遗失物占有人,主要是拒不归还的恶意占有人,进行了一定的规制,例如,对遗失物要尽到善良管理人之注意义务;又如,拾金昧金的恶意占有人不能要求原主人支付保管费用、履行悬赏承诺等。本专题选取两个典型案例,对上述法律要点进行分析,以期提示各位同学:私占遗失物,可能构成犯罪。

▶ 案例一:拾得手机又灭失,赔偿责任如何担——陈某与张某遗失物返还纠纷案

关键词:遗失物　恶意占有　注意义务

法律要点:遗失物恶意占有人应对遗失物的毁损、灭失承担相应赔偿责任。

基本案情

原告:陈某

被告:张某

2018 年 7 月 24 日,陈某在某银行营业点自动取款机取款时,将随身携带的手机置于 ATM 上。交易完毕,陈某离开 ATM 时,忘记取走该手机,被随后而至的张某放入包中并带离该银行营业点。陈某于同日约 15 时,发现该手机丢失,查找无果,随即报警。派出所民警赶赴现场调查并告知陈某一同前往该银行调取监控视频,但该银行表示监控无法查看。其后,约于 2018 年 11 月,派出所民警通过查看监控视频并经查找,获得被告张某的身份信息。2018 年 11 月 20 日,派出所民警对张某进行询问,张某承认该手机系其拾得但已丢失。后因未能协商解决争议,陈某多次前往该银行、派出所以及法院,试图通过诉讼方式维护自身权益。

法院经审理认为，张某在发现案涉手机并非归其所有时，未及时通知权利人领取或者送交公安等有关部门，亦未履行甚至并未打算履行通知或送交义务，此时已构成恶意占有。恶意占有人，对于物的毁损、灭失应承担过错责任。占有人因使用占有的不动产或动产，致使该不动产或动产受到损害的，恶意占有人应承担赔偿责任。张某对丢失手机的时间、地点以及如何丢失等问题一无所知，可见其未尽到善良管理人之注意义务，即对案涉手机之丢失存在过错，应当承担赔偿责任。

法律讲堂

本案涉及的法律问题是陈某对张某行使手机返还请求权的条件，手机的占有人张某在手机丢失后是否应承担相应赔偿责任。

1. 如何区分善意占有和恶意占有

民法对占有进行了区分，分为恶意占有和善意占有。恶意占有，指的是占有人知道或应当知道自己没有合法占有根据而从事的非法占有，善意占有则与之相反。实际上从定义来看，所有的拾得遗失物行为自始至终都是恶意占有行为，只是法律将其“冻结”，暂时不发生法律效力，一旦拾得人有自主占有的心态想要侵占遗失物拒不返还时，即产生恶意占有的法律效果。

区分善意占有人和恶意占有的意义在于二者的法律后果不同。善意占有人由于被推定为合法享有于占有物上行使的权利，因此，尽管无权占有人都应返还保险金、赔偿金或者补偿金，但在无保险金、赔偿金或者补偿金或者保险金、赔偿金或者补偿金不足以弥补损失时，只有善意占有人因物的毁损、灭失而取得利益时，才承担赔偿责任，而恶意占有人无论是否具有过错，均应承担损害赔偿责任，并且，除占有物本身的价值之外，还应当赔偿物权人失去的利益。

2. 陈某是否能够向张某要求其返还手机

该问题的实质是陈某是否满足对张某行使手机返还请求权的条件。

遗失物返还请求权是指物权人的物因遗失被他人占据时，其享有请求返还原物，使物复归于物权人事实上的支配的权利。根据原《物权法》第 34 条[①]的规定，无权占有不动产或者动产的，权利人可以请求返还原物。

遗失物返还请求权的构成要件包括：

（1）享有该权利的主体是物权人，包括失去占有的所有权人、他物权人以

① 现为《民法典》第 235 条。

及其他依法享有权利之人(如债权人)。他物权包括用益物权(如土地承包经营权、建设用地使用权、宅基地使用权、自然资源使用权等)和担保物权(如抵押权、质权、留置权等)两大类,以抵押权为例,尽管抵押权的成立不要求抵押物转移给抵押权人占有,但是如果抵押物丢失为第三人非法占有时,如果抵押人不行使或者难以行使返还请求权,又不能提供新的担保,那么抵押权人可以行使返还请求权,请求无权占有抵押物的第三人将原物返还给抵押人。在本案中,陈某提交了购机发票,足以证明他是手机的物权人,而张某承认涉案手机系其拾得,因此陈某已经失去了对手机的占有,符合该权利主体的要求。

(2)存在他人无权占有不动产或者动产的事实。无权占有指的是没有法律上的根据或者合法原因的占有。无论张某是错拿还是拾得涉案手机,其将他人手机放入自己包中均系无权占有。

(3)行使返还请求权的相对人是无权占有人。无权占有人指的是无本权却对物有事实上的管领力的人,张某拾得手机后即事实上占有了手机,但是该占有系无权占有,符合无权占有人的特征。

因此,本案中,手机的物权人陈某对拾得手机的无权占有人张某享有遗失物返还请求权。

3. 占有的动产或者不动产毁损、灭失时占有人需要承担什么责任

原《物权法》第244条①规定:占有的不动产或者动产毁损、灭失,该不动产或者动产的权利人请求赔偿的,占有人应当将因毁损、灭失取得的保险金、赔偿金或者补偿金等返还给权利人;权利人的损害未得到足够弥补的,恶意占有人还应当赔偿损失。

本案中,张某事后发现该手机并非归其所有,未及时通知权利人领取,亦未送交公安等有关部门,在陈某多次交涉要求返还后仍然拒不归还,张某此时已构成恶意占有。张某作为恶意占有人,无论其是否具有过错,均应对占有物的毁损、灭失承担赔偿责任。赔偿责任的范围不仅包括丧失占有时手机的价值,而且对于陈某为查找张某的身份信息,多次往返于有关机关、单位之间,产生的交通费或误工费等费用支出或损失,由于其也与张某拒不返还手机的行为存在一定的因果关系,张某需要承担适当的赔偿责任。

---

① 现为《民法典》第461条。

法律规定

1.《民法典》第二百三十五条

无权占有不动产或者动产的,权利人可以请求返还原物。

2.《民法典》第二百三十七条

造成不动产或者动产毁损的,权利人可以依法请求修理、重作、更换或者恢复原状。

3.《民法典》第二百三十八条

侵害物权,造成权利人损害的,权利人可以依法请求损害赔偿,也可以依法请求承担其他民事责任。

4.《民法典》第三百一十四条

拾得遗失物,应当返还权利人。拾得人应当及时通知权利人领取,或者送交公安等有关部门。

5.《民法典》第三百一十六条

拾得人在遗失物送交有关部门前,有关部门在遗失物被领取前,应当妥善保管遗失物。因故意或者重大过失致使遗失物毁损、灭失的,应当承担民事责任。

6.《民法典》第四百五十九条

占有人因使用占有的不动产或者动产,致使该不动产或者动产受到损害的,恶意占有人应当承担赔偿责任。

7.《民法典》第四百六十一条

占有的不动产或者动产毁损、灭失,该不动产或者动产的权利人请求赔偿的,占有人应当将因毁损、灭失取得的保险金、赔偿金或者补偿金等返还给权利人;权利人的损害未得到足够弥补的,恶意占有人还应当赔偿损失。

社会意义

拾金不昧是中华民族的传统美德,也是一个人高尚品质和崇高社会责任感的具体体现。本案的判决彰显了一针一线之占有,皆应有权利根据的价值取向。无权占有他人之物,权利人有权请求返还,恶意占有人还应承担损害赔偿之次生责任。作为大学生,应该不断提高自己的思想道德修养,用实际行动传递社会正能量,拾得遗失物及时返还失主或者送交公安机关,暂时保管期间也应该注意妥善保管遗失物,切勿心生贪念,否则不仅良心会受到谴责,还可能要承担民事赔偿责任,如果数额较大、拒不交还,甚至可能构成《刑法》第270条规定的侵占罪,得不偿失。

案例溯源

本案一审案号为(2019)京0119民初3875号。

▶ 案例二：拾金又昧金，还能要求履行悬赏承诺吗？——张某与王某遗失物返还纠纷

关键词：遗失物　侵占　保管费用　悬赏承诺

法律要点：拾得人侵占遗失物的，无权主张保管期间的费用和要求履行悬赏承诺。

基本案情

原告：张某

被告：王某

张某家里的陪伴治疗犬走失，为尽快寻得爱犬，张某在小区附近张贴悬赏广告："凡拾得爱犬并归还者，愿以500元酬谢。"后张某得知该犬由王某拾得，便找到王某要求返还，但王某谎称该犬为自己所有，拒绝返还。多次交涉未果后，张某诉至法院，要求王某返还陪伴治疗犬并赔偿因此而产生的各项损失共计5万元。法院经过审理认定：该犬为张某所遗失，王某应将其捡到的陪伴治疗犬返还张某。判决生效后，通过法院强制执行，陪伴治疗犬回到张某手中。领回爱犬后不久，张某被王某诉至法院，王某向法院请求判令张某支付其照顾该犬期间产生的各项花费共计近10万元并履行悬赏承诺。

法院认为，本案中的陪伴治疗犬品种名贵且经过专业培训，属于工作犬。王某作为成年人，拾得后应当积极寻找失主予以返还或送交公安机关，在确认张某为犬主人后，应当及时返还，但王某将其据为己有，直到法院强制执行程序中方将该犬返还，无视该犬对于张某的重要作用。在本案中，王某向张某主张保管期间因照顾该犬而产生的费用及履行悬赏承诺，于法无据，法院均不予支持。

法律讲堂

1. 什么是悬赏广告

悬赏广告，通常认为是指广告人以广告的方法表示对完成广告规定行为之人，给予特定报酬的意思表示。这在寻觅遗失物时非常常见，本案中张某为尽快寻得爱犬，在小区附近张贴悬赏广告"凡拾得爱犬并归还者，愿以500元酬

谢”便是典型例证。

悬赏广告的成立需具备以下构成要件:一是须依广告的方法对不特定的人为悬赏的意思表示;二是须有对完成某项指定行为给付一定报酬的内容;三是须有行为人按照广告特定的要求完成指定的行为;四是须不违反我国法律和行政法规的强制性规定。

对于悬赏广告的属性,学界一直存在争议,主流的主要有“单方允诺说”和“要约说”两种观点。

(1)“单方允诺说”认为,悬赏广告是附生效条件的单方法律行为,也就是通俗意义上的单方允诺。当所附的生效条件成就时,即相对人完成悬赏广告指定的行为时,这一单方法律行为即生效,悬赏人与相对人成立单方允诺之债。

(2)“要约说”则认为,悬赏广告是对不特定人的要约,悬赏人作出悬赏广告时,要约就已经生效,待至相对人完成悬赏广告指定的行为时,承诺生效,悬赏人与相对人成立悬赏广告合同之债。

但是无论采取以上哪种学说的立场,根据《民法典》第 499 条的规定,“悬赏人以公开方式声明对完成特定行为的人支付报酬的,完成该行为的人可以请求其支付”,并结合司法实践判例,可以延伸出悬赏广告在日常生活中运用时几个常见的法律要点:第一,即使完成悬赏广告指定行为的人事先并不知晓悬赏广告的存在,也可以取得报酬请求权;第二,无民事行为能力人或者限制民事行为能力人完成悬赏广告指定行为的,也享有报酬请求权;第三,当多个人均已完成悬赏广告指定行为,最先完成的取得报酬请求权,如果不分先后同时完成则平均分配报酬。

2. 拾金又“昧金”,是否还能主张保管期间的费用和要求履行悬赏承诺

《民法典》第 317 条规定:“权利人领取遗失物时,应当向拾得人或者有关部门支付保管遗失物等支出的必要费用。权利人悬赏寻找遗失物的,领取遗失物时应当按照承诺履行义务。拾得人侵占遗失物的,无权请求保管遗失物等支出的费用,也无权请求权利人按照承诺履行义务。”概言之,拾得人侵占遗失物,即丧失必要费用的偿还请求权和要求权利人履行义务(如按照悬赏广告支付报酬)的权利。

在本案中,王某谎称涉案治疗犬为自己所有,拒绝返还,直至法院强制执行才使治疗犬回到主人张某手中,王某具有明显的恶意侵占的故意,无权主张保管期间的费用和要求履行悬赏承诺。

法律规定

1.《民法典》第三百一十七条

……

拾得人侵占遗失物的，无权请求保管遗失物等支出的费用，也无权请求权利人按照承诺履行义务。

2.《民法典》第四百九十九条

悬赏人以公开方式声明对完成特定行为的人支付报酬的，完成该行为的人可以请求其支付。

社会意义

我国法律一系列关于拾金不昧的规定，立法意图在于鼓励拾得人在拾得遗失物时尽力做到“物归原主”，即使物的归属回归到原有状态，保持物权关系的相对稳定性。因此，对于意图侵占遗失物的恶意占有人，自然不再具有主张保管期间的费用和要求履行悬赏承诺的权利。所以，当捡到遗失物时，一定要尽可能地及时跟失主联系或者送交公安等有关部门。如果被认定为具有侵占遗失物的主观动机，将因此丧失必要费用的偿还请求权和要求权利人履行悬赏承诺的权利。

案例溯源

本案来自顺义区人民法院 2021 年 3 月发布的“遗失物纠纷中的法律问题”典型案例。

专题五
生态环境需爱护　助力建设好生态

面对自然资源短缺、环境污染严重、生态系统退化的形势，大学生应当树立尊重自然、顺应自然、保护自然的生态文明理念，从自身做起，节约资源、保护环境、保护野生动植物，促进人与自然和谐共生。本专题选取的两个典型案例，皆聚焦于刑法对生态法益的保护。

▶ 案例一：没有买卖就没有杀害——何某、黄某杰等非法收购、运输、出售珍贵、濒危野生动物案

关键词：野生动物保护法　国家重点保护野生动物名录　濒危野生动植物种国际贸易公约

法律要点：被告人何某单独或伙同被告人黄某杰多次非法收购、运输、出售多种国家一级、二级保护野生动物以及被列入《濒危野生动植物种国际贸易公约》(Convention on International Trade in Endangered Species of Wild Fauna and Flora, CITES)附录一、附录二中的野生动物，构成非法收购、运输、出售珍贵、濒危野生动物罪。

基本案情

公诉机关：江苏省苏州市姑苏区人民检察院

被告人：何某、黄某杰、李某华、崔某益、何某明

2016年年初至2017年7月2日，被告人何某单独或伙同被告人黄某杰多次非法收购、运输、出售小熊猫、绿鬣蜥、长臂猿、蟒蛇、猕猴、玳瑁、非洲灰鹦鹉等多种珍贵、濒危野生动物，其中一只小熊猫、一只长臂猿死亡。经法院查明，2016年年初，被告人黄某杰购得北黄颊长臂猿一只运回苏州市后，将该只北黄颊长臂猿出售给陆某。2017年2月至3月，被告人何某向薛某出售玳瑁三只、

猕猴一只、非洲灰鹦鹉两只。2017年2月至5月，被告人何某向吴某出售蟒蛇一条。2017年3月，被告人何某分别向沈某、叶某乙、徐某乙各出售美洲绿鬣蜥一条。2017年4月，被告人黄某杰伙同被告人何某，通过任某居间介绍，从他人处收购小熊猫一只，后将该小熊猫由浙江省嘉兴市运回苏州市交由任某代为照看。2017年5月，在被告人崔某益的居间介绍下，被告人何某伙同黄某杰至云南省昆明市，从被告人何某明处收购绿鬣蜥一条，另从他人处收购绿鬣蜥两条，并将三条绿鬣蜥出售给张某丙。2017年4月至5月，被告人黄某杰、何某伙同任某将一只长臂猿及其他野生动物由浙江省嘉兴市运至苏州市，由被告人黄某杰将其出售给陆某，后该长臂猿死亡。2017年5月，被告人何某伙同黄某杰从张某甲处购买三只猕猴并出售给他人。2017年6月底，被告人黄某杰伙同被告人何某在四川省绵阳市的被告人李某华处收购小熊猫一只，被告人黄某杰、何某驾驶车辆运输该小熊猫时被公安机关当场查获，后该小熊猫死亡。并且，被告人何某以让郭某甲为其寄养代售为目的，让黄某杰、任某将大量蛇通过快递运输至广东省，后公安机关在郭某甲父亲住处查获未出售的缅甸蟒两条、球蟒一条。另外，公安机关还在郭某甲父亲住处查获被告人何某让郭某甲代售的萨氏巨蜥一条。

2018年4月，苏州市姑苏区人民检察院向苏州市姑苏区人民法院提起公诉，指控被告人何某、黄某杰犯非法收购、运输、出售珍贵、濒危野生动物罪，被告人郭某甲、李某华、崔某益、何某明犯非法出售珍贵、濒危野生动物罪。

2019年6月，苏州市姑苏区人民法院作出一审判决：被告人何某犯非法收购、运输、出售珍贵、濒危野生动物罪，判处有期徒刑11年6个月，并处罚金人民币15万元。被告人黄某杰犯非法收购、运输、出售珍贵、濒危野生动物罪，判处有期徒刑10年6个月，并处罚金人民币13万元。被告人李某华、崔某益、何某明因犯非法出售珍贵、濒危野生动物罪被判处有期徒刑8个月至2年不等，并处罚金1万元至2万元不等。

法律讲堂

1. 哪些涉及野生动物的行为构成犯罪

非法猎捕、杀害、收购、运输、出售国家重点保护的珍贵、濒危野生动物的行为构成犯罪。

《刑法》第341条第1款规定："非法猎捕、杀害国家重点保护的珍贵、濒危野生动物的，或者非法收购、运输、出售国家重点保护的珍贵、濒危野生动物及其制品的，处五年以下有期徒刑或者拘役，并处罚金；情节严重的，处五年以上十年以下有期徒刑,并处罚金;情节特别严重的,处十年以上有期徒刑,并处罚金或者没收财产。”

关于“收购、运输、出售”等行为,《最高人民法院关于审理破坏野生动物资源刑事案件具体应用法律若干问题的解释》第 2 条规定:“刑法第三百四十一条第一款规定的‘收购’,包括以营利、自用等为目的的购买行为;‘运输’,包括采用携带、邮寄、利用他人、使用交通工具等方法进行运送的行为;‘出售’,包括出卖和以营利为目的的加工利用行为。”《全国人民代表大会常务委员会关于〈中华人民共和国刑法〉第三百四十一条、第三百一十二条的解释》中规定:“知道或者应当知道是国家重点保护的珍贵、濒危野生动物及其制品,为食用或者其他目的而非法购买的,属于刑法第三百四十一条第一款规定的非法收购国家重点保护的珍贵、濒危野生动物及其制品的行为。”

本案中被告人何某、黄某杰对国家重点保护的珍贵、濒危野生动物进行非法收购、运输、出售的行为触犯了《刑法》第 341 条的规定,构成非法收购、运输、出售珍贵、濒危野生动物罪。

2. 哪些动物属于“国家重点保护的珍贵、濒危野生动物”

关于“珍贵、濒危野生动物”的范围,《最高人民法院关于审理破坏野生动物资源刑事案件具体应用法律若干问题的解释》第 1 条规定:“刑法第三百四十一条第一款规定的‘珍贵、濒危野生动物’,包括列入国家重点保护野生动物名录的国家一、二级保护野生动物、列入《濒危野生动植物种国际贸易公约》附录一、附录二的野生动物以及驯养繁殖的上述物种。”

野生动物以及人工驯养繁殖的物种,列入上述名录或公约附录,都包括在“珍贵、濒危野生动物”范围内。那么什么是《国家重点保护野生动物名录》和《濒危野生动植物种国际贸易公约》呢?

《国家重点保护野生动物名录》由原林业部和原农业部共同制定,于 1988 年 12 月 10 日经国务院批准,并于 1989 年 1 月 14 日发布施行。该名录中列入大熊猫、金丝猴、长臂猿等国家一级重点保护野生动物和小熊猫、黑熊等国家二级重点保护野生动物。2021 年 2 月,调整后的《国家重点保护野生动物名录》正式公布,调整后该名录共列入野生动物 980 种和 8 类,其中国家一级保护野生动物 234 种和 1 类、国家二级保护野生动物 746 种和 7 类。新调整的《国家重点保护野生动物名录》与原来相比,根据野生动物种群的发展、繁育情况对部分种类野生动物保护的级别进行了调整,并且新增 517 种(类)野生动物。

《濒危野生动植物种国际贸易公约》又称《华盛顿公约》,于 1973 年 6 月 21

日在美国首都华盛顿所签署。该公约旨在保护野生动植物不致因国际贸易而遭到过度开发利用,并且该公约的管理对象通过附录形式列明。我国于1980年12月25日加入《濒危野生动植物种国际贸易公约》,并于1981年4月8日对我国正式生效。为履行该公约,我国制定了《野生动物保护法》《野生植物保护条例》《濒危野生动植物进出口管理条例》等相关法律法规。

本案中的涉案野生动物蟒蛇、缅甸蟒、小熊猫、玳瑁、猕猴分属国家一级、二级重点保护动物;长臂猿、非洲灰鹦鹉、绿鬣蜥、缅甸蟒、球蟒、萨氏巨蜥分别被列入《濒危野生动植物种国际贸易公约》附录一、附录二中。因此,本案中被告人收购、运输、出售的动物属于刑法中所规定的"珍贵、濒危野生动物"。

法律规定

1.《刑法》(2015年修正)第三百四十一条第一款

非法猎捕、杀害国家重点保护的珍贵、濒危野生动物的,或者非法收购、运输、出售国家重点保护的珍贵、濒危野生动物及其制品的,处五年以下有期徒刑或者拘役,并处罚金;情节严重的,处五年以上十年以下有期徒刑,并处罚金;情节特别严重的,处十年以上有期徒刑,并处罚金或者没收财产。

2.《刑法》(2020年修正)在第三百四十一条中增加一款作为第三款:

违反野生动物保护管理法规,以食用为目的非法猎捕、收购、运输、出售第一款规定以外的在野外环境自然生长繁殖的陆生野生动物,情节严重的,依照前款的规定处罚。

3.《最高人民法院、最高人民检察院关于执行〈中华人民共和国刑法〉确定罪名的补充规定(七)》

第三百四十一条第一款改为危害珍贵、濒危野生动物罪。(取消非法猎捕、杀害珍贵、濒危野生动物罪和非法收购、运输、出售珍贵、濒危野生动物、珍贵、濒危野生动物制品罪罪名)

4.《最高人民法院关于审理破坏野生动物资源刑事案件具体应用法律若干问题的解释》第一条

刑法第三百四十一条第一款规定的"珍贵、濒危野生动物",包括列入国家重点保护野生动物名录的国家一、二级保护野生动物、列入《濒危野生动植物种国际贸易公约》附录一、附录二的野生动物以及驯养繁殖的上述物种。

5.《最高人民法院关于审理破坏野生动物资源刑事案件具体应用法律若干问题的解释》第二条

刑法第三百四十一条第一款规定的"收购",包括以营利、自用等为目的的购买行为;“运输”,包括采用携带、邮寄、利用他人、使用交通工具等方法进行运送的行为;“出售”,包括出卖和以营利为目的的加工利用行为。

6.《全国人民代表大会常务委员会关于〈中华人民共和国刑法〉第三百四十一条、第三百一十二条的解释》

知道或者应当知道是国家重点保护的珍贵、濒危野生动物及其制品,为食用或者其他目的而非法购买的,属于刑法第三百四十一条第一款规定的非法收购国家重点保护的珍贵、濒危野生动物及其制品的行为。

社会意义

爱护生态环境、保护野生动物需要人们共同努力,我国相关的立法和司法实践也为此提供法治保障,本案是一个关于保护野生动物的典型司法案例。关于非法猎捕、杀害、收购、运输、出售珍贵、濒危野生动物的新闻并不鲜见,而上述行为也必将受到法律的惩处。本案中依法对被告人、收购、运输、出售珍贵、濒危野生动物的行为进行严惩,在社会中起到了一定的警示作用。在通常情况下,大学生在日常生活中接触珍贵、濒危野生动物的机会并不多,但是在购买、饲养宠物的时候一定要注意辨别其是否为珍贵、濒危野生动物,在就餐时也不能食用这些野生动物,以免触碰法律红线。

案例溯源

本案一审案号为(2018)苏0508刑初267号。

▶ 案例二:非法采挖、移栽国家重点保护植物承担刑事责任——张某长非法采伐国家重点保护植物案

关键词:非法采伐　珍贵树木　国家重点保护野生植物名录

法律要点:被告人非法采挖、移栽国家Ⅰ级重点保护野生植物,构成非法采伐国家重点保护植物罪。

基本案情

原公诉机关:重庆市万州区人民检察院

上诉人(原审被告人):张某长

2017年3月初,被告人张某长以400元的价格购买了村民蒋某才园场内的一株红豆杉。随后,张某长独自上山采挖红豆杉,并雇请他人将该红豆杉运送回家栽种在花园内。此后,张某长得知猎神村有一株红豆杉,张某长便独自到

此地采挖，并于同日晚邀请他人帮其搬运，在此过程中被猎神村村委会发现。随后，张某长在案发现场被公安机关抓获归案，涉案的两株红豆杉及作案工具被公安机关依法扣押。经重庆市南川林业司法鉴定所鉴定，涉案的两株树木为野生南方红豆杉，系国家Ⅰ级重点保护野生植物。至本案二审审理时，涉案的两株红豆杉均已枯死。

2017 年 7 月 19 日重庆市万州区人民检察院向重庆市万州区人民法院提起公诉，指控被告人张某长犯非法采伐、毁坏国家重点保护植物罪。

重庆市万州区人民法院审理后认为：野生红豆杉具有重要的科学、经济和观赏价值，且毁坏容易、再生难，是国家Ⅰ级重点保护野生植物。本案中，被告人采挖野生红豆杉的目的是移栽，虽然不同于一般意义上的砍伐林木，但该行为仍然改变了涉案红豆杉的生存状态，破坏了其原生长地的生态环境，并且在移栽过程中也一定程度上减损甚至消灭其生态属性，因此，本案应当认定为非法采伐行为。在主观上，被告人张某长可以通过多种渠道获取《野生植物保护条例》等已经公开的法律法规，并履行知法学法守法用法的义务。并且被告人知道其采伐的是野生植物红豆杉，具有较强的经济价值和观赏价值，才不惜花 400 元购买，并进行采挖移栽。可见被告人对涉案红豆杉具体是什么野生植物、是否是国家重点保护植物，持放任态度。重庆市万州区人民法院作出判决：被告人张某长犯非法采伐国家重点保护植物罪，判处有期徒刑 3 年 3 个月，并处罚金人民币 2 万元。

被告人张某长不服一审判决，上诉至重庆市第二中级人民法院。并且在 2019 年 7 月 25 日，张某长主动申请生态修复。在 2019 年 8 月 7 日，被告人张某长与重庆市梁平区林业局、重庆市梁平区明达镇人民政府、重庆市梁平区明达镇龙马村村民委员会达成《生态修复协议》，由张某长以修山抚育及补植复绿两种方式进行就地生态修复。重庆市第二中级人民法院认为：原审法院将张某长的采挖、移栽行为认定为采伐并无不当，张某长及辩护人认为张某长的行为并非采伐行为的上诉理由不能成立。但是在量刑上，一方面，上诉人张某长非法采伐野生红豆杉的行为有别于砍伐等常见的采伐行为，主观恶性、社会危害性相对较小。另一方面，上诉人张某长有认罪、悔罪表现。二审中，张某长认识到自己所犯罪行的错误，主动申请生态修复，主动缴纳罚金，认罪、悔罪态度较好。据此，重庆市第二中级人民法院作出判决：撤销重庆市万州区人民法院一审刑事判决第一项，即被告人张某长犯非法采伐国家重点保护植物罪，判处有期徒刑 3 年 3 个月，并处罚金人民币 2 万元。上诉人张某长犯非法采伐国家重点保护植物罪，判处有期徒刑 3 年，缓刑 3 年，并处罚金人民币 2 万元。

法律讲堂

1. 本案中张某长的行为是否可以认定为非法采伐、毁坏国家重点保护植物罪中的“采伐”行为

张某长的采挖、移栽行为是非法采伐、毁坏国家重点保护植物罪中的“采伐”行为。

《刑法》第344条对非法采伐、毁坏国家重点保护植物罪作出规定:违反国家规定,非法采伐、毁坏珍贵树木或者国家重点保护的其他植物的,或者非法收购、运输、加工、出售珍贵树木或者国家重点保护的其他植物及其制品的,处三年以下有期徒刑、拘役或者管制,并处罚金;情节严重的,处三年以上七年以下有期徒刑,并处罚金。对于本案中被告人张某长的行为是否能够认定为“采伐”,一审中重庆市万州区人民法院作出了解释说明。在二审中,重庆市第二中级人民法院则对“采伐”的认定进行了更详细的阐释,从文理解释,行为特征、危害后果以及法益保护等不同层面对被告人的行为是否为“采伐”行为进行说明。重庆市第二中级人民法院认为,从文理解释层面来看,采伐作为词语,事实上可以解释为采和伐,只要不是相互冲突,就没有理由限制和消除“采”的固有含义,故采伐不应只理解为砍伐,还应当具有“采”的内涵,包括清除、迁移、改造、采挖、移栽。从行为特征、危害后果层面来看,采挖的目的虽然并非直接剥夺国家重点保护植物的生命,但即使是出于移栽而采挖,由于植物能否存活与移栽季节、移栽方法、移栽手段、植物本身生命力、原生长地的地理环境等因素息息相关,即使再专业的移植都不能确保其必然存活。即便移栽存活,事实上是将“野生”变成“家养”,不可避免破坏了国家重点保护的野生植物的原始生态价值等价值。因此,采挖与砍伐在行为方式上有所差异,但行为性质、危害后果等方面具有同质性,将采挖与砍伐等同视之,符合同类解释原理。从法益保护层面来看,在生态法益这一观念逐步形成的当下,若认为采伐仅指砍伐,会导致采挖这一类具有严重社会危害性的行为游离于犯罪之外。在罪刑法定原则范围内将采伐解释为采挖、采集、砍伐,有利于织密刑事法网,更好地保护生态法益,推进生态文明建设。因此,张某长的采挖、移栽行为被认定为《刑法》中规定的“采伐”并无不当。可见,《刑法》中规定的“采伐”行为并不只是人们在日常生活中所认为的“砍伐”的行为,对国家重点保护植物的非法采挖、移栽也会触犯刑法。

2. 哪些植物属于“珍贵树木或者国家重点保护的其他植物”

《最高人民法院关于审理破坏森林资源刑事案件具体应用法律若干问题的

解释》第 1 条规定:《刑法》第 344 条规定的“珍贵树木”,包括由省级以上林业主管部门或者其他部门确定的具有重大历史纪念意义、科学研究价值或者年代久远的古树名木,国家禁止、限制出口的珍贵树木以及列入国家重点保护野生植物名录的树木。对于“古树名木”的认定,《城市古树名木保护管理办法》中作出了规定:“本办法所称的古树,是指树龄在一百年以上的树木。本办法所称的名木,是指国内外稀有的以及具有历史价值和纪念意义及重要科研价值的树木。”本案中涉案的红豆杉为《国家重点保护野生植物名录》中所列明的国家Ⅰ级重点保护野生植物,是《刑法》第 344 条中所规定的“珍贵树木或者国家重点保护的其他植物”。

2020 年 3 月 21 日实施的《最高人民法院、最高人民检察院关于适用〈中华人民共和国刑法〉第三百四十四条有关问题的批复》中对此问题也作出相关规定:(1)古树名木以及列入《国家重点保护野生植物名录》的野生植物,属于《刑法》第 344 条规定的“珍贵树木或者国家重点保护的其他植物”。(2)根据《野生植物保护条例》的规定,野生植物限于原生地天然生长的植物。人工培育的植物,除古树名木外,不属于《刑法》第 344 条规定的“珍贵树木或者国家重点保护的其他植物”。非法采伐、毁坏或者非法收购、运输人工培育的植物(古树名木除外),构成盗伐林木罪,滥伐林木罪,非法收购、运输盗伐、滥伐的林木罪等犯罪的,依照相关规定追究刑事责任。

法律规定

1.《刑法》第三百四十四条

违反国家规定,非法采伐、毁坏珍贵树木或者国家重点保护的其他植物的,或者非法收购、运输、加工、出售珍贵树木或者国家重点保护的其他植物及其制品的,处三年以下有期徒刑、拘役或者管制,并处罚金;情节严重的,处三年以上七年以下有期徒刑,并处罚金。

2.《最高人民法院、最高人民检察院关于执行〈中华人民共和国刑法〉确定罪名的补充规定(七)》

第三百四十四条改为危害国家重点保护植物罪。(取消非法采伐、毁坏国家重点保护植物罪和非法收购、运输、加工、出售国家重点保护植物、国家重点保护植物制品罪罪名)

3.《野生植物保护条例》第九条

国家保护野生植物及其生长环境。禁止任何单位和个人非法采集野生植物或者破坏其生长环境。

4.《最高人民法院关于审理破坏森林资源刑事案件具体应用法律若干问题的解释》第一条

刑法第三百四十四条规定的"珍贵树木",包括由省级以上林业主管部门或者其他部门确定的具有重大历史纪念意义、科学研究价值或者年代久远的古树名木,国家禁止、限制出口的珍贵树木以及列入国家重点保护野生植物名录的树木。

5.《城市古树名木保护管理办法》第三条

本办法所称的古树,是指树龄在一百年以上的树木。

本办法所称的名木,是指国内外稀有的以及具有历史价值和纪念意义及重要科研价值的树木。

6.《最高人民法院、最高人民检察院关于适用〈中华人民共和国刑法〉第三百四十四条有关问题的批复》

一、古树名木以及列入《国家重点保护野生植物名录》的野生植物,属于刑法第三百四十四条规定的"珍贵树木或者国家重点保护的其他植物"。

二、根据《中华人民共和国野生植物保护条例》的规定,野生植物限于原生地天然生长的植物。人工培育的植物,除古树名木外,不属于刑法第三百四十四条规定的"珍贵树木或者国家重点保护的其他植物"。非法采伐、毁坏或者非法收购、运输人工培育的植物(古树名木除外),构成盗伐林木罪、滥伐林木罪、非法收购、运输盗伐、滥伐的林木罪等犯罪的,依照相关规定追究刑事责任。

社会意义

与保护野生动物的相关司法案例和新闻报道相比,保护野生植物和古树名木的相关案例的"曝光度"并不高。本案的判决可以提高社会中对保护野生植物相关司法案例的关注,提醒人们非法采伐珍贵树木或者国家重点保护的其他植物的行为也会受到法律的惩处。并且,本案中,法院对"采伐"行为认定的说理部分彰显了法治为保护生态环境资源、维护生态法益、推进生态文明建设所提供的保障作用。

案例溯源

本案一审案号为(2017)渝0101刑初799号,二审案号为(2019)渝02刑终75号。

专题六
传承好文化遗产　不破坏文物古迹

自然遗产见证了地球的演化,文化遗产体现了文明的传承。我国高度重视文化遗产保护,自2006年起将每年6月的第二个星期六设为“文化遗产日”,并于2016年将其调整设立为“文化和自然遗产日”。我国还颁布了一系列法律法规,将自然遗产和文化遗产的保护纳入法治轨道。本专题选取两个典型案例,分别聚焦刑法中对自然遗产的保护以及行政法中对文物古迹的保护。希望通过两个案例提醒同学们要从自身做起,增强保护名胜古迹和文物的意识,遵守相关法律法规,提高法律素养。

▶ 案例一:故意毁坏名胜古迹行为的刑事责任与民事责任——张某明等故意损毁名胜古迹案

关键词:故意损毁名胜古迹罪　生态破坏　环境民事公益诉讼

法律要点:被告人的行为对巨蟒峰地质遗迹点造成了严重损毁,构成故意损毁名胜古迹罪。同时,被告人的行为对当地生态造成破坏,依法承担环境侵权的民事责任。

基本案情

原公诉机关:江西省上饶市人民检察院

上诉人(原审被告人):张某明

原审被告人:毛某明、张某

2017年4月,被告人张某明、毛某明、张某三人约定,前往江西省上饶市的三清山风景名胜区攀爬巨蟒峰。2017年4月15日凌晨4时左右,张某明、毛某明、张某三人携带电钻、岩钉(不锈钢材质的膨胀螺栓)、铁锤、绳索等工具到达巨蟒峰底部。被告人张某明首先攀爬,毛某明、张某在下面拉住绳索保护张某明的安全。在攀爬过程中,张某明在有危险的地方打岩钉,即使用电钻在巨蟒峰岩体上钻孔,再用铁锤将岩钉打入孔内,用扳手拧紧,然后在岩钉上布绳索。张某明通过上述方式于早上6时49分左右攀爬至巨蟒峰顶部。在此期间,毛某明跟在张某明后为其拉绳索做保护,并沿着张某明布好的绳索于早上7时左右攀爬到巨蟒峰顶部后顺着绳索下降,将多余的工具带回宾馆,随后又返回巨蟒峰。毛某明在攀爬至巨蟒峰10多米处时被三清山管委会工作人员发现后劝下,并被民警控制。张某在张某明、毛某明攀爬开始时为张某明拉绳索做保护。之后张某回宾馆拿无人机,又返回巨蟒峰,沿着张某明布好的绳索于早上7时30分左右攀爬至巨蟒峰顶部。在工作人员劝说下,被告人张某、张某明先后于上午9时左右、9时40分左右下到巨蟒峰底部并被民警控制。经现场勘查,张某明在巨蟒峰上打入岩钉26个。经专家论证,三被告人的行为对巨蟒峰地质遗迹点造成了严重损毁。江西省上饶市人民检察院以张某明、毛某明、张某等三人涉嫌故意损毁名胜古迹罪向江西省上饶市中级人民法院提起公诉。并且对张某明、毛某明、张某等三人故意损毁巨蟒峰的行为提起生态破坏民事公益诉讼。

(1)刑事诉讼中,江西省上饶市中级人民法院作出一审判决:被告人张某明犯故意损毁名胜古迹罪,判处有期徒刑1年,并处罚金人民币10万元。被告人毛某明犯故意损毁名胜古迹罪,判处有期徒刑六个月,缓刑1年,并处罚金人民币5万元。被告人张某犯故意损毁名胜古迹罪,免予刑事处罚。

一审宣判后,张某明提出上诉。江西省高级人民法院二审作出裁定:驳回被告人张某明的上诉,维持原判。

(2)环境民事公益诉讼中,江西省上饶市中级人民法院作出一审判决:一、被告张某明、张某、毛某明在本判决生效后十日内在全国性媒体上刊登公告,向社会公众赔礼道歉。二、被告张某明、张某、毛某明连带赔偿环境资源损失计人民币6,000,000元,用于公共生态环境保护和修复。三、被告张某明、张某、毛某明在本判决生效后十日内赔偿公益诉讼起诉人江西省上饶市人民检察院支出的专家费150,000元。

一审宣判后,张某明、张某提出上诉。江西省高级人民法院二审作出判决:驳回上诉,维持原判。

法律讲堂

1. 故意损毁哪些对象构成故意损毁名胜古迹罪

《刑法》第324条第2款对故意损毁名胜古迹罪进行了规定:故意损毁国家

保护的名胜古迹,情节严重的,处5年以下有期徒刑或者拘役,并处或者单处罚金。人们日常生活中所见到的"景区不文明行为"和故意损毁名胜古迹的犯罪行为有明显的区别。首要的区别就是故意损毁名胜古迹罪中所规定的被损毁的对象是国家保护的名胜古迹。《最高人民法院、最高人民检察院关于办理妨害文物管理等刑事案件适用法律若干问题的解释》第4条第1款规定:"风景名胜区的核心景区以及未被确定为全国重点文物保护单位、省级文物保护单位的古文化遗址、古墓葬、古建筑、石窟寺、石刻、壁画、近代现代重要史迹和代表性建筑等不可移动文物的本体,应当认定为刑法第三百二十四条第二款规定的'国家保护的名胜古迹'。"本案中的三清山风景名胜区是国家重点风景名胜区,也是世界自然遗产地、世界地质公园、国家自然遗产、国家地质公园。而被损毁的巨蟒峰位于三清山的中心景区,是三清山标志性景观。因此,本案中遭受损毁的巨蟒峰是国家保护的名胜古迹。

2. 本案中检察机关提起环境民事公益诉讼是否合法

合法。《民事诉讼法》赋予检察机关提起民事公益诉讼的权力。本案中,上饶市人民检察院对张某明等三人提起了环境民事公益诉讼。对于本案是否可以提起环境民事公益诉讼主要有两点争议:第一,被告人的行为是否构成环境侵权。《最高人民法院关于审理环境民事公益诉讼案件适用法律若干问题的解释》中将环境侵权分为污染环境和生态破坏两类表现形式。本案中张某明等人所损毁的巨蟒峰经历3亿多年的地质演化而形成,被世界纪录认证机构认证为"世界最高的天然蟒峰",是不可再生的珍稀自然资源性资产,也是三清山自然遗址中生态环境的组成部分。因此,张某明等人损毁巨蟒峰的行为对当地生态环境造成了破坏。第二,本案中被告人的行为是否侵犯了公共利益。巨蟒峰作为世界级自然遗迹,其科学价值、美学价值和经济价值应当属于全人类所共有。因此,被告人对巨蟒峰的损毁是对公共利益的侵犯。综上所述,江西省上饶市检察院对被告提起环境民事公益诉讼符合法律规定。

法律规定

1.《刑法》第三百二十四条第二款

故意损毁国家保护的名胜古迹,情节严重的,处五年以下有期徒刑或者拘役,并处或者单处罚金。

2.《民事诉讼法》(2021年修改)第五十八条

对污染环境、侵害众多消费者合法权益等损害社会公共利益的行为,法律规定的机关和有关组织可以向人民法院提起诉讼。

人民检察院在履行职责中发现破坏生态环境和资源保护、食品药品安全领域侵害众多消费者合法权益等损害社会公共利益的行为，在没有前款规定的机关和组织或者前款规定的机关和组织不提起诉讼的情况下，可以向人民法院提起诉讼。前款规定的机关或者组织提起诉讼的，人民检察院可以支持起诉。

3.《最高人民法院、最高人民检察院关于办理妨害文物管理等刑事案件适用法律若干问题的解释》第四条

风景名胜区的核心景区以及未被确定为全国重点文物保护单位、省级文物保护单位的古文化遗址、古墓葬、古建筑、石窟寺、石刻、壁画、近代现代重要史迹和代表性建筑等不可移动文物的本体，应当认定为刑法第三百二十四条第二款规定的“国家保护的名胜古迹”。

故意损毁国家保护的名胜古迹，具有下列情形之一的，应当认定为刑法第三百二十四条第二款规定的“情节严重”：（一）致使名胜古迹严重损毁或者灭失的；（二）多次损毁或者损毁多处名胜古迹的；（三）其他情节严重的情形。

……

4.《最高人民法院关于审理环境民事公益诉讼案件适用法律若干问题的解释》第一条

法律规定的机关和有关组织依据民事诉讼法第五十五条、环境保护法第五十八条等法律的规定，对已经损害社会公共利益或者具有损害社会公共利益重大风险的污染环境、破坏生态的行为提起诉讼，符合民事诉讼法第一百一十九条第二项、第三项、第四项规定的，人民法院应予受理。

社会意义

在新闻媒体的报道中，景区遭到破坏的事件屡见不鲜。例如，2017 年在贵州省潜龙洞景区内，一名男子三脚踹断一根万年钟乳石；2018 年，4 名游客私自闯入张掖市七彩丹霞风景区特级保护区，肆意踩踏彩色丘陵地貌。对于一些“景区不文明行为”，相关部门可以采取罚款或行政拘留的方式进行处罚。但有些“不文明行为”如果对国家保护的名胜古迹造成损毁并且情节严重的，就不再是“不文明行为”，而是犯罪行为，应当依法受到相应的刑事处罚。

案例溯源

本案一审案号为（2018）赣 11 刑初 34 号、（2018）赣 11 民初 303 号，二审案号为（2020）赣刑终 44 号、（2020）赣民终 317 号。

▶ 案例二：申请政府帮助修缮文物的资格与条件——陈某连诉淮安市淮安区文物局文物保护行政管理、淮安市文物局行政复议案

关键词：文物保护法　文物修缮　申请主体资格　修缮能力

法律要点：不可移动文物的部分所有权人具有向政府申请帮助修缮文物的主体资格。政府给予帮助修缮不可移动文物的条件是文物有损毁危险，且所有人不具备修缮能力。

基本案情

上诉人（原审原告）：陈某连

被上诉人（原审被告）：淮安市淮安区文物局、淮安市文物局

位于淮安市淮安区的某某中药号为淮安市市级文物保护单位，是非国有不可移动文物。该文物由沿街三间二层楼房、南侧穿堂屋以及三间主屋等三个主体建筑组成。其中原告陈某连对涉案文物本体具有部分所有权。2016年6月，原告陈某连以某某中药号为市级文物保护单位，其本体建筑的两幢房屋已属危房，有坍塌的危险，而原告本人难以承受高昂的维修费用。因此，原告陈某连向淮安区文物局申请修缮费用30万元。2016年8月，淮安区文物局作出回复，告知原告其申请不符合政府帮助修缮的条件，此房屋应由房屋所有人履行修缮义务。随后原告申请行政复议，淮安市文物局作出行政复议决定，维持淮安区文物局作出的回复。原告陈某连不服，诉至江苏省淮安市淮安区人民法院，淮安区法院于2017年8月作出判决，驳回原告陈某连的诉讼请求。

陈某连不服判决，上诉至江苏省淮安市中级人民法院。上诉人（原审原告）陈某连认为：申请修缮的文物本体建筑具有损毁危险，需要进行抢救性修缮，而上诉人的退休经济收入无法承担全部修缮费用，上诉人子女的工作和收入情况与请求政府帮助修缮房屋没有关联性。并且陈某连认为自己拥有需要修缮房屋的部分土地使用权证及房屋产权证，是房屋的部分产权所有人和负有房屋修缮责任的人，具有向政府申请给予文物修缮保护的资格。被上诉人（原审被告）淮安市淮安区文物局认为：上诉人陈某连提交的鉴定报告不能证明该房屋存在损毁的危险。上诉人请求政府帮助修缮的文物本体建筑不存在损毁危险。上诉人申请修缮的文物本体包含其他权利人的物权，上诉人不具有独自申请修缮的主体资格。并且上诉人有退休金和租金收入，其子女也有稳定收

入，因此上诉人具有房屋修缮的能力。被上诉人（原审被告）淮安市文物局认为：上诉人陈某连的申请不符合政府帮助修缮的条件，应由房屋所有权人履行修缮义务。

2017年11月，淮安市中级人民法院对本案作出二审判决：一、撤销淮安市淮安区人民法院作出的（2016）苏0803行初69号行政判决；二、撤销淮安市淮安区文物局作出的《关于陈某连先生请求帮助修缮文物本体一事的回复》；三、撤销淮安市文物局作出的淮文复决字〔2016〕1号《行政复议决定书》；四、责令淮安市淮安区文物局对上诉人的申请依法重新作出答复。

法律讲堂

1. 哪些主体负有文物修缮的义务

一切机关、组织和个人都有依法保护文物的义务。本案中陈某连负有修缮非国有不可移动文物的义务，在达到一定条件下，政府则负有帮助陈某连进行修缮的义务。

《文物保护法》第7条规定：一切机关、组织和个人都有依法保护文物的义务。第21条第1款规定：国有不可移动文物由使用人负责修缮、保养；非国有不可移动文物由所有人负责修缮、保养。非国有不可移动文物有损毁危险，所有人不具备修缮能力的，当地人民政府应当给予帮助；所有人具备修缮能力而拒不依法履行修缮义务的，县级以上人民政府可以给予抢救修缮，所需费用由所有人负担。可见，非国有不可移动文物的所有人对非国有不可移动文物具有保护、修缮、保养的义务，并且当非国有不可移动文物有损毁危险，而所有人不具备修缮能力时，所有人具有申请政府帮助修缮的权利，政府则负有帮助所有人修缮的义务。

2. 陈某连只有部分所有权，是否有资格申请政府修缮

陈某连具有申请帮助修缮的主体资格。

本案的争议的焦点在于，上诉人陈某连只有需修缮文物的部分所有权，是否具有法律中所规定的“所有人”的申请资格。对此，淮安市中级人民法院认为：首先，不可移动文物在具有损毁的危险时，涉及的修缮更多的是文物的整体修缮，若部分产权人仅能申请政府帮助修缮其拥有产权的部分，则难以从整体上修缮保护文物，与《文物保护法》的立法目的和其规定的政府帮助修缮的立法意图不相符合。其次，《文物保护法》对政府帮助修缮的条件已作出明确规定，政府可以按照法律规定的条件对要求政府帮助修缮的申请予以回应。并且

文物部分产权人申请政府帮助对文物进行修缮时,政府应更多地从是否符合帮助修缮的条件上予以审查,而不应在申请主体资格上予以苛刻的限制。最后,若文物的部分权利人不能就文物整体申请政府帮助修缮,那么当其他部分权利人怠于履行修缮、保养的义务或者放弃对文物的权利时则不能对文物整体进行修缮、保养,这与《文物保护法》确立的"保护为主、抢救第一、合理利用、加强管理"的文物工作方针不相符合。

综上所述,并且综合考虑本案的文物实际现状,应赋予陈某连具有申请政府帮助修缮的资格。

3. 如何认定陈某连是否符合政府给予帮助修缮文物的条件

根据《文物保护法》第21条第1款的规定,非国有不可移动文物所有人申请政府帮助修缮的条件是文物有损毁危险,且所有人不具备修缮能力是申请政府给予帮助修缮文物的条件。

以本案为例,可以对上述条件进行详细的分析。首先,淮安市中级人民法院认为,文物是否具有损毁危险是申请政府帮助修缮文物的首要前提条件。而文物保护单位的本体建筑是否具有损毁危险,更多的是涉及对文物现状危险程度的专业性判断,需要经过专业的鉴定机构或人员来确定。本案中被上诉人淮安区文物局调查后认为上诉人申请修缮的房屋确需修缮,而"确需修缮"并不是该房屋具有"损毁危险"。如果仅从被上诉人答复意见中的"确需修缮"的文字意思来理解,与"损毁危险"并无本质区别。其结论不够严谨与专业。因此,被上诉人淮安区文物局判断涉案文物"确需修缮"或者不具有"损毁危险",均不具有事实依据。其次,关于申请人是否具备修缮能力的问题,淮安市中级人民法院认为应当先确定修缮形式和修缮所需资金,通过比较来确定申请人是否具备修缮能力。本案中被上诉人并未明确修缮形式和所需资金,直接判断上诉人具备修缮能力缺乏比较依据。并且本案中上诉人的子女并非文物的所有权人,不是法定修缮主体,将其收入情况纳入上诉人是否具备修缮能力的考虑范围缺乏法律依据。

法律规定

1.《文物保护法》第七条

一切机关、组织和个人都有依法保护文物的义务。

2.《文物保护法》第二十一条第一款

国有不可移动文物由使用人负责修缮、保养;非国有不可移动文物由所有人负责修缮、保养。非国有不可移动文物有损毁危险,所有人不具备修缮能力的,当地人民政府应当给予帮助;所有人具备修缮能力而拒不依法履行修缮义务的,县级以上人民政府可以给予抢救修缮,所需费用由所有人负担。

社会意义

我国历史悠久,文物古迹众多。《文物保护法》将文物分为不可移动文物与可移动文物。我国法律承认私人对不可移动文物的所有权的同时也明确了所有权人保护、修缮文物的义务。因此,不可移动文物作为私有财产的使用与作为文物的保护之间产生了紧张关系,新闻报道中屡屡提到的"文保房"变"危房"就是这种紧张关系的表现形式之一。本案也是"文保房"变"危房"的一个典型案例,在关于申请政府帮助修缮的主体资格以及政府给予帮助的条件等问题上,法院的判决体现出其对"加强对文物的保护,继承中华民族优秀的历史文化遗产"的价值追求。

案例溯源

本案一审案号为(2016)苏0803行初69号,二审案号为(2017)苏08行终172号。

第五章
网络安全

大学生已然成为活跃在互联网上的主要群体，以新浪微博为例，根据2021年3月12日微博发布的《微博2020用户发展报告》显示，微博用户群体继续呈现年轻化趋势，其中“90后”和“00后”的占比接近80%。[①] 互联网也已成为当代大学生获取信息、表达观点的重要渠道。

但是与此同时，互联网的普及也为同学们带来了更多的风险。近年来，涉互联网犯罪、纠纷数量激增，电信网络诈骗频发，互联网拉近了人们的距离，却也带来了安全风险。那么，面对互联网带来的诸多安全风险，我们该如何应对？比如，网络购票时隐私遭泄露该如何维权？发布虚假招聘广告骗取求职者费用是否构成诈骗？微信群发表不当言论是否会构成侵犯他人名誉权？……

本章针对同学们在使用互联网的过程中可能会遇到的常见法律问题，选取4个专题共8个真实案例展开介绍。其中既有曾引起公众广泛讨论的热门案件，如陈某辉、郑某锋等诈骗、侵犯公民个人信息案等，也包含了当事人即在校大学生的其他典型案例。以期提示同学们：合理使用计算机，个人信息别泄露；电信诈骗频出现，网络陷阱莫轻信；网上求职擦亮眼，选择单位要谨慎；警惕网络假消息，散布谣言害他人。

---

① 新浪微博数据中心：《微博2020用户发展报告》，载微报告网，https://data.weibo.com/report/reportDetail?id=456。

专题一
合理使用计算机　个人信息别泄露

当今时代,网络技术飞速发展,大学生接触的计算机技术越发先进。然而,网络犯罪案件也层出不穷,有的大学生成为这类案件的受害者或加害人。近年来出现了一些大学生做“黑客”实施网络犯罪,出售攻击软件,盗用他人信息的案件。其中一些学生是为了牟取非法利益走上犯罪道路,而有些学生则是因为法治意识不强而误入歧途。还有一些同学在个人信息、隐私权受到非法侵害时不知如何保护自身合法权益。由此可见,大学生在提高专业素养的同时也需要学习法律知识,增强维护自身合法权益的意识。

▶ 案例一:通过自制软件实施网络犯罪——叶某星、张某秋、谭某妹提供侵入计算机信息系统程序、非法获取计算机信息系统数据案

关键词:专门用于侵入计算机信息系统程序　非法获取计算机信息系统数据

法律要点:被告人叶某星、张某秋提供专门用于侵入计算机信息系统的程序,情节严重,构成提供侵入计算机信息系统程序罪;被告人谭某妹非法获取计算机系统中的数据,情节严重,构成非法获取计算机信息系统数据罪。

基本案情

公诉机关:浙江省杭州市余杭区人民检察院

被告人:叶某星、张某秋、谭某妹

2015 年 1 月,被告人叶某星编写了“××伞”撞库软件供他人使用,并绑定其开发的验证码识别平台,该撞库软件结合打码平台即可通过撞库方式实现某购物平台账号、密码批量验证并登录。被告人叶某星通过让他人付费使用打码

平台对图片验证码进行识别的方式获利，并将打码业务交由被告人张某秋协助完成。被告人张某秋在明知被告人叶某星的打码平台用于批量登录某购物平台账号的情况下，组织多名码工帮助被告人叶某星打码，并从被告人叶某星处收取好处费。

2015 年 1 月至 9 月，被告人谭某妹通过使用被告人叶某星撞库软件和打码平台，成功获取某购物平台账号、密码 2 万余组，并将非法获取的某购物平台账号、密码出售给他人，获取违法所得人民币 25 万余元。被告人叶某星、张某秋通过向被告人谭某妹出售打码平台的验证码充值卡，获取违法所得人民币 49,050 元。

2017 年 6 月，杭州市余杭区人民检察院向杭州市余杭区人民法院提起公诉，指控被告人谭某妹犯非法获取计算机信息系统数据罪，被告人叶某星、张某秋犯提供侵入计算机信息系统程序罪。

2018 年 5 月，杭州市余杭区人民法院作出一审判决：被告人谭某妹犯非法获取计算机信息系统数据罪，判处有期徒刑 3 年，缓刑 4 年，并处罚金人民币 4 万元。被告人叶某星犯提供侵入计算机信息系统程序罪，判处有期徒刑 3 年，缓刑 4 年，并处罚金人民币 4 万元。被告人张某秋犯提供侵入计算机信息系统程序罪，判处有期徒刑 3 年，缓刑 3 年，并处罚金人民币 3 万元。

法律讲堂

1. 哪些行为构成提供侵入、非法控制计算机信息系统程序、工具罪

根据《刑法》第 285 条第 3 款的规定，提供专门用于侵入、非法控制计算机信息系统的程序、工具，或者明知他人实施侵入、非法控制计算机信息系统的违法犯罪行为而为其提供程序、工具，情节严重的，构成提供侵入、非法控制计算机信息系统程序、工具罪。

对于什么是“专门用于侵入、非法控制计算机信息系统的程序、工具”以及何种情况将被认定为“情节严重”和“情节特别严重”的相关问题，2011 年发布并实施的《最高人民法院、最高人民检察院关于办理危害计算机信息系统安全刑事案件应用法律若干问题的解释》中作出了规定，该解释第 2 条规定具有下列情形之一的程序、工具，应当认定为《刑法》第 285 条第 3 款规定的“专门用于侵入、非法控制计算机信息系统的程序、工具”：(1) 具有避开或者突破计算机信息系统安全保护措施，未经授权或者超越授权获取计算机信息系统数据的功能的；(2) 具有避开或者突破计算机信息系统安全保护措施，未经授权或者超越授权对计算机信息系统实施控制的功能的；(3) 其他专门设计用于侵入、非

法控制计算机信息系统、非法获取计算机信息系统数据的程序、工具。该解释第3条对“情节严重”和“情节特别严重”的认定情形作出规定:“提供侵入、非法控制计算机信息系统的程序、工具,具有下列情形之一的,应当认定为刑法第二百八十五条第三款规定的‘情节严重’:(一)提供能够用于非法获取支付结算、证券交易、期货交易等网络金融服务身份认证信息的专门性程序、工具五人次以上的;(二)提供第(一)项以外的专门用于侵入、非法控制计算机信息系统的程序、工具二十人次以上的;(三)明知他人实施非法获取支付结算、证券交易、期货交易等网络金融服务身份认证信息的违法犯罪行为而为其提供程序、工具五人次以上的;(四)明知他人实施第(三)项以外的侵入、非法控制计算机信息系统的违法犯罪行为而为其提供程序、工具二十人次以上的;(五)违法所得五千元以上或者造成经济损失一万元以上的;(六)其他情节严重的情形。实施前款规定行为,具有下列情形之一的,应当认定为提供侵入、非法控制计算机信息系统的程序、工具‘情节特别严重’:(一)数量或者数额达到前款第(一)项至第(五)项规定标准五倍以上的;(二)其他情节特别严重的情形。”

本案中被告人叶某星制作撞库软件,开设打码平台,张某秋帮助其进行打码活动,二人将撞库与打码相结合,避开或突破计算机信息系统安全保护措施,使其能够在未经授权的情况下批量验证并登陆某购物平台账号,被告人叶某星、张某秋通过上述方式非法获取淘宝账号、密码并出售给他人盈利,违法所得达四万余元,达到“情节特别严重”的标准。因此,被告人叶某星、张某秋的行为触犯了《刑法》第285条第3款的规定,构成提供侵入计算机信息系统程序罪。

2. 哪些行为构成非法获取计算机信息系统数据、非法控制计算机信息系统罪

根据《刑法》第285条第2款的规定,违反国家规定,侵入国家事务、国防建设、尖端科学技术领域以外的计算机信息系统或者采用其他技术手段,获取该计算机信息系统中存储、处理或者传输的数据,或者对该计算机信息系统实施非法控制,情节严重的,构成非法获取计算机信息系统数据、非法控制计算机信息系统罪。

根据《最高人民法院、最高人民检察院关于办理危害计算机信息系统安全刑事案件应用法律若干问题的解释》中第1条第1款的规定,非法获取计算机信息系统数据或者非法控制计算机信息系统,具有下列情形之一的,应当认定为《刑法》第285条第2款规定的“情节严重”:(1)获取支付结算、证券交易、期货交易等网络金融服务的身份认证信息 10 组以上的;(2)获取第 1 项以外的身份认证信息 500 组以上的;(3)非法控制计算机信息系统 20 台以上的;(4)违法所得 5000 元以上或者造成经济损失 10,000 元以上的;(5)其他情节严重的情形。根据该解释第 1 条第 2 款的规定,实施上述规定行为,具有下列情形之一的,应当认定为《刑法》第 285 条第 2 款规定的"情节特别严重":(1)数量或者数额达到前款第 1 项至第 4 项规定标准 5 倍以上的;(2)其他情节特别严重的情形。

本案中被告人谭某妹利用叶某星、张某秋的软件和平台非法获取某购物平台账号、密码 2 万余组,并将其非法获取的某购物平台账号、密码出售给他人,获取违法所得人民币 25 万余元,其行为构成非法获取计算机信息系统数据罪,并且属于情节特别严重的情况。

法律规定

1.《刑法》第二百八十五条第二款

违反国家规定,侵入前款规定以外的计算机信息系统或者采用其他技术手段,获取该计算机信息系统中存储、处理或者传输的数据,或者对该计算机信息系统实施非法控制,情节严重的,处三年以下有期徒刑或者拘役,并处或者单处罚金;情节特别严重的,处三年以上七年以下有期徒刑,并处罚金。

2.《刑法》第二百八十五条第三款

提供专门用于侵入、非法控制计算机信息系统的程序、工具,或者明知他人实施侵入、非法控制计算机信息系统的违法犯罪行为而为其提供程序、工具,情节严重的,依照前款的规定处罚。

3.《最高人民法院、最高人民检察院关于办理危害计算机信息系统安全刑事案件应用法律若干问题的解释》第一条

非法获取计算机信息系统数据或者非法控制计算机信息系统,具有下列情形之一的,应当认定为刑法第二百八十五条第二款规定的"情节严重":

(一)获取支付结算、证券交易、期货交易等网络金融服务的身份认证信息十组以上的;

(二)获取第(一)项以外的身份认证信息五百组以上的;

(三)非法控制计算机信息系统二十台以上的;

(四)违法所得五千元以上或者造成经济损失一万元以上的;

(五)其他情节严重的情形。

实施前款规定行为,具有下列情形之一的,应当认定为刑法第二百八十五

条第二款规定的“情节特别严重”：

（一）数量或者数额达到前款第（一）项至第（四）项规定标准五倍以上的；

（二）其他情节特别严重的情形。

明知是他人非法控制的计算机信息系统，而对该计算机信息系统的控制权加以利用的，依照前两款的规定定罪处罚。

4.《最高人民法院、最高人民检察院关于办理危害计算机信息系统安全刑事案件应用法律若干问题的解释》第二条

具有下列情形之一的程序、工具，应当认定为刑法第二百八十五条第三款规定的“专门用于侵入、非法控制计算机信息系统的程序、工具”：

（一）具有避开或者突破计算机信息系统安全保护措施，未经授权或者超越授权获取计算机信息系统数据的功能的；

（二）具有避开或者突破计算机信息系统安全保护措施，未经授权或者超越授权对计算机信息系统实施控制的功能的；

（三）其他专门设计用于侵入、非法控制计算机信息系统、非法获取计算机信息系统数据的程序、工具。

5.《最高人民法院、最高人民检察院关于办理危害计算机信息系统安全刑事案件应用法律若干问题的解释》第三条

提供侵入、非法控制计算机信息系统的程序、工具，具有下列情形之一的，应当认定为刑法第二百八十五条第三款规定的“情节严重”：

（一）提供能够用于非法获取支付结算、证券交易、期货交易等网络金融服务身份认证信息的专门性程序、工具五人次以上的；

（二）提供第（一）项以外的专门用于侵入、非法控制计算机信息系统的程序、工具二十人次以上的；

（三）明知他人实施非法获取支付结算、证券交易、期货交易等网络金融服务身份认证信息的违法犯罪行为而为其提供程序、工具五人次以上的；

（四）明知他人实施第（三）项以外的侵入、非法控制计算机信息系统的违法犯罪行为而为其提供程序、工具二十人次以上的；

（五）违法所得五千元以上或者造成经济损失一万元以上的；

（六）其他情节严重的情形。

实施前款规定行为，具有下列情形之一的，应当认定为提供侵入、非法控制计算机信息系统的程序、工具“情节特别严重”：

（一）数量或者数额达到前款第（一）项至第（五）项规定标准五倍以上的；

（二）其他情节特别严重的情形。

社会意义

《全国人民代表大会常务委员会关于维护互联网安全的决定》中指出，我国的互联网，在国家大力倡导和积极推动下，在经济建设和各项事业中得到日益广泛的应用，使人们的生产、工作、学习和生活方式已经开始并将继续发生深刻的变化，对于加快我国国民经济、科学技术的发展和社会服务信息化进程具有重要作用。同时，如何保障互联网的运行安全和信息安全的问题已经引起全社会的普遍关注。本案的宣判为依法打击互联网违法犯罪活动提供有益经验；也提醒人们，随着互联网技术的蓬勃发展和广泛应用，保护网络系统和网络用户数据安全，依法维护互联网用户合法权益也应受到重视。

案例溯源

本案一审案号为(2017)浙0110刑初664号。

▶ 案例二：网络购票时个人信息遭泄露该如何维权——庞某鹏诉甲航空股份有限公司、乙信息技术有限公司隐私权纠纷案

关键词：个人信息　隐私权　侵权责任

法律要点：隐私信息与部分非隐私的个人信息相结合，整体上成为隐私信息，从而可以通过隐私权纠纷寻求救济。

基本案情

上诉人(原审原告)：庞某鹏

被上诉人(原审被告)：甲航空股份有限公司、乙信息技术有限公司

2014年10月11日，庞某鹏委托鲁某通过乙信息技术公司(以下简称乙公司)下辖网站A网平台订购了甲航空股份有限公司(以下简称甲航空公司)机票1张。A网平台的订单详情页面显示该订单登记的乘机人信息为庞某鹏姓名及身份证号，而联系人信息、报销信息则均为鲁某及其手机号。2014年10月13日，庞某鹏手机号收到来源不明号码发来的短信："……您预订的××次航班由于机械故障已取消，请收到短信后及时联系客服办理改签业务……"由于该号码来源不明，且未向鲁某发送类似短信，鲁某便拨打甲航空公司客服电话进行核实，客服人员向其确认该次航班正常，并提示庞某鹏收到的短信应属诈骗短信。同时，鲁某在通话中向客服人员确认了庞某鹏本人手机号码。2014年10月14日甲航空公司客服电话向庞某鹏手机号码发送通知短信，告知该航

班时刻调整。鲁某拨打甲航空公司客服电话予以确认,得到答复为该次航班确因故障延误。当晚,鲁某再次拨打甲航空公司客服电话确认航班时刻,被告知该航班已取消。原告庞某鹏诉至北京市海淀区人民法院,主张乙公司和甲航空公司泄露的隐私信息包括其姓名、手机号及行程安排(包括起落时间、地点、航班信息),要求乙公司和甲航空公司承担连带责任。并且原告庞某鹏主张诈骗短信对其行程安排造成困扰,进而影响其工作,故要求精神损害抚慰金。

2016 年 1 月,北京市海淀区人民法院作出判决,驳回原告庞某鹏的全部诉讼请求。随后,庞某鹏向北京市第一中级人民法院提起上诉。2017 年 3 月,北京市第一中级人民法院作出二审判决:一、撤销北京市海淀区人民法院判决;二、乙公司于本判决生效后 10 日内在其官方网站首页以公告形式向庞某鹏赔礼道歉,赔礼道歉公告的持续时间为连续 3 天;三、甲航空公司于本判决生效后 10 日内在其官方网站首页以公告形式向庞某鹏赔礼道歉,赔礼道歉公告的持续时间为连续 3 天;四、驳回庞某鹏的其他诉讼请求。

法律讲堂

1. 什么是个人信息

"所谓个人信息(personal information),是指与特定个人相关联的、反映个体特征的具有可识别性的符号系统,包括个人身份、工作、家庭、财产、健康等各方面的信息。"[1]2021 年施行的《民法典》以及《个人信息保护法》均对什么是个人信息作出规定。《民法典》第 1034 条第 2 款规定:个人信息是以电子或者其他方式记录的能够单独或者与其他信息结合识别特定自然人的各种信息,包括自然人的姓名、出生日期、身份证件号码、生物识别信息、住址、电话号码、电子邮箱、健康信息、行踪信息等。《个人信息保护法》第 4 条第 1 款规定:个人信息是以电子或者其他方式记录的与已识别或者可识别的自然人有关的各种信息,不包括匿名化处理后的信息。

2. 本案中姓名、电话号码及行程安排等个人信息的泄露为何通过隐私权纠纷寻求救济

本案中非隐私信息和隐私信息相结合,整体上成为隐私信息,因此通过隐私权纠纷寻求救济。

本案发生于 2014 年,当时施行的《民法通则》和《侵权责任法》中并未对个

① 王利明等:《民法学》(上册),法律出版社 2020 年版,第 156 页。

人信息保护相关问题作出相关规定。原《侵权责任法》第 2 条规定："侵害民事权益，应当依照本法承担侵权责任。本法所称民事权益，包括……隐私权……等人身、财产权益。"《最高人民法院关于审理利用信息网络侵害人身权益民事纠纷案件适用法律若干问题的规定》(2014 年)第 12 条第 1 款规定："网络用户或者网络服务提供者利用网络公开自然人基因信息、病历资料、健康检查资料、犯罪记录、家庭住址、私人活动等个人隐私和其他个人信息，造成他人损害，被侵权人请求其承担侵权责任的，人民法院应予支持。……"本案中庞某鹏被泄露的个人信息中行程安排为私人活动信息，根据上述规定属于个人隐私，因此该信息泄露可以通过隐私权纠纷寻求救济。关于本案中庞某鹏的姓名、电话号码等信息被泄露是否可以通过隐私权纠纷寻求救济的问题，北京市第一中级人民法院认为，虽然姓名、电话号码等信息在日常生活中需要向他人予以告示，但是在大数据时代，信息的收集和整合十分便捷，一些孤立的、可公示的信息通过整合能够形成指向某一个人的详细而准确的整体信息。在本案中，庞某鹏的姓名与电话虽然不是隐私信息，但是与作为隐私信息的行程安排相结合在整体上成为隐私信息。因此，本案涉及的姓名、电话号码及行程安排等个人信息可以通过隐私权纠纷寻求救济。

3. 本案判决以后，我国主要增加了哪些关于个人信息保护的法律规定

原《民法总则》中明确了个人信息受法律保护的内容，在第 111 条[①]中规定：自然人的个人信息受法律保护。任何组织和个人需要获取他人个人信息的，应当依法取得并确保信息安全，不得非法收集、使用、加工、传输他人个人信息，不得非法买卖、提供或者公开他人个人信息。在 2021 年施行的《民法典》中，除对个人信息的定义及范围进行明确以外，对个人信息处理的原则、条件、方式、免责情形等问题以及自然人对其个人信息的权利和个人信息处理者的义务等问题也作出明确规定。同样在 2021 年施行的《个人信息保护法》更是为个人信息保护搭建出法律规范意义上的整体框架。《个人信息保护法》对个人信息处理规则，个人信息跨境提供的规则，个人在个人信息处理活动中的权利，个人信息处理者的义务，履行个人信息保护职责的部门等关于个人信息保护的主要问题都进行了规定。

① 现为《民法典》第 111 条。

法律规定

1.《民法典》第一千零三十四条第二款

个人信息是以电子或者其他方式记录的能够单独或者与其他信息结合识别特定自然人的各种信息，包括自然人的姓名、出生日期、身份证件号码、生物识别信息、住址、电话号码、电子邮箱、健康信息、行踪信息等。

2.《个人信息保护法》第四条第一款

个人信息是以电子或者其他方式记录的与已识别或者可识别的自然人有关的各种信息，不包括匿名化处理后的信息。

社会意义

互联网技术的飞速发展与大数据的广泛应用，使个人信息的收集、存储和使用更为便捷，但也会随之产生个人信息遭泄露的风险增加的问题。本案中二审法院认为，原告孤立的个人信息在经过整合之后成为整体上的个人隐私信息，从而可以通过隐私权纠纷寻求救济，回应了当时社会对个人信息保护和隐私权保护问题的关注。而随着《民法典》以及《个人信息保护法》的颁布与施行，我国关于个人信息保护的相关法律规范正在不断完善，对个人信息处理的相关问题更加明确，对个人信息遭受侵犯时的救济也会更加有效。

案例溯源

本案一审案号为(2015)海民初字第10634号，二审案号为(2017)京01民终509号。

专题二
电信诈骗频出现　网络陷阱莫轻信

电信诈骗、网购陷阱案件频发,部分案件涉及学生群体。一些同学对电信诈骗、网络陷阱辨别能力不强,造成人身或财产的损失;也有一些同学为谋取非法利益而误入歧途。本专题选取了两个典型案例,提醒同学们日常生活中要树立防范意识,提高警惕,防范电信诈骗,避开网络陷阱。

▶ 案例一:非法购买公民个人信息实施电信诈骗犯罪——陈某辉、郑某锋等诈骗、侵犯公民个人信息案

关键词:诈骗罪　电信诈骗　侵犯公民个人信息

法律要点:为实施诈骗大量购买公民个人信息;通过拨打诈骗电话的方式骗取他人钱款并致使一名被害人死亡。

基本案情

原公诉机关:山东省临沂市人民检察院

上诉人(原审被告人):陈某辉、郑某锋

在2015年11月至2016年8月,被告人陈某辉、郑某锋等人交叉结伙,通过网络购买学生信息和公民购房信息,在不同城市租赁房屋作为诈骗场所,分别冒充教育局、财政局、房产局工作人员,以发放贫困学生助学金、购房补贴为名,以高考学生为主要诈骗对象,拨打电话,骗取他人钱款,金额共计56万余元,通话次数共计2.3万余次。其中,被告人陈某辉诈骗金额共计31万余元,拨打诈骗电话1.3万余次;被告人郑某锋诈骗金额共计54万余元,拨打诈骗电话2.3万余次。2016年6月至8月,被告人陈某辉为实施电信诈骗犯罪,通过腾讯QQ、支付宝等工具从杜某某(另案处理)处购买非法获取的山东省高考学生信息10万余条。

2016年8月，被告人以发放助学金的名义对高考后被某大学录取的徐同学实施电信诈骗，骗取9900元。徐同学与家人报警后，在返家的途中心脏骤停，送医院经抢救无效不幸身亡。

2017年6月，山东省临沂市人民检察院以被告人陈某辉犯诈骗罪、侵犯公民个人信息罪，被告人郑某锋犯诈骗罪，向临沂市中级人民法院提起公诉。山东省临沂市中级人民法院对本案进行公开审理。2017年7月，山东省临沂市中级人民法院作出一审判决：以诈骗罪判处被告人陈某辉无期徒刑，剥夺政治权利终身，并处没收个人全部财产；以侵犯公民个人信息罪判处其有期徒刑5年，并处罚金人民币3万元，决定执行无期徒刑，剥夺政治权利终身，并处没收个人全部财产。以诈骗罪判处被告人郑某锋有期徒刑15年，并处罚金人民币60万元。责令被告人陈某辉、郑某锋等共同退赔相关被害人经济损失。（其他被告人相关犯罪事实和定罪、量刑情况略）

一审宣判后，被告陈某辉等人不服，提出上诉。2017年9月12日，山东省高级人民法院经审理作出裁定，驳回上诉，维持原判。

法律讲堂

1. 哪些行为构成诈骗罪

以非法占有为目的，使用欺骗的方法，骗取公私财物，数额较大的行为构成诈骗罪。

《刑法》第266条对诈骗罪作出规定：诈骗公私财物，数额较大的，处3年以下有期徒刑、拘役或者管制，并处或者单处罚金；数额巨大或者有其他严重情节的，处3年以上10年以下有期徒刑，并处罚金；数额特别巨大或者有其他特别严重情节的，处10年以上有期徒刑或者无期徒刑，并处罚金或者没收财产。本法另有规定的，依照规定。构成诈骗罪需要行为人实施欺骗行为，欺骗行为使受骗者产生认识错误并基于认识错误而处分财产，在受骗人处分财产后行为人或第三人获得财产，并且受骗人遭受财产损失。而关于诈骗罪中的数额认定问题，《最高人民法院、最高人民检察院关于办理诈骗刑事案件具体应用法律若干问题的解释》第1条第1款作出规定："诈骗公私财物价值三千元至一万元以上、三万元至十万元以上、五十万元以上的，应当分别认定为刑法第二百六十六条规定的'数额较大'、'数额巨大'、'数额特别巨大'。"

本案中被告人陈某辉、郑某锋均构成诈骗罪，2人利用拨打电话的方式实施电信网络诈骗。近年来，电信网络诈骗案件高发，为打击此类案件，最高人民法院、最高人民检察院、公安部于2016年和2021年先后发布了《关于办理电信网络诈骗等刑事案件适用法律若干问题的意见》以及《关于办理电信网络诈骗等刑事案件适用法律若干问题的意见(二)》,两份意见针对电信网络诈骗犯罪及其上下游关联犯罪的相关问题作出详细规定。

2. 哪些行为构成侵犯公民个人信息罪

违反国家有关规定,向他人出售或者提供公民个人信息,情节严重的行为构成侵犯公民个人信息罪。

《刑法》第253条之一对侵犯公民个人信息的犯罪行为作出规定:"违反国家有关规定,向他人出售或者提供公民个人信息,情节严重的,处三年以下有期徒刑或者拘役,并处或者单处罚金;情节特别严重的,处三年以上七年以下有期徒刑,并处罚金。违反国家有关规定,将在履行职责或者提供服务过程中获得的公民个人信息,出售或者提供给他人的,依照前款的规定从重处罚。窃取或者以其他方法非法获取公民个人信息的,依照第一款的规定处罚。……"关于该项罪名中的"公民个人信息"的定义及范围,"违反国家有关规定"的内涵,"情节严重"和"情节特别严重"的认定标准等问题,2017年施行的《最高人民法院、最高人民检察院关于办理侵犯公民个人信息刑事案件适用法律若干问题的解释》中作出了相关的规定。本案中,陈某辉为实施诈骗犯罪,通过购买的方式获取大量的公民个人信息,其行为构成侵犯公民个人信息罪。

法律规定

1.《刑法》第二百五十三条之一

违反国家有关规定,向他人出售或者提供公民个人信息,情节严重的,处三年以下有期徒刑或者拘役,并处或者单处罚金;情节特别严重的,处三年以上七年以下有期徒刑,并处罚金。

违反国家有关规定,将在履行职责或者提供服务过程中获得的公民个人信息,出售或者提供给他人的,依照前款的规定从重处罚。

窃取或者以其他方法非法获取公民个人信息的,依照第一款的规定处罚。

单位犯前三款罪的,对单位判处罚金,并对其直接负责的主管人员和其他直接责任人员,依照各该款的规定处罚。

2.《刑法》第二百六十六条

诈骗公私财物,数额较大的,处三年以下有期徒刑、拘役或者管制,并处或者单处罚金;数额巨大或者有其他严重情节的,处三年以上十年以下有期徒刑,并处罚金;数额特别巨大或者有其他特别严重情节的,处十年以上有期徒刑或者无期徒刑,并处罚金或者没收财产。本法另有规定的,依照规定。

3.《最高人民法院、最高人民检察院关于办理诈骗刑事案件具体应用法律若干问题的解释》第一条第一款

诈骗公私财物价值三千元至一万元以上、三万元至十万元以上、五十万元以上的,应当分别认定为刑法第二百六十六条规定的"数额较大"、"数额巨大"、"数额特别巨大"。

社会意义

本案中,犯罪分子的"魔爪"伸向已被大学录取的高考考生,并且其诈骗行为使该同学不幸离世,因此本案受到了社会的广泛关注。本案的判决回应了公众的关切,体现了相关部门依法严惩电信诈骗行为的决心。同时,对于学生群体来说,面对不断变化的电信诈骗手段要增强防范意识,遇到电信诈骗及时向公安机关报案,采取法律手段保护自身人身财产安全。

案例溯源

本案一审案号为(2017)鲁13刑初26号,二审案号为(2017)鲁刑终281号。

▶ 案例二:在校学生涉"两卡"犯罪风险——涂某通、万某玲帮助信息网络犯罪活动案

关键词:电话卡 银行卡 帮助信息网络犯罪活动罪

法律要点:在校大学生明知他人利用信息网络实施犯罪,长期大量收购银行卡并提供给他人使用,构成帮助信息网络犯罪活动罪。

基本案情

公诉机关:四川省江油市人民检察院

被告人:涂某通、万某玲

被告人涂某通为某大学在校学生,为牟取非法利益,涂某通在明知他人利用信息网络实施犯罪的情况下,长期大量收购银行卡并提供给他人用于信息网络犯罪活动。2018年,被告人涂某通与被告人万某玲相识,涂某通先后收购了万某玲的3套银行卡(1套银行卡包括1张银行卡、U盾/K宝、绑定的手机号码),并让万某玲帮助其收购银行卡。2019年3月至2020年1月,万某玲为牟利,在明知银行卡可能被用于信息网络犯罪的情况下,从胡某等4人(4人另案

处理）处收购了8套银行卡提供给涂某通。经查，左某某、李某某等21名电信诈骗被害人向胡某提供的中国农业银行卡账户内转入207万余元，上述11张银行卡总收入约为1.51亿元、总支出约为1.48亿元。

2020年8月，万某玲与涂某通先后被民警抓获。2020年12月，四川省江油市人民检察院以帮助信息网络犯罪活动罪对涂某通、万某玲提起公诉。

2020年12月，四川省江油市人民法院审理后作出一审判决：被告人涂某通犯帮助信息网络犯罪活动罪，判处有期徒刑1年4个月，并处罚金人民币1万元；被告人万某玲犯帮助信息网络犯罪活动罪，判处有期徒刑10个月，并处罚金人民币5000元。

鉴于该案中检察机关发现的在校大学生违法收购、贩卖银行卡的情况，江油市人民检察院会同学校所在地检察院向涉案学生所在学校发出检察建议，提示在校学生涉“两卡”违法犯罪风险。

法律讲堂

哪些行为构成帮助信息网络犯罪活动罪

明知他人利用信息网络实施犯罪，为其犯罪提供互联网接入、服务器托管、网络存储、通讯传输等技术支持，或者提供广告推广、支付结算等帮助，情节严重的行为构成帮助信息网络犯罪活动罪。

《刑法》第287条之二第1款对帮助信息网络犯罪活动罪进行了规定：明知他人利用信息网络实施犯罪，为其犯罪提供互联网接入、服务器托管、网络存储、通讯传输等技术支持，或者提供广告推广、支付结算等帮助，情节严重的，处三年以下有期徒刑或者拘役，并处或者单处罚金。关于该项罪名中的“明知他人利用信息网络实施犯罪”以及“情节严重”的认定，《最高人民法院、最高人民检察院关于办理非法利用信息网络、帮助信息网络犯罪活动等刑事案件适用法律若干问题的解释》中第11条和第12条作出了明确规定。本案中，被告人涂某通与万某玲均为明知他人利用信息网络实施犯罪，并在此情况下收购银行卡11张提供给他人，帮助他人在信息网络犯罪活动中进行支付结算。经法院查明，有21名电信诈骗被害人向万某玲从他人处收购并提供给涂某通的一张银行卡账户中转入207万余元，而涉案的11张银行卡总收入约为1.51亿元、总支出约为1.48亿元。因此，四川省江油市人民法院认为，被告人涂某通、万某玲明知他人利用信息网络实施犯罪，为其提供支付结算帮助，情节严重，其行为均构成帮助信息网络犯罪活动罪。

2021年实施的《最高人民法院、最高人民检察院、公安部关于办理电信网络诈骗等刑事案件适用法律若干问题的意见（二）》中对帮助信息网络犯罪活动罪中的“明知他人利用信息网络实施犯罪”以及“帮助”行为作出了进一步的规定。将为他人利用信息网络实施犯罪而施行的下列行为，认定为该项罪名中的“帮助”行为：(1)收购、出售、出租信用卡、银行账户、非银行支付账户、具有支付结算功能的互联网账号密码、网络支付接口、网上银行数字证书的；(2)收购、出售、出租他人手机卡、流量卡、物联网卡的。而“明知”则应当根据行为人收购、出售、出租信用卡、银行账户、非银行支付账户、具有支付结算功能的互联网账号密码、网络支付接口、网上银行数字证书，或者他人手机卡、流量卡、物联网卡等的次数、张数、个数，并结合行为人的认知能力、既往经历、交易对象、与实施信息网络犯罪的行为人的关系、提供技术支持或者帮助的时间和方式、获利情况以及行为人的供述等主客观因素，予以综合认定。不仅如此，该意见还明确了《最高人民法院、最高人民检察院关于办理非法利用信息网络、帮助信息网络犯罪活动等刑事案件适用法律若干问题的解释》第 11 条第 7 项规定的“其他足以认定行为人明知的情形”以及第 12 条第 1 款第 7 项规定的“其他情节严重的情形”等规定的具体情形。

法律规定

1.《刑法》第二百八十七条之二第一款

明知他人利用信息网络实施犯罪，为其犯罪提供互联网接入、服务器托管、网络存储、通讯传输等技术支持，或者提供广告推广、支付结算等帮助，情节严重的，处三年以下有期徒刑或者拘役，并处或者单处罚金。

2.《最高人民法院、最高人民检察院关于办理非法利用信息网络、帮助信息网络犯罪活动等刑事案件适用法律若干问题的解释》第十一条

为他人实施犯罪提供技术支持或者帮助，具有下列情形之一的，可以认定行为人明知他人利用信息网络实施犯罪，但是有相反证据的除外：

（一）经监管部门告知后仍然实施有关行为的；

（二）接到举报后不履行法定管理职责的；

（三）交易价格或者方式明显异常的；

（四）提供专门用于违法犯罪的程序、工具或者其他技术支持、帮助的；

（五）频繁采用隐蔽上网、加密通信、销毁数据等措施或者使用虚假身份，逃避监管或者规避调查的；

（六）为他人逃避监管或者规避调查提供技术支持、帮助的；

（七）其他足以认定行为人明知的情形。

3.《最高人民法院、最高人民检察院关于办理非法利用信息网络、帮助信息网络犯罪活动等刑事案件适用法律若干问题的解释》第十二条

明知他人利用信息网络实施犯罪,为其犯罪提供帮助,具有下列情形之一的,应当认定为刑法第二百八十七条之二第一款规定的“情节严重”:

(一)为三个以上对象提供帮助的;

(二)支付结算金额二十万元以上的;

(三)以投放广告等方式提供资金五万元以上的;

(四)违法所得一万元以上的;

(五)二年内曾因非法利用信息网络、帮助信息网络犯罪活动、危害计算机信息系统安全受过行政处罚,又帮助信息网络犯罪活动的;

(六)被帮助对象实施的犯罪造成严重后果的;

(七)其他情节严重的情形。

实施前款规定的行为,确因客观条件限制无法查证被帮助对象是否达到犯罪的程度,但相关数额总计达到前款第二项至第四项规定标准五倍以上,或者造成特别严重后果的,应当以帮助信息网络犯罪活动罪追究行为人的刑事责任。

社会意义

本案使人们注意到,涉“两卡”犯罪已经在校园中出现,有的大学生因为想要获取一些非法利益,出售、出租、收购银行卡和电话卡给实施信息网络犯罪活动的犯罪分子。可是,触犯法律终究会受到法律的制裁,到时便会追悔莫及。为防止上述犯罪行为进入校园,应当各方共同努力。检察机关通过检察建议的方式提醒学校关注相关问题,采取防护措施;学校在加强法治教育的基础之上也要注意防范,排查校园中涉及手机卡和银行卡的违法犯罪活动;对于学生群体来说,学习法律知识、增强法治意识,是保护自己,远离违法犯罪行为的一个重要途径。

案例溯源

本案一审案号为(2020)川0781刑初373号。

专题三
网上求职擦亮眼　选择单位要谨慎

随着互联网的发展,同学们获取求职信息的渠道也不再局限于单一的线下模式,网上求职平台的普及不仅节省了收集信息的时间,也可以足不出户就获取全国的招聘信息,帮助同学们选择更加心仪的岗位。但是,一些不法分子通过发布虚假招聘信息,对求职者实施诈骗。本专题选取了两个典型案例,提醒同学们网上求职擦亮眼,入职缴费有危险。

▶ 案例一:发布虚假招聘广告骗取求职者费用是否构成诈骗?
——郭某安、张某静等招工诈骗案

关键词:求职陷阱　共同犯罪　诈骗罪

法律要点:行为人发布虚假招聘广告,骗取求职者费用,数额较大,构成诈骗罪。

基本案情

公诉机关:江苏省苏州市相城区人民检察院

被告:郭某安、张某静等9人

2018年3月至4月,郭某安组织,由郭某安和张某静共同出资,并由郭某安召集陈某英、郭某峰、郭某辈、赵某、王某、马某等人,在苏州市某区从事招工诈骗活动。招工诈骗流程如下:首先由陈某英、郭某峰等业务员在网络招聘平台发布虚假招聘广告,以高薪优质岗位吸引求职者参加应聘,待求职者到苏州后,由张某男负责接送至面试地点并负责接待工作,由郭某安担任面试官进行虚假面试,之后以收取住宿押金、资料费等名目,骗取求职者费用。之后,张某男将求职者送至集合点,由后期安置人员赵某等人为求职者安排与约定不符的工作,并以电话卡费等名目继续骗取求职者费用。求职者若不愿意接受安排,则以求职者违约等为由不退或者少退费用。骗取的住宿押金费用业务员分得一半，张某静和郭某安各分得1/4，收取的资料费等作为团队运营经费。共有奉某、金某乙等65名求职者上当受骗。

江苏省苏州市相城区人民法院经审理后认为：郭某安、张某静、张某男、陈某英、郭某峰、郭某辈、赵某、王某、马某共同或伙同他人诈骗他人财物，其中郭某安、张某静、张某男、郭某峰、郭某辈、王某骗取数额巨大；赵某、马某骗取数额较大；陈某英通过拨打电话或利用互联网等发布虚假信息，对不特定多数人实施诈骗，诈骗数额达48,000余元，属情节严重，依法应判处三年以上十年以下有期徒刑，上述行为人的行为均已构成诈骗罪，均应负刑事责任。

在共同犯罪中，郭某安、张某静均起主要作用，系主犯；张某男、陈某英、郭某峰、郭某辈、赵某、王某、马某均起次要作用，系从犯，应当从轻或减轻处罚。综合考虑上述行为人的参与时间、在共同犯罪中的作用及具体实施诈骗的数额，对张某男、陈某英、郭某峰、郭某辈、王某减轻处罚。根据本案犯罪情节及张某男、郭某辈、王某、马某的认罪、悔罪态度，可对张某男、郭某辈、王某、马某宣告缓刑。

法律讲堂

1. 常见的网络求职诈骗套路有哪些

诈骗分子在网络上发布虚假招聘信息，吸引求职者投递简历，并安排面试。当有人来应聘或面试时，诈骗分子会称求职者已经通过面试，以需要缴纳“入职费、培训费、住宿押金”等为由诱骗其转账。部分求职者由于着急找工作，或不了解入职手续，很有可能转账给骗子，最终被骗。需要注意的是，正规公司不会在员工入职前收取所谓的“入职费”，所有入职前以各种名义要求转账、缴费的公司，极有可能是诈骗分子。广大求职者要保持冷静，不轻信陌生人、不透露个人信息、不随便转账。如遇诈骗，应及时报警求助。

2. 郭某安、张某静等人是否构成诈骗罪

郭某安、张某静等人共同诈骗他人财物，均构成诈骗罪。

根据《刑法》第266条之规定，“诈骗公私财物，数额较大的，处三年以下有期徒刑、拘役或者管制，并处或者单处罚金；数额巨大或者有其他严重情节的，处三年以上十年以下有期徒刑，并处罚金；数额特别巨大或者有其他特别严重情节的，处十年以上有期徒刑或者无期徒刑，并处罚金或者没收财产。本法另有规定的，依照规定”。

本案郭某安骗取数额合计人民币100,045元,张某静骗取数额合计95,735元,张某男、陈某英、郭某峰、郭某辈、王某珍均骗取数额合计6万元到10万元不等,赵某、马某翠均骗取数额合计4万元到5万元不等。根据《江苏省高级人民法院、江苏省人民检察院、江苏省公安厅〈关于我省执行诈骗公私财物"数额较大"、"数额巨大"、"数额特别巨大"标准的意见〉》,诈骗公私财物价值人民币6000元以上的、6万元以上的、50万元以上的,分别为"数额较大""数额巨大""数额特别巨大"。本案郭某安、张某静、张某男、郭某峰、郭某辈、王某珍、陈某英骗取数额巨大,赵某、马某翠骗取数额较大。因此,上述行为人均构成诈骗罪,应当依法追究其刑事责任。

法律规定

1.《刑法》第二十五条

共同犯罪是指二人以上共同故意犯罪。

二人以上共同过失犯罪,不以共同犯罪论处;应当负刑事责任的,按照他们所犯的罪分别处罚。

2.《刑法》第二十六条

组织、领导犯罪集团进行犯罪活动的或者在共同犯罪中起主要作用的,是主犯。

三人以上为共同实施犯罪而组成的较为固定的犯罪组织,是犯罪集团。

对组织、领导犯罪集团的首要分子,按照集团所犯的全部罪行处罚。

对于第三款规定以外的主犯,应当按照其所参与的或者组织、指挥的全部犯罪处罚。

3.《刑法》第二十七条

在共同犯罪中起次要或者辅助作用的,是从犯。

对于从犯,应当从轻、减轻处罚或者免除处罚。

4.《刑法》第七十五条

被宣告缓刑的犯罪分子,应当遵守下列规定:

(一)遵守法律、行政法规,服从监督;

(二)按照考察机关的规定报告自己的活动情况;

(三)遵守考察机关关于会客的规定;

(四)离开所居住的市、县或者迁居,应当报经考察机关批准。

5.《刑法》第二百六十六条

诈骗公私财物,数额较大的,处三年以下有期徒刑、拘役或者管制,并处或者单处罚金;数额巨大或者有其他严重情节的,处三年以上十年以下有期徒刑,并处罚金;数额特别巨大或者有其他特别严重情节的,处十年以上有期徒刑或者无期徒刑,并处罚金或者没收财产。本法另有规定的,依照规定。

6.《江苏省高级人民法院、江苏省人民检察院、江苏省公安厅〈关于我省执行诈骗公私财物“数额较大”、“数额巨大”、“数额特别巨大”标准的意见〉》

……

一、诈骗公私财物价值人民币六千元以上的,为“数额较大”。

二、诈骗公私财物价值人民币六万元以上的,为“数额巨大”。

三、诈骗公私财物价值人民币五十万元以上的,为“数额特别巨大”。

……

社会意义

网上找“高薪兼职”被骗8000元、高三毕业生兼职刷单被骗等求职被骗案例层出不穷。本案通过严惩虚假招聘诈骗行为,保护求职者的合法权益,提醒广大求职者提高警惕。

不少大学生在就业时较为迷茫,有的期望值过高,有的找工作盲目性较大,容易被公司五花八门的宣传或高薪迷惑。对此大学生应加强求职风险防范意识,选择正规的渠道应聘。正规招聘会通过学校或大型招聘网站发布,并由专职人员负责。求职者可通过单位官网、单位办公电话或网络搜索招聘联系方式等多渠道核查招聘信息的真实性,避免上当受骗。

案例溯源

本案一审案号为(2019)苏0507刑初29号。

案例二:用人单位要求劳动者入职交纳押金、保险金是否符合法律规定?——盛某虚假招聘诈骗案

关键词:虚假招聘　入职押金　诈骗罪

法律要点:用人单位要求劳动者入职交纳押金、保险金等费用,违反法律规定。

基本案情

原公诉机关:云南省保山市隆阳区人民检察院

上诉人(原审被告人):盛某

2019年9月10日至2020年4月22日，盛某通过多家信息网站招聘平台及微信朋友圈发布虚假招聘信息，以入职需交纳押金、保险金以及借钱等为由，要求求职者通过手机微信或者现金向其支付相关费用，多次骗取余某等15人累计数额达人民币27,780元。2020年4月29日，经公安民警电话通知，盛某主动到案接受调查。

云南省保山市隆阳区人民法院认为，盛某以非法占有为目的，利用信息网站招聘平台及手机微信平台发布虚假信息，对不特定多数人实施诈骗，数额达27,780元，数额较大，其行为已触犯刑法，构成诈骗罪。盛某经电话通知主动到案，到案后如实供述犯罪事实，属自首，且自愿认罪认罚，依法可从轻处罚，故依法判决盛某犯诈骗罪，判处有期徒刑二年六个月，并处罚金人民币2万元；扣押盛某的黑色360牌手机一部作为作案工具依法予以没收；继续追缴赃款26,080元后依法予以发还各被害人。盛某上诉称：自己有自首情节并自愿认罪认罚，愿意积极退赃，原判量刑过重，请予改判。

云南省保山市中级人民法院依法组成合议庭，经过阅卷，讯问上诉人，决定不开庭审理。二审法院认为，盛某虚构事实骗取多名被害人财物数额较大的行为，已构成诈骗罪。一审判决认定，犯罪事实清楚，证据确实充分，依据事实及情节所作判决，定性准确，量刑适当，审判程序合法。盛某所提出的上诉意见及量刑情节，原判在量刑时已依法考量，所判刑罚也在盛某认罪认罚具结书的量刑建议幅度之内。因此，二审法院裁定驳回上诉，维持原判。

法律讲堂

1. 劳动者入职被要求交押金、保险金是否符合法律规定

不符合。劳动者入职无须交纳押金、保险金等费用。

《劳动合同法》第9条规定用人单位招用劳动者，不得扣押劳动者的居民身份证和其他证件，不得要求劳动者提供担保或者以其他名义向劳动者收取财物。押金是担保物权的一种，是质押担保的一种特殊形式。根据法律规定，用人单位不得要求劳动者提供担保，即不得要求劳动者交纳押金。如果用人单位强行要求劳动者交纳押金，并以不交押金不能入职为由威胁劳动者，劳动者可向当地劳动行政部门举报或直接向公安机关报警。根据《劳动合同法》第84条的规定，用人单位应当退还已收取的押金，并处罚款。

2. 本案盛某是否构成诈骗罪

盛某多次发布虚假信息，骗取求职者押金、保险金，涉案数额较大，构成诈骗罪。

根据《最高人民法院、最高人民检察院关于办理诈骗刑事案件具体应用法律若干问题的解释》第 1 条第 1 款之规定，“诈骗公私财物价值三千元至一万元以上、三万元至十万元以上、五十万元以上的，应当分别认定为刑法第二百六十六条规定的‘数额较大’、‘数额巨大’、‘数额特别巨大’”。

本案盛某以非法占有为目的，利用信息网站招聘平台及手机微信平台发布虚假信息，对不特定多数人实施诈骗，骗取数额高达 27, 780 元，应认定为诈骗数额较大，构成诈骗罪。

法律规定

1.《劳动合同法》第九条

用人单位招用劳动者，不得扣押劳动者的居民身份证和其他证件，不得要求劳动者提供担保或者以其他名义向劳动者收取财物。

2.《劳动合同法》第八十四条

用人单位违反本法规定，扣押劳动者居民身份证等证件的，由劳动行政部门责令限期退还劳动者本人，并依照有关法律规定给予处罚。

用人单位违反本法规定，以担保或者其他名义向劳动者收取财物的，由劳动行政部门责令限期退还劳动者本人，并以每人五百元以上二千元以下的标准处以罚款；给劳动者造成损害的，应当承担赔偿责任。

劳动者依法解除或者终止劳动合同，用人单位扣押劳动者档案或者其他物品的，依照前款规定处罚。

3.《刑法》第六十四条

犯罪分子违法所得的一切财物，应当予以追缴或者责令退赔；对被害人的合法财产，应当及时返还；违禁品和供犯罪所用的本人财物，应当予以没收。没收的财物和罚金，一律上缴国库，不得挪用和自行处理。

4.《刑法》第六十七条

犯罪以后自动投案，如实供述自己的罪行的，是自首。对于自首的犯罪分子，可以从轻或者减轻处罚。其中，犯罪较轻的，可以免除处罚。

被采取强制措施的犯罪嫌疑人、被告人和正在服刑的罪犯，如实供述司法机关还未掌握的本人其他罪行的，以自首论。

犯罪嫌疑人虽不具有前两款规定的自首情节，但是如实供述自己罪行的，可以从轻处罚；因其如实供述自己罪行，避免特别严重后果发生的，可以减轻处罚。

5.《刑法》第二百六十六条

诈骗公私财物,数额较大的,处三年以下有期徒刑、拘役或者管制,并处或者单处罚金;数额巨大或者有其他严重情节的,处三年以上十年以下有期徒刑,并处罚金;数额特别巨大或者有其他特别严重情节的,处十年以上有期徒刑或者无期徒刑,并处罚金或者没收财产。本法另有规定的,依照规定。

6.《最高人民法院、最高人民检察院关于办理诈骗刑事案件具体应用法律若干问题的解释》第一条

诈骗公私财物价值三千元至一万元以上、三万元至十万元以上、五十万元以上的,应当分别认定为刑法第二百六十六条规定的“数额较大”、“数额巨大”、“数额特别巨大”。

各省、自治区、直辖市高级人民法院、人民检察院可以结合本地区经济社会发展状况,在前款规定的数额幅度内,共同研究确定本地区执行的具体数额标准,报最高人民法院、最高人民检察院备案。

7.《刑事诉讼法》第十五条

犯罪嫌疑人、被告人自愿如实供述自己的罪行,承认指控的犯罪事实,愿意接受处罚的,可以依法从宽处理。

社会意义

以“招聘”为名实施的各类违法犯罪行为手法不断翻新,尤其是微信、QQ、抖音等软件的普及导致诈骗信息发布门槛降低、传播速度加快,受害者人群规模和地域范围呈扩大趋势。本案严惩通过朋友圈发布虚假招聘信息骗取押金、保险金等行为,警示不法分子遵守法律规定。同时也提醒广大求职者提高防范意识,尤其是刚进入社会或将要进入社会的大学生群体,由于其社会阅历较少,缺少鉴别力,容易上当受骗。

大学生求职第一步应当验证招聘单位的真实性与合法性,可通过全国组织机构代码管理中心——诚信体系、全国企业信用信息公示系统等官方途径进行查询验证。在签约过程中要求交保证金或培训费的,需特别警惕,要保证自己的合法权益不受侵害。不要被虚假高薪待遇诱惑,更不要轻易向招工者提供的账号汇钱。

案例溯源

本案一审案号为(2020)云0502刑初716号,二审案号为(2020)云05刑终217号。

专题四
警惕网络假消息　散布谣言害他人

互联网为民众发表言论、表达意见、交流沟通提供了快速便捷的新渠道。然而，部分网民隐藏在网络背后发表不当言论，甚至歪曲事实，肆意诋毁、诽谤他人，严重扰乱了网络秩序，侵犯他人合法权益。大学生群体在通过网络进行交流和表达时需要知道，网络空间不是"法外之地"，在发表自身观点和见解的同时也不能够侵犯他人合法权益。如若诽谤他人，给他人造成精神损害和财产损失，必将受到法律的严惩。

▶ 案例一：检察机关介入诽谤案件，维护公共利益以及受害人名誉权——郎某、何某诽谤案

关键词：诽谤罪　自诉　检察建议　自诉转公诉

法律要点：诽谤他人并严重危害社会秩序和国家利益的由检察机关提起诉讼。

基本案情

公诉机关：杭州市余杭区人民检察院

被告人：郎某、何某

2020年7月7日，被害人谷某在快递驿站取快递时，被被告人郎某使用手机偷拍，并且被告人郎某将该视频发布于某微信群。被告人何某使用微信号冒充被害人谷某与自己聊天，随后伙同被告人郎某分别使用各自微信号冒充被害人谷某和快递员，捏造谷某与快递员的微信聊天记录。为增强聊天记录的可信度，郎某、何某还捏造"赴约途中""约会现场"等视频、图片。在此期间，郎某将上述捏造的微信聊天记录截图数十张及视频、图片陆续发布在微信群，引发群内大量低俗、淫秽评论。之后，上述偷拍的视频以及捏造的微信聊天记录截图

被他人合并转发，并相继扩散到110余个微信群，群成员总数共计2万余人，引发大量低俗评论，多个微信公众号、网站等对上述聊天记录合辑转载推文，总阅读数2万余次，影响了被害人谷某的正常工作生活。2020年8月7日，被害人谷某得知此事并向公安机关报案。8月13日，杭州市公安局余杭分局依据相应法律规定，对郎某、何某作出行政拘留9日的行政处罚。10月26日，谷某向杭州市余杭区人民法院提起刑事自诉。12月14日，余杭区人民法院对自诉予以立案。在2020年8月至12月，此事在网络不断发酵并引发热议，其广泛传播给广大公众造成不安全感，严重扰乱网络社会公共秩序。12月25日，根据余杭区检察院建议，杭州市公安局余杭区分局对郎某、何某以涉嫌诽谤案立案侦查。2021年2月，杭州市余杭区人民检察院以涉嫌诽谤罪对被告人郎某、何某提起公诉。4月，本案在杭州市余杭区人民法院一审开庭审理。法院当庭宣判，分别以诽谤罪判处被告人郎某、何某有期徒刑1年，缓刑2年。

法律讲堂

1. 遭遇他人“诽谤”如何依法维护自身权益

诽谤是指捏造虚假事实，破坏他人名誉的行为。我国《治安管理处罚法》及《刑法》都对诽谤行为的惩处作出了规定，为遭到诽谤的被害人提供救济。

第一，《治安管理处罚法》第42条规定：有下列行为之一的，处5日以下拘留或者500元以下罚款；情节较重的，处5日以上10日以下拘留，可以并处500元以下罚款……（2）公然侮辱他人或者捏造事实诽谤他人的……《公安机关对部分违反治安管理行为实施处罚的裁量指导意见》中规定，对于《治安管理处罚法》第42条第2项、第3项，有下列情形之一的，属于“情节较重”：（1）使用恶劣手段、方式的；（2）给他人正常工作、生活、身心健康、名誉造成较大影响的；（3）经劝阻仍不停止的；（4）利用信息网络公然侮辱、诽谤、诬告陷害他人的；（5）针对多人实施的；（6）其他情节较重的情形。本案中，被告人郎某与何某将捏造的信息在互联网中发布，导致被害人谷某陷入抑郁状态，影响了其正常工作生活，应当认定为《治安管理处罚法》中所规定的“情节较重”。因此，杭州市公安局余杭分局据此对被告人处以9日行政拘留的处罚。

第二，《刑法》第246条规定：以暴力或者其他方法公然侮辱他人或者捏造事实诽谤他人，情节严重的，处三年以下有期徒刑、拘役、管制或者剥夺政治权利。前款罪，告诉的才处理，但是严重危害社会秩序和国家利益的除外。通过信息网络实施第1款规定的行为，被害人向人民法院告诉，但提供证据确有困难的，人民法院可以要求公安机关提供协助。2013年发布并实施的《最高人民法院、最高人民检察院关于办理利用信息网络实施诽谤等刑事案件适用法律若干问题的解释》第 1 条规定:“具有下列情形之一的,应当认定为刑法第二百四十六条第一款规定的‘捏造事实诽谤他人’:(一)捏造损害他人名誉的事实,在信息网络上散布,或者组织、指使人员在信息网络上散布的……”第 2 条规定:“利用信息网络诽谤他人,具有下列情形之一的,应当认定为刑法第二百四十六条第一款规定的‘情节严重’:(一)同一诽谤信息实际被点击、浏览次数达到五千次以上,或者被转发次数达到五百次以上的……”我国《刑法》对诽谤罪规定了以自诉为原则,并且需要达到“情节严重”。本案中被告人捏造损害被害人名誉的事实在网络上散布。并且被告人偷拍的视频以及捏造的微信聊天记录截图被合并转发,阅读量达 2 万余次,已经达到“情节严重”的标准。因此,被害人谷某向法院提起自诉。

2. 哪些诽谤案中,检察机关需要介入

诽谤行为构成诽谤罪,又严重危害社会秩序和国家利益的时候,检察机关需要介入案件。

《刑法》中规定诽谤罪原则上为自诉案件,同时也规定捏造事实诽谤他人,情节严重,并且严重危害社会秩序和国家利益的由检察机关提起公诉。可见,当诽谤行为达到“情节严重”的标准,即已经构成诽谤罪,又严重危害社会秩序和国家利益的时候,检察机关需要介入案件,行使公诉权。并且,根据《最高人民法院、最高人民检察院关于办理利用信息网络实施诽谤等刑事案件适用法律若干问题的解释》第 3 条规定:“利用信息网络诽谤他人,具有下列情形之一的,应当认定为刑法第二百四十六条第二款规定的‘严重危害社会秩序和国家利益’:……(二)引发公共秩序混乱的……”本案中,被告人郎某、何某捏造事实诽谤他人的行为经网络传播,给广大公众造成不安全感,严重扰乱网络社会公共秩序,已经达到“引发公共秩序混乱”这一标准。本案的一审法院也认为:被告人的犯罪行为已并非仅对被害人谷某造成影响,其对象选择的随机性,造成不特定公众恐慌和社会安全感、秩序感下降;诽谤信息在网络上大范围流传,引发大量淫秽、低俗评论,虽经公安机关辟谣,仍对网络公共秩序造成很大冲击,严重危害社会秩序,公诉机关以诽谤罪对二被告人提起公诉,符合法律规定。

法律规定

1.《刑法》第二百四十六条

以暴力或者其他方法公然侮辱他人或者捏造事实诽谤他人,情节严重的,处三年以下有期徒刑、拘役、管制或者剥夺政治权利。

前款罪,告诉的才处理,但是严重危害社会秩序和国家利益的除外。

通过信息网络实施第一款规定的行为,被害人向人民法院告诉,但提供证据确有困难的,人民法院可以要求公安机关提供协助。

2.《治安管理处罚法》第四十二条

有下列行为之一的,处五日以下拘留或者五百元以下罚款;情节较重的,处五日以上十日以下拘留,可以并处五百元以下罚款:

(一)写恐吓信或者以其他方法威胁他人人身安全的;

(二)公然侮辱他人或者捏造事实诽谤他人的;

(三)捏造事实诬告陷害他人,企图使他人受到刑事追究或者受到治安管理处罚的;

(四)对证人及其近亲属进行威胁、侮辱、殴打或者打击报复的;

(五)多次发送淫秽、侮辱、恐吓或者其他信息,干扰他人正常生活的;

(六)偷窥、偷拍、窃听、散布他人隐私的。

3.《最高人民法院、最高人民检察院关于办理利用信息网络实施诽谤等刑事案件适用法律若干问题的解释》第一条

具有下列情形之一的,应当认定为刑法第二百四十六条第一款规定的“捏造事实诽谤他人”:

(一)捏造损害他人名誉的事实,在信息网络上散布,或者组织、指使人员在信息网络上散布的;

(二)将信息网络上涉及他人的原始信息内容篡改为损害他人名誉的事实,在信息网络上散布,或者组织、指使人员在信息网络上散布的;

明知是捏造的损害他人名誉的事实,在信息网络上散布,情节恶劣的,以“捏造事实诽谤他人”论。

4.《最高人民法院、最高人民检察院关于办理利用信息网络实施诽谤等刑事案件适用法律若干问题的解释》第二条

利用信息网络诽谤他人,具有下列情形之一的,应当认定为刑法第二百四十六条第一款规定的“情节严重”:

(一)同一诽谤信息实际被点击、浏览次数达到五千次以上,或者被转发次数达到五百次以上的;

(二)造成被害人或者其近亲属精神失常、自残、自杀等严重后果的;

(三)二年内曾因诽谤受过行政处罚,又诽谤他人的;

(四)其他情节严重的情形。

5.《最高人民法院、最高人民检察院关于办理利用信息网络实施诽谤等刑事案件适用法律若干问题的解释》第三条

利用信息网络诽谤他人,具有下列情形之一的,应当认定为刑法第二百四十六条第二款规定的"严重危害社会秩序和国家利益":

(一)引发群体性事件的;

(二)引发公共秩序混乱的;

(三)引发民族、宗教冲突的;

(四)诽谤多人,造成恶劣社会影响的;

(五)损害国家形象,严重危害国家利益的;

(六)造成恶劣国际影响的;

(七)其他严重危害社会秩序和国家利益的情形。

6.《公安机关对部分违反治安管理行为实施处罚的裁量指导意见》

(《中华人民共和国治安管理处罚法》第42条第2项、第3项)有下列行为之一的,处五日以下拘留或者五百元以下罚款;情节较重的,处五日以上十日以下拘留,可以并处五百元以下罚款:

(二)公然侮辱他人或者捏造事实诽谤他人的;

(三)捏造事实诬告陷害他人,企图使他人受到刑事追究或者受到治安管理处罚的;

【理解与适用】

有下列情形之一的,属于"情节较重":

(一)使用恶劣手段、方式的;

(二)给他人正常工作、生活、身心健康、名誉造成较大影响的;

(三)经劝阻仍不停止的;

(四)利用信息网络公然侮辱、诽谤、诬告陷害他人的;

(五)针对多人实施的;

(六)其他情节较重的情形。

社会意义

由于信息在互联网中传播速度快、覆盖面广,通过互联网进行的侮辱、诽谤等行为对被害人所造成的伤害更为严重,也更容易造成网络公共秩序的混乱。在本案中,被害人勇于拿起法律的武器捍卫自己的合法权益,不断通过合法渠道寻求救济,用自身行动践行了依法维权,抵制网络暴力,证明了网络空间不是法外之地。不仅如此,本案中检察机关的及时介入不仅履行了其维护公共利益

的职责,同时也表明了司法机关依法打击网络谣言的态度。

案例溯源

本案来自最高人民检察院公布的2020年度十大法律监督案例之四——女子取快递遭诽谤案。

▶ 案例二:散布虚假消息是否构成犯罪?——刘某、邹某散布谣言案

关键词:散布谣言 扰乱秩序 刑事责任

法律要点:编造虚假信息并在信息网络上散布,造成网络场所秩序严重混乱,构成寻衅滋事罪。

基本案情

原公诉机关:呼和浩特市回民区人民检察院

上诉人(原审被告人):刘某

原审被告人:邹某

2018年3月24日,刘某在没有任何事实依据情况下,编造虚假文章《出乌兰记——盘先生在美丽坚》,影射某公司董事长潘某长期滞留美国不归,并发布在其个人微信公众平台"天禄财经"上和"财经媒体+资本金融"微信群内。邹某阅读该文章后,于2018年3月25日15时28分向刘某询问潘某情况。随后,刘某、邹某共谋将编造的"潘某被带走协助调查"这一虚假消息进行发布。2018年3月26日7时52分,刘某再次编造虚假文章《出美丽坚——盘先生回乌兰配合调查》,影射某公司董事长潘某被带走协助调查,并发布在"天禄财经"微信公众号上。

2018年3月26日9时许,邹某拨打某公司电话求证,被告知有关潘某的传言为谣言。同日10时4分邹某编造虚假文章《【公司聚焦】某股份董事长潘某或"失联"》,以作者"安国"的名义,发布在其个人微信公众平台"光祥财经"上。该文章发布后随即引起媒体转载、报道,被大量点击、评论,造成部分牧场和原材料供应商销售数据下降,某公司员工恐慌的不利后果。

2018年3月26日中午,某公司公开发布澄清公告。同日某公司员工于某、张某分别联系邹某、刘某要求其删除稿件。然而邹某、刘某均未删除。

呼和浩特市回民区人民法院经审理认为,刘某、邹某编造虚假信息在网络上发布,混淆视听并被大量传播,造成公共秩序严重混乱,构成寻衅滋事罪,判

处邹某有期徒刑一年，缓刑一年六个月，判处刘某有期徒刑八个月。刘某不服，称其所写文章是文学作品，不存在影射现实人物，提起上诉。呼和浩特市中级人民法院认为原审法院认定事实清楚，适用法律正确，故裁定驳回上诉，维持原判。

法律讲堂

1. 散布谣言需要承担哪些法律责任

对于网络上散布谣言需要承担的法律责任，主要分为三种责任：一是民事责任。即如果散布谣言侵犯了自然人、法人或非法人组织的名誉权，依据我国《民法典》的规定，要承担停止侵害、恢复名誉、消除影响、赔礼道歉及赔偿损失的法律责任。二是行政责任。即如果散布谣言，谎报险情、疫情、警情或者以其他方法故意扰乱公共秩序的，或者公然侮辱他人、捏造事实诽谤他人，尚不构成犯罪的，要依据《治安管理处罚法》等规定给予拘留、罚款等行政处罚。三是刑事责任。即如果散布谣言构成犯罪的，要依据《刑法》的规定追究刑事责任。

2. 本案刘某、邹某的行为是否构成犯罪

刘某、邹某编造虚假信息在网络上发布，混淆视听并被大量传播，造成公共秩序严重混乱，构成寻衅滋事罪。

根据《最高人民法院、最高人民检察院关于办理利用信息网络实施诽谤等刑事案件适用法律若干问题的解释》第5条第2款之规定，编造虚假信息，或者明知是编造的虚假信息，在信息网络上散布，或者组织、指使人员在信息网络上散布，起哄闹事，造成公共秩序严重混乱的，依照《刑法》第293条第1款第4项的规定，以寻衅滋事罪定罪处罚。

本案刘某、邹某编造的虚假信息虽然名义上针对的是某公司董事长潘某，但实质上对潘某作为法定代表人的法人某公司产生了直接影响。网络场所是现实社会的组成部分，二人编造虚假信息并在信息网络上散布，起哄闹事，造成网络场所秩序严重混乱，破坏了社会秩序，二人的行为已经构成寻衅滋事罪。

法律规定

1.《刑法》第二十五条

共同犯罪是指二人以上共同故意犯罪。

二人以上共同过失犯罪，不以共同犯罪论处；应当负刑事责任的，按照他们所犯的罪分别处罚。

2.《刑法》第七十二条

对于被判处拘役、三年以下有期徒刑的犯罪分子,同时符合下列条件的,可以宣告缓刑,对其中不满十八周岁的人、怀孕的妇女和已满七十五周岁的人,应当宣告缓刑:

(一)犯罪情节较轻;

(二)有悔罪表现;

(三)没有再犯罪的危险;

(四)宣告缓刑对所居住社区没有重大不良影响。

……

3.《刑法》第七十三条

拘役的缓刑考验期限为原判刑期以上一年以下,但是不能少于二个月。

有期徒刑的缓刑考验期限为原判刑期以上五年以下,但是不能少于一年。

缓刑考验期限,从判决确定之日起计算。

4.《刑法》第二百九十三条

有下列寻衅滋事行为之一,破坏社会秩序的,处五年以下有期徒刑、拘役或者管制:

……

(四)在公共场所起哄闹事,造成公共场所秩序严重混乱的。

……

5.《最高人民法院、最高人民检察院关于办理利用信息网络实施诽谤等刑事案件适用法律若干问题的解释》第五条

利用信息网络辱骂、恐吓他人,情节恶劣,破坏社会秩序的,依照刑法第二百九十三条第一款第(二)项的规定,以寻衅滋事罪定罪处罚。

编造虚假信息,或者明知是编造的虚假信息,在信息网络上散布,或者组织、指使人员在信息网络上散布,起哄闹事,造成公共秩序严重混乱的,依照刑法第二百九十三条第一款第(四)项的规定,以寻衅滋事罪定罪处罚。

十 社会意义

互联网时代,信息传播速度极快,信息网络具有明显的公共属性和社会属性。网络社会已经与现实社会融为一体,成为现实社会的重要组成部分,网络信息必然会对现实社会产生实实在在的影响。本案通过严惩行为人在信息网络上散布虚假消息的行为,并追究其刑事责任,提醒大众互联网在任何时候都绝非法外之地,尤其是频繁使用互联网的大学生群体,更要树立正确的网络观,

合法上网,文明上网,坚决不造谣、不信谣、不传谣,共同营造文明和谐的网络环境。

案例溯源

本案一审案号为(2018)内 0103 刑初 181 号,二审案号为(2018)内 01 刑终 141 号。

第六章
求职择业

求职择业是大学生从校园迈向社会正式的第一步。同学们不仅要面临理想与现实的差距,“过五关斩六将”找到了一份工作后,还有可能遭遇被无理解雇、削减补贴、压缩休假、少缴保险等一系列不公待遇。因此,提前加强就业相关法律知识的学习对于每一位同学来说都是十分必要的。

本章对大学生从在校实习到正式求职择业过程中可能产生的常见法律纠纷选取了4个专题共9个真实案例予以分析。一方面,帮助同学们了解自己作为劳动者拥有哪些权利、如何避免陷阱、怎样进行维权,比如,在校学生在学校组织下到指定单位实习期间遭受人身损害的,其损害赔偿责任应由谁负担?用人单位缴纳养老保险的法定义务能否通过自行约定免除?单位安排的集体度假能否替代劳动者年休假?用人单位发放社保补贴能否免除用人单位法定缴费义务?网络主播与合作公司之间能否认定为劳动关系?另一方面,提示同学们在求职过程中保证诚信,否则将承担相应的法律责任,比如,劳动者不辞而别将导致怎样的法律后果?劳动者提供虚假学历证书是否导致劳动合同无效?

专题一
实习也要保安全　遭受损害要维权

对于多数大学生来说,实习是初次参与社会实践的一段难忘经历。当校园生活向社会工作过渡,理论知识与生产实践碰撞的时候,可能会出现一些问题让初步接触社会的大学生无所适从。其中最需要注意的就是实习期间人身安全保障方面的问题。在大学生实习期间,学校、实习单位都负有保障实习生人身安全的义务。对于实习期间的大学生来说,除需要加强自身安全意识以外,也要树立法治意识。如果遭受人身损害,要及时拿起法律武器维护自身合法权益。

▶ 案例一:在校学生实习期间遭受人身损害由谁担责?——王某诉甲公司、乙学院实习作业中人身损害赔偿纠纷案

关键词:实习期间　人身损害赔偿　责任承担

法律要点:学生在实习过程中受到的人身损害,应按照一般民事侵权纠纷处理,由学校、企业和学生按其过错各自承担相应责任。

基本案情

上诉人(原审被告):乙学院

被上诉人(原审原告):王某

原审被告:甲公司

原告王某为被告乙学院的学生。2009 年 12 月 1 日,被告乙学院安排原告王某进入被告甲公司实习,约定第一个月工资 1000 元,从第二个月开始每月工资 1500 元。2009 年 12 月 30 日下午,原告王某等人在甲公司的安排下给其公司新厂房门刷漆,因厂房门比较高,原告站在三脚架上刷门。在推动三脚架从一侧向另一侧时不料三脚架倾倒,导致站在三脚架上的王某从高处坠落受伤。

王某受伤后,被告甲公司把王某送医院救治,后转院救治,住院治疗23天。原告因就医治疗支出的医疗费、误工费、护理费、伙食费、营养费、交通费等合计43,305元。被告甲公司已给付15,000元医疗费,并护理11天。诉讼中,经法院委托鉴定,原告王某伤情构成十级伤残。根据本地城镇居民人均可支配收入计,原告的残疾赔偿金应为45,888元。

原告王某将被告甲公司与乙学院告上法庭,要求判令两被告赔付原告各项损失134,904元,并负担本案全部诉讼费用。原告王某认为其在被告乙学院的安排下在甲公司实习,并在该公司工作时受伤,两被告应共同赔偿原告的伤后经济损失。被告甲公司认为原告因自己的过失受到人身损害,应承担大部分责任。并且甲公司与原告之间没有劳动或雇佣的法律关系,因此不应对原告承担赔付责任。被告乙学院认为,原告在事故发生时的身份已经转变,是作为员工在公司工作的,从伤害过程来看,学校是没有过错的,所以不应承担责任。

宿迁市宿豫区人民法院对此案进行了审理,并于2011年8月作出一审判决:被告甲公司支付原告王某赔偿款39,855.8元;被告乙学院支付原告王某赔偿款18,838.6元;驳回原告其他诉讼请求。

一审宣判后,被告乙学院不服,向宿迁市中级人民法院提起上诉。经宿迁市中级人民法院主持调解,当事人一致认可一审判决结果并达成协议。

法律讲堂

1.在校学生实习期间能否依据《劳动法》及相关法律规范维护自身合法权益

在校生实习期间与实习单位并非劳动关系,不能依据《劳动法》及相关法律规范维护自身合法权益。

《劳动法》是调整劳动关系的法律,其第1条规定:"为了保护劳动者的合法权益,调整劳动关系,建立和维护适应社会主义市场经济的劳动制度,促进经济发展和社会进步,根据宪法,制定本法。"《劳动法》对用人单位保障劳动者人身安全的义务与责任作出明确规定。劳动关系中劳动者可以依据《工伤保险条例》获得救助和补偿,维护自身合法权益。《最高人民法院关于审理人身损害赔偿案件适用法律若干问题的解释》(2003年)第12条第1款规定:依法应当参加工伤保险统筹的用人单位的劳动者,因工伤事故遭受人身损害,劳动者或者其近亲属向人民法院起诉请求用人单位承担民事赔偿责任的,告知其按《工伤保险条例》的规定处理。但在校学生在实习期间与实习单位并非劳动关系,因此其合法权益遭到侵害时不能通过《劳动法》及相关法律规范寻求救济。本案的一审法院认为,原告王某系被告乙学院在校学生,其基于学校的安排到甲公司进行实习,该实习应该是该学校教学内容的延伸和扩展,王某与甲公司不存在劳动关系。因此,本案中原告王某不能依据《劳动法》及相关法律规范维护自身合法权益。

2. 对原告王某造成人身损害的责任如何分担

由被告甲公司、被告乙学院以及原告王某按过错程度分别对王某的损失承担责任。

本案中原告王某和被告甲公司之间不存在劳动关系,原告在实习过程中受到的伤害应按照一般民事侵权纠纷处理,原告王某的损失应当由某公司、乙学院以及王某共同负责。根据原《民法通则》第 119 条①的规定:侵害公民身体造成伤害的,应当赔偿医疗费、因误工减少的收入、残废者生活补助费等费用;造成死亡的,并应当支付丧葬费、死者生前扶养的人必要的生活费等费用。宿迁市宿豫区人民法院认为:原告王某在被告乙学院的安排下到甲公司实习,因此项实习是该学校教学内容的延伸和扩展,所以该学校对原告在实习单位的安全仍负有一定的安全教育和管理义务。作为实习单位的甲公司,在原告实习期间,负有对原告进行安全教育与相关培训的义务,应为原告提供安全的工作场所,以保障原告在实习期间的人身安全。而在本案中,作为实习单位的甲公司虽然对原告进行了实习培训,但其对原告在实习时可能存在的安全隐患仍负有直接的提醒和注意义务,因甲公司未尽到相关义务,对原告受伤的损害结果存在一定的过错,应承担相应的赔偿责任。乙学院未加强对学生的安全教育和进行必要管理,负有疏于管理的责任,该学校对原告受伤的损害结果也存在一定的过错,也应承担相应的赔偿责任。因此,被告甲公司和乙学院都应对原告的损失负责。不仅如此,原告作为已成年大学生,对其自身安全亦有一定的注意义务,其工作时在三脚架移动过程中没有离开三脚架,对受伤的损害结果存在一定的过错,应减轻二被告赔偿责任。因此,原告王某也要对自己的损失负一定的责任。

法律规定

1.《劳动法》第一条

为了保护劳动者的合法权益,调整劳动关系,建立和维护适应社会主义市场经济的劳动制度,促进经济发展和社会进步,根据宪法,制定本法。

---

① 现为《民法典》第 1179 条。

2.《最高人民法院关于审理人身损害赔偿案件适用法律若干问题的解释》(2003年)第十二条第一款的规定已调整为《最高人民法院关于审理人身损害赔偿案件适用法律若干问题的解释》(2020年修正)第三条第一款的内容。

依法应当参加工伤保险统筹的用人单位的劳动者,因工伤事故遭受人身损害,劳动者或者其近亲属向人民法院起诉请求用人单位承担民事赔偿责任的,告知其按《工伤保险条例》的规定处理。

社会意义

本案对学校、实习单位和学生自身都有一定的警示意义。首先,对于学校来说,学校组织的实习是学校教学内容的延伸和扩展,因此学校在组织学生实习的过程中也要做好对实习生的安全教育和管理工作。其次,对于实习单位来说,对实习生进行安全培训,为实习生提供安全的工作场所,保障实习生的人身安全也是其应尽的义务。最后,对于实习学生来说,在实习工作中也应提高安全意识,对自己的人身安全负责,并且在人身权益遭受侵害时可以通过法律途径维护自身合法权益。

案例溯源

本案一审案号为(2011)宿豫民初字第0684号,二审案号为(2011)宿中民终字第1247号。

▶ 案例二:学生在实习中受伤不因自身一般过错担责——李某某诉甲公司、乙学校人身损害赔偿纠纷案

关键词:在校学生实习　过错责任　一般过错

法律要点:虽然实习学生与实习单位之间不存在劳动关系,但学校和实习单位都有对实习学生进行安全教育和管理的义务。学生在实习过程中受到的人身损害,应由有过错方承担相应的责任,但学生不应因自身一般过错担责。

基本案情

上诉人(原审原告):李某某

被上诉人(原审被告):甲公司、乙学校

原告李某某为被告乙学校学生,2013年李某某到甲公司进行为期一年的实习。李某某、乙学校、甲公司三方签订了学生实习协议书,约定甲公司支付李某某的实习津贴按国家规定的每周不超40小时计每月人民币1800~2000元,

超过规定时间的加班及因工作需要安排的中班、夜班和特殊岗位与甲公司职工同等待遇；甲公司在安排实习生上岗前应先对实习生进行企业文化、岗位要求、专业技能、操作规范、安全生产、劳动纪律等方面的培训教育，安排到相应的部门和岗位从事与国家劳动保护法规相符合的对人身无危害、对青少年身心健康无影响的工作，并指派带教师傅对实习进行指导评价；对易发生意外工伤的实习岗位，甲公司在实习生上岗前除加强安全生产教育外，还应提供应有的劳动保护措施等。

2013 年 11 月 2 日上午 11 时许，李某某在甲公司加班操作数控折边机，在更换模具时不慎踩到开关，致使机器截断其右手部分手指。李某某随即被送至医院手术治疗、住院。出院后原告李某某又多次到门诊进行治疗。在此期间，甲公司向李某某垫付了医疗费等费用 78,738.51 元。后因赔偿事宜无法协商一致，李某某向上海市青浦区人民法院提起诉讼，请求判决用甲公司、乙学校还应共同赔偿其各类损失合计 226,144 元。

一审审理中，原告李某某称实习前乙学校对李某某做过安全教育培训，上岗前甲公司也对李某某做过岗前培训，工作时发放了劳动保护手套。事发时为甲公司规定需要加班的时间，但原先带教李某某的师傅不加班，李某某便自己操作折边机。甲公司有其他班长在，可以指导李某某，并且模具本来应该由班长更换，但因李某某着急换模具继续工作，便自己更换模具，在操作过程中受伤。

上海市青浦区人民法院一审认为，被告甲公司作为实习单位，要求李某某实习期间操作机器却未安排带教师傅在旁指导，对李某某受伤存在过错；原告李某某对操作设备的危险性应具有一定的认知，但在无带教人员陪同指导的情况下自行更换模具，又未遵循正确操作规程，未尽审慎注意义务，对损害后果的发生也负有一定的过错。被告乙学校在现有证据下不足以被证明在本起事故中存在过错。因此，在本起事故中甲公司承担 80% 的责任，李某某自负 20% 的责任。综上，上海市青浦区人民法院作出一审判决：甲公司赔偿李某某受伤的损失 70,529.90 元；驳回李某某其余诉讼请求。

一审判决后，李某某不服，向上海市第二中级人民法院提起上诉。上海市第二中级人民法院经审理后作出二审判决：一、撤销原审判决；二、甲公司赔偿李某某因本次受伤造成的损失 148,387.50 元；三、乙学校赔偿李某某因本次受伤造成的损失 56,781.50 元。

法律讲堂

本案中谁应该对原告李某某遭受的人身损害负责

应由甲公司以及乙学校共同对李某某的损失承担责任。

虽然本案中原告李某某与被告甲公司之间不存在劳动关系,但这并不意味着被告甲公司以及乙学校对原告的人身损害不承担责任。原《侵权责任法》第6条第1款[①]规定:行为人因过错侵害他人民事权益,应当承担侵权责任。第12条规定:二人以上分别实施侵权行为造成同一损害,能够确定责任大小的,各自承担相应的责任;难以确定责任大小的,平均承担赔偿责任。本案中,被告甲公司以及被告乙学校对李某某所遭受的人身损害都具有一定过错,因此应共同承担责任。而原告李某某作为实习生,其在实习期间的一般过失不能减轻甲公司及乙学校所应承担的赔偿责任。上海市第二中级人民法院认为:首先,甲公司与李某某之间是支配与被支配的地位,李某某劳动所创造经济利益归属于甲公司,并且甲司应当承担李某某的劳动保护以及劳动风险控制与防范的职责和义务。因此,甲公司应当对本案李某某所受之损害承担主要赔偿责任。其次,乙学校作为李某某实习期间的间接管理人,应当清楚学生实习期间工作的内容及危险性。并且乙学校在清楚实习单位不得安排实习生加班规定的情况下本可以采取手段予以防范,却采取放任的态度。因此,乙学校未尽到职责,应当对李某某所受损害承担次要责任。最后,李某某作为实习生,尚处于技能学习阶段,对李某某在劳动过程中的谨慎注意义务不能过于苛求,李某某的一般过失不能减轻甲公司及乙学校所应承担的赔偿责任。

社会意义

本案中二审法院适用了过错责任原则,但同时也认为学生在实习中受伤不应因其自身一般过错担责。本案的判决结果和理由强调了实习过程中学校及实习单位对学生人身安全的保护责任。对实习单位来说,对实习生进行安全培训,为实习生提供安全的工作场所,保障实习生的人身安全是其应尽的义务。对于学校来说,要做好对实习生的安全教育和管理工作,通过与实习单位沟通等多种手段切实维护学生合法权益。

案例溯源

本案一审案号为(2015)青民一(民)初字第101号,二审案号为(2015)沪二中民一(民)终字第1807号。

---

① 现为《民法典》第1165条第1款。

专题二
工作需要签合同　人身财产有保障

对大学生来说，找工作是从校园正式迈向社会的第一步。刚毕业的大学生缺乏社会经验，在求职时可能会遇到一些问题。通过正规渠道寻找企业发布的信息；在签订劳动合同时擦亮双眼，仔细阅读合同内容等方法能够使初入社会的同学们避免在求职过程中遇到一些麻烦。想要找到一份合适的工作，就要对用人单位认真考察，并谨慎签订合同，以避免给自身利益造成损失。

▶ 案例一：网络主播与合作公司劳动关系认定——李某霞诉甲公司劳动合同纠纷案

关键词：合作协议　劳动合同　劳动关系

法律要点：从管理方式、收入分配、工作内容三个方面认定劳动关系。

基本案情

上诉人（原审原告）：李某霞

被上诉人（原审被告）：甲公司

被告甲公司发布主播招募海报，海报中载明了保底、提成、才艺培训等内容。原告李某霞受其招募从事网络直播活动，并于2017年11月29日与被告甲公司签订《艺人独家合作协议》，协议主要约定如下：

甲公司作为经纪公司为李某霞提供才艺演艺互动平台、提供优质推荐资源，李某霞在甲公司的合作互动平台上进行才艺演艺从而获得相关演艺收入，并获得甲公司优质资源包装推荐机会。李某霞成为甲公司的独家签约艺人，甲公司为李某霞提供独家演艺内容及相关事务，合作期间，李某霞保证全面服从甲公司安排，甲公司同意给予李某霞相应的推荐资源，帮助李某霞提升人气和收益。

甲公司有权自主组织、协调和安排本协议上述的活动及事务，甲公司有义务根据本协议项下约定的方式向李某霞支付应获得收入；对于李某霞通过甲公司推荐所进行的才艺演艺成果，甲公司依法拥有独家权利；李某霞承诺并保证在协议有效期内只能在甲公司指定的场所从事本协议所述的才艺演艺以及本协议内容构成相同或类似的合作；李某霞有义务在本协议有效期内接受甲公司及其他合作伙伴安排的工作；李某霞自协议生效后20日内于甲公司平台以实名认证方式应当且仅申请注册一个主播账户，并告知甲公司账户号码和名称，向甲公司提供个人身份证明备案。

结算收入包括李某霞获得的提成收入及甲公司支付的保底收入，独家签约艺人可享有经甲公司事先审核并确定的保底收入，保底收入由甲公司指派的平台待遇而定，双方按月结算，甲公司核算备案登记全部主播艺人的提成收入和保底收入。李某霞在甲公司指派直播平台满足有效天和有效时长前提下，甲公司每月支付李某霞2000元保底工资，不满足时长当月保底取消，只有提成，如违反平台相关条例取消当月保底及奖励。

双方还对权利义务、权利归属、保密条款、违约责任等进行了约定。

原告李某霞认为，其于2017年11月2日进入被告甲公司工作，劳动关系存续期间，甲公司未与其签订劳动合同，未为其购买社会保险，长时间拖欠工资。2018年4月27日，原告李某霞向重庆市江北区劳动人事争议仲裁委员会申请仲裁，该委员会逾期未作出受理决定。随后原告李某霞诉至重庆市江北区人民法院，请求确认双方在2017年11月2日至2018年3月31日存在劳动关系，由被告甲公司向其支付二倍工资差额27,168.39元、欠付工资7500元及经济补偿金3712.5元，并确认双方劳动关系自李某霞口头解除之日即2018年3月29日解除。

重庆市江北区人民法院审理后认为：从双方签订的艺人独家合作协议来看，该协议约定的目的和背景、合作内容、收入及结算均不具有劳动合同必备条款的性质，不应视为双方之间具有劳动关系。原告李某霞并未举证证明双方具有建立劳动关系的合意，并未举证证明双方之间具有劳动关系性质的经济、人身依附性，其基于劳动关系提起的诉讼请求，法院不予支持。并于2018年12月7日作出判决，驳回原告李某霞的诉讼请求。原告李某霞不服一审判决，向重庆市第一中级人民法院提起上诉。

重庆市第一中级人民法院认为，上诉人李某霞与被上诉人甲公司之间不符合劳动关系的法律特征，一审法院对李某霞基于劳动关系提出的各项诉讼请求未予支持并无不当。并于2019年3月28日判决驳回上诉，维持原判。

法律讲堂

如何确认劳动关系

在未签订劳动合同的情况下应从主体资格、管理方式、收入分配、工作内容等方面来认定是否存在劳动关系。

首先,在劳动者与用人单位签订了劳动合同的情况下,劳动合同起到确认劳动关系的作用。《劳动法》第16条第1款规定:劳动合同是劳动者与用人单位确立劳动关系、明确双方权利和义务的协议。明确了劳动合同具有确立劳动关系的功能。而《劳动合同法》中则将“开始用工”作为劳动关系建立的标志,《劳动合同法》第7条规定:用人单位自用工之日起即与劳动者建立劳动关系。用人单位应当建立职工名册备查。第10条规定:建立劳动关系,应当订立书面劳动合同。已建立劳动关系,未同时订立书面劳动合同的,应当自用工之日起一个月内订立书面劳动合同。用人单位与劳动者在用工前订立劳动合同的,劳动关系自用工之日起建立。

其次,日常生活中也大量存在未签订劳动合同而需确认劳动关系的情况。对此,《劳动和社会保障部关于确立劳动关系有关事项的通知》中对未订立劳动合同时劳动关系的确认提供实质与形式上两个方面的标准。该通知规定:“一、用人单位招用劳动者未订立书面劳动合同,但同时具备下列情形的,劳动关系成立。(一)用人单位和劳动者符合法律、法规规定的主体资格;(二)用人单位依法制定的各项劳动规章制度适用于劳动者,劳动者受用人单位的劳动管理,从事用人单位安排的有报酬的劳动;(三)劳动者提供的劳动是用人单位业务的组成部分。二、用人单位未与劳动者签订劳动合同,认定双方存在劳动关系时可参照下列凭证:(一)工资支付凭证或记录(职工工资发放花名册)、缴纳各项社会保险费的记录;(二)用人单位向劳动者发放的‘工作证’、‘服务证’等能够证明身份的证件;(三)劳动者填写的用人单位招工招聘‘登记表’、‘报名表’等招用记录;(四)考勤记录;(五)其他劳动者的证言等。其中,(一)、(三)、(四)项的有关凭证由用人单位负举证责任。”可见,当劳动者未与用人单位签订劳动合同时,是否存在劳动关系应当从主体资格、管理方式、收入分配、工作内容等方面综合判断,并且可以通过工资支付凭证、工作证等材料进行证明。

最后,本案中一审法院与二审法院正是依据此判断李某霞与甲公司之间是否存在劳动关系。重庆市第一中级人民法院认为:第一,从管理方式上看,甲公司没有对李某霞进行劳动管理。李某霞无须遵守甲公司的各项劳动规章制度。第二,从收入分配上看,甲公司没有向李某霞支付劳动报酬。双方在合作协议中约定的保底收入应属于甲公司给予直播合作伙伴的保障和激励费用,并非李某霞收入的主要来源。第三,从工作内容上看,李某霞从事的网络直播活动并非甲公司业务的组成部分。李某霞从事网络直播的平台由第三方所有和提供,网络直播本身不属于甲公司的经营范围。因此,李某霞与甲公司之间不符合劳动关系的法律特征。

法律规定

1.《劳动法》第十六条第一款

劳动合同是劳动者与用人单位确立劳动关系、明确双方权利和义务的协议。

2.《劳动合同法》第七条

用人单位自用工之日起即与劳动者建立劳动关系。用人单位应当建立职工名册备查。

3.《劳动合同法》第十条

建立劳动关系,应当订立书面劳动合同。

已建立劳动关系,未同时订立书面劳动合同的,应当自用工之日起一个月内订立书面劳动合同。

用人单位与劳动者在用工前订立劳动合同的,劳动关系自用工之日起建立。

4.《劳动和社会保障部关于确立劳动关系有关事项的通知》

一、用人单位招用劳动者未订立书面劳动合同,但同时具备下列情形的,劳动关系成立。

(一)用人单位和劳动者符合法律、法规规定的主体资格;

(二)用人单位依法制定的各项劳动规章制度适用于劳动者,劳动者受用人单位的劳动管理,从事用人单位安排的有报酬的劳动;

(三)劳动者提供的劳动是用人单位业务的组成部分。

二、用人单位未与劳动者签订劳动合同,认定双方存在劳动关系时可参照下列凭证:

(一)工资支付凭证或记录(职工工资发放花名册)、缴纳各项社会保险费的记录;

(二)用人单位向劳动者发放的"工作证"、"服务证"等能够证明身份的证件;

(三)劳动者填写的用人单位招工招聘"登记表"、"报名表"等招用记录;

(四)考勤记录;

(五)其他劳动者的证言等。

其中,第(一)、(三)、(四)项的有关凭证由用人单位负举证责任。

社会意义

随着直播平台、短视频平台等快速发展,"网红经济"成为一种十分热门的社会现象。做一名"视频博主"或者"网络主播"也成为许多人倾向选择的生存、发展方式。但是从个人的角度来说,上述工作更多属于一种新型的"就业"方式,意味着通过更为灵活的渠道从事劳动。那么在这种变化下,如何能够依法维护劳动者合法权益,就需要劳动者、用人单位以及相关的立法、司法、行政机关共同努力探索。

案例溯源

本案一审案号为(2018)渝0105民初8250号,二审案号为(2019)渝01民终1910号。

▶ 案例二:劳动者拒绝补签劳动合同致使自身利益受损——欧阳某某与甲服饰店劳动合同纠纷案

关键词:无固定期限劳动合同　终止劳动关系　赔偿金

法律要点:用人单位与劳动者视为订立无固定期限劳动合同的,双方仍应签订书面劳动合同。如果劳动者拒绝补签劳动合同,用人单位可以终止劳动关系。

基本案情

上诉人(原审原告):甲服饰店

被上诉人(原审被告):欧阳某某

2013年1月1日,欧阳某某到甲服饰店工作。由于欧阳某某与甲服饰店未就签订劳动合同达成一致意见,双方未签订劳动合同。2017年7月21日,欧阳某某向其工作的甲服饰店出具其不愿签订劳动合同的申明,内容如下:"本人(欧阳某某)在甲服饰店工作,企业为遵守国家劳动法,自2011年至今一直要求我们签订劳动合同,这是维护双方的合法权益之举,本人由于劳动合同内容理解不够,因此一直未签订劳动合同……"2017年7月31日,甲服饰店向欧阳某某与另一职工发出终止甲服饰店与欧阳某某及另一位员工劳动关系的《通知函》,其中表明:鉴于店员欧阳某某与另一员工在甲服饰店多次要求签订劳动合同时均以各种理由拒签,公司正式通知于2017年8月15日终止与二人的劳动关系。随后欧阳某某在甲服饰店工作至2017年8月15日,此后未再到甲服饰店上班。

2018年3月21日,欧阳某某以甲服饰店违法终止劳动关系为由向劳动仲裁机构提起劳动争议仲裁,要求甲服饰店支付违法终止劳动关系的赔偿金25,740元。仲裁机构作出裁决:甲服饰店支付欧阳某某违法终止劳动合同赔偿金25,740元。

裁决后,甲服饰店不服,遂向重庆市铜梁区人民法院提起诉讼。一审法院审理后作出判决,甲服饰店支付欧阳某某违法解除劳动合同赔偿金25,595.50元。甲服饰店不服上述判决,遂向重庆市第一中级人民法院提起上诉。

重庆市第一中级人民法院审理后认为:欧阳某某于2013年1月1日起到甲服饰店工作,双方未签订书面劳动合同。依照《劳动合同法》,用人单位自用工之日起满一年不与劳动者订立书面劳动合同的,视为已订立无固定期限劳动合同。即从2014年1月1日起,双方应视为订立了无固定期限劳动合同。同时,法律规定用人单位应与劳动者补订书面劳动合同。劳动者不与用人单位订立书面劳动合同的。用人单位应当书面通知劳动者终止劳动关系。欧阳某某于2017年7月21日出具的申明,表明用人单位自2011年以来一直要求与其签订劳动合同,但由于其本人原因双方未签订劳动合同。故甲服饰店以欧阳某某拒签劳动合同为由终止双方的劳动关系符合法律规定,其行为不存在违法之情形,遂改判其不支付违法解除劳动合同赔偿金。

法律讲堂

1. 什么是“无固定期限劳动合同”

无固定期限劳动合同是按照期限而划分的不同劳动合同类型中的一种。

我国《劳动法》第16条第1款规定:劳动合同是劳动者与用人单位确立劳动关系、明确双方权利和义务的协议。第20条第1款规定:劳动合同的期限分为有固定期限、无固定期限和以完成一定的工作为期限。《劳动合同法》则对无固定期限劳动合同的含义与适用情形作出进一步规定,《劳动合同法》第14条第1款规定:无固定期限劳动合同,是指用人单位与劳动者约定无确定终止时间的劳动合同。第14条第2款规定:“用人单位与劳动者协商一致,可以订立无固定期限劳动合同。有下列情形之一,劳动者提出或者同意续订、订立劳动合同的,除劳动者提出订立固定期限劳动合同外,应当订立无固定期限劳动合同:(一)劳动者在该用人单位连续工作满十年的;(二)用人单位初次实行劳动合同制度或者国有企业改制重新订立劳动合同时,劳动者在该用人单位连续工作满十年且距法定退休年龄不足十年的;(三)连续订立二次固定期限劳动合同,且劳动者没有本法第三十九条和第四十条第一项、第二项规定的情形,续订劳动合同的。"第 14 条第 3 款规定:用人单位自用工之日起满一年不与劳动者订立书面劳动合同的,视为用人单位与劳动者已订立无固定期限劳动合同。本案中欧阳某某于 2013 年 1 月 1 日起到甲服饰店工作,至 2014 年 1 月 1 日时工作满一年,且双方未签订劳动合同。那么依据《劳动合同法》,作为用人单位的甲服饰店与劳动者欧阳某某之间视为已订立无固定期限劳动合同。

2. 被视为订立了"无固定期限劳动合同"后是否还需要签订书面劳动合同

被视为订立了"无固定期限劳动合同"后,用人单位和劳动者还需要签订书面劳动合同。《劳动合同法实施条例》第 7 条规定:"用人单位自用工之日起满一年未与劳动者订立书面劳动合同的,自用工之日起满一个月的次日至满一年的前一日应当依照劳动合同法第八十二条的规定向劳动者每月支付两倍的工资,并视为自用工之日起满一年的当日已经与劳动者订立无固定期限劳动合同,应当立即与劳动者补订书面劳动合同。"可见,即使被视为已经订立无固定期限劳动合同,也需要用人单位与劳动者签订书面劳动合同。本案中,通过原告欧阳某某的申明可以看出被告服饰店也一直要求与欧阳某某签订劳动合同,但由于原告个人原因并未签订。

3. 原告欧阳某某能否依法取得赔偿金

欧阳某某不能取得赔偿金。《劳动合同法实施条例》第 6 条第 1 款规定:"用人单位自用工之日起超过一个月不满一年未与劳动者订立书面劳动合同的,应当依照劳动合同法第八十二条的规定向劳动者每月支付两倍的工资,并与劳动者补订书面劳动合同;劳动者不与用人单位订立书面劳动合同的,用人单位应当书面通知劳动者终止劳动关系,并依照劳动合同法第四十七条的规定支付经济补偿。"如上文所述,本案中被告服饰店一直要求与原告欧阳某某签订劳动合同但都被拒绝,因此二审法院认为,被告服饰店并非违法与原告欧阳某某解除劳动关系,不应支付原告赔偿金。

法律规定

1.《劳动法》第十六条第一款

劳动合同是劳动者与用人单位确立劳动关系、明确双方权利和义务的协议。

2.《劳动法》第二十条第一款

劳动合同的期限分为有固定期限、无固定期限和以完成一定的工作为期限。

3.《劳动合同法》第十四条

无固定期限劳动合同,是指用人单位与劳动者约定无确定终止时间的劳动合同。

用人单位与劳动者协商一致,可以订立无固定期限劳动合同。有下列情形之一,劳动者提出或者同意续订、订立劳动合同的,除劳动者提出订立固定期限劳动合同外,应当订立无固定期限劳动合同:

(一)劳动者在该用人单位连续工作满十年的;

(二)用人单位初次实行劳动合同制度或者国有企业改制重新订立劳动合同时,劳动者在该用人单位连续工作满十年且距法定退休年龄不足十年的;

(三)连续订立二次固定期限劳动合同,且劳动者没有本法第三十九条和第四十条第一项、第二项规定的情形,续订劳动合同的。

用人单位自用工之日起满一年不与劳动者订立书面劳动合同的,视为用人单位与劳动者已订立无固定期限劳动合同。

4.《劳动合同法实施条例》第六条第一款

用人单位自用工之日起超过一个月不满一年未与劳动者订立书面劳动合同的,应当依照劳动合同法第八十二条的规定向劳动者每月支付两倍的工资,并与劳动者补订书面劳动合同;劳动者不与用人单位订立书面劳动合同的,用人单位应当书面通知劳动者终止劳动关系,并依照劳动合同法第四十七条的规定支付经济补偿。

5.《劳动合同法实施条例》第七条

用人单位自用工之日起满一年未与劳动者订立书面劳动合同的,自用工之日起满一个月的次日至满一年的前一日应当依照劳动合同法第八十二条的规定向劳动者每月支付两倍的工资,并视为自用工之日起满一年的当日已经与劳动者订立无固定期限劳动合同,应当立即与劳动者补订书面劳动合同。

社会意义

签订书面劳动合同是维护劳动者合法权益的重要保障，无论在劳动关系存续期间，还是劳动关系被违法解除后都能有效保护劳动者权益。本案中，原告欧阳某某作为劳动者未能认清签订书面劳动合同的重要性，其拒绝与用人单位签订合同的行为并非维护自身权益的明智之举。不仅如此，本案还提醒人们，即使劳动者与用人单位被视为已经订立无固定期限劳动合同，也需要补订书面劳动合同，以便维护自身合法权益。

案例溯源

本案一审案号为(2018)渝0151民初4649号，二审案号为(2019)渝01民终3196号。

专题三
法律知识要了解　劳动者也有权利

面对用人单位,劳动者在劳动关系中通常处于弱势地位,因此为了保护劳动者的合法权益,调整劳动关系,劳动法等相关法律法规对劳动者应当享有的权利(比如,取得劳动报酬的权利、休息休假的权利、获得劳动安全卫生保护的权利、接受职业技能培训的权利、享受社会保险和福利的权利等)予以明确规定并提供了法律保障。许多同学误以为,用人单位强迫自己签订免除其缴纳社会保险和提供福利义务的约定,自己就只能吃了这个"哑巴亏",但实际上用人单位的部分义务是法定义务,这样的约定有可能因为违反法律强制性规定而无效。为了让同学们更好地理解劳动者的权利,本专题选取了三个典型案例,涉及劳动者年休假、社会保险费的缴纳等常见劳动争议话题。

▶ 案例一:用人单位缴纳养老保险的法定义务能否通过自行约定免除?——杨某与重庆某公司劳动争议案

关键词:社保费用　法定义务　及时追偿

法律要点:用人单位缴纳养老保险的法定义务不能通过自行约定免除。

基本案情

上诉人(原审被告):重庆某公司

被上诉人(原审原告):杨某

杨某于2004年7月10日被重庆某公司招录为员工,安排在电解车间工作。然而,重庆某公司只从2011年7月至2014年11月为杨某建立了养老保险关系并为杨某缴纳了该期间的保险费用。2016年10月,在重庆某公司《关于提供杨某工资表的说明》中载明:"根据本人(杨某)申请,公司同意向其提供2004年至2011年(每年提供一个月)共计8个月工资表,仅用于本人自愿补缴养老保险费并承担其费用,同时不得将工资表信息提供他人,否则,造成后果公司将追究其责任,因此产生的一切费用由本人负责,与公司无关。"杨某签字同意以上说明。2016 年 10 月,杨某补缴了 2004 年 6 个月、2005 年全年及 2011 年 1 月至 7 月的养老保险费共计 67,445.52 元,其中,职工基本养老保险(单位缴纳)部分为 59,250 元,职工基本养老保险(个人缴纳)部分为 8195.52 元。2017 年 5 月 16 日,杨某补缴养老保险费后,要求重庆某公司返还其为公司垫付的养老保险费 59,250 元。杨某不服仲裁裁决结果,诉至法院。

重庆市秀山县人民法院经审理后认为,杨某自愿补缴的是个人应缴部分的养老保险费,而非自愿补缴单位应缴部分的养老保险费,且其并未明确表示放弃向重庆某公司追偿代其缴纳的部分养老保险费,遂判决,重庆某公司支付杨某养老保险费 59,250 元。

重庆某公司不服,提起上诉。重庆市第四中级人民法院经审理后,判决驳回上诉,维持原判。

法律讲堂

1. 用人单位的法定责任是否能够通过用人单位和劳动者之间的自行约定而免除

不可以。《劳动合同法》第 26 条规定用人单位免除自己的法定责任、排除劳动者权利的条款,违反了法律强制性规定,应被认定为无效。

2. 本案中《关于提供杨某工资表的说明》能否免除重庆某公司为杨某缴纳养老保险的义务

为劳动者缴纳养老保险是用人单位的法定义务,不能通过自行约定免除。根据《劳动法》第 72 条之规定,社会保险基金按照保险类型确定资金来源,逐步实行社会统筹。用人单位和劳动者必须依法参加社会保险,缴纳社会保险费。判断能否免除重庆某公司为杨某缴纳养老保险的义务,主要在于杨某是否和重庆某公司达成了协议,由杨某自己缴纳所有养老保险,免除重庆某公司的缴纳义务;如果杨某确实和重庆某公司达成了协议,就要看该协议是否有效。

从上述工资表说明的内容中无法直接判断杨某是否愿意缴纳单位应缴的养老保险费用。《关于提供杨某工资表的说明》是重庆某公司单方拟定,属于格式条款。根据原《合同法》第 41 条[①]之规定,对格式条款有两种以上解释的,

① 现为《民法典》第 498 条。

应当作出不利于提供格式条款一方的解释。因此,应解释为杨某不愿意缴纳单位应缴的部分,即杨某并未与重庆某公司达成协议,免除重庆某公司的缴纳义务。退一步讲,即使杨某与重庆某公司达成了协议,该协议也是无效的。因为该协议违反了用人单位和劳动者必须参加社会保险的法律强制性规定,根据《劳动合同法》第26条之规定,该协议是无效协议。

3. 如何计算诉讼时效

诉讼时效,是指民事权利受到侵害的权利人在法定的时效期间内不行使权利,当时效期间届满时,债务人获得诉讼时效抗辩权。权利人向人民法院请求保护民事权利的诉讼时效期间为3年。法律另有规定的,依照其规定。诉讼时效期间自权利人知道或者应当知道权利受到损害以及义务人之日起计算。法律另有规定的,依照其规定。但是,自权利受到损害之日起超过20年的,人民法院不予保护,有特殊情况的,人民法院可以根据权利人的申请决定延长。

4. 本案杨某请求退还本应由重庆某公司承担的养老保险费的诉讼时效从何时开始计算

《劳动保障监察条例》第20条第2款规定,前款规定的期限,自违反劳动保障法律、法规或者规章的行为发生之日起计算;违反劳动保障法律、法规或者规章的行为有连续或者继续状态的,自行为终了之日起计算。

本案属于连续侵权类型,诉讼时效不应自权利人知道或者应当知道权利受到损害以及义务人之日起计算,而应从连续违法行为停止之日起开始计算。本案连续违法行为停止之日应为重庆某公司开始为杨某缴纳养老保险费后,其连续状态的违法行为才结束,此时诉讼时效开始计算。本案重庆某公司一直没有为杨某缴纳2004年至2011年的养老保险费,但2016年10月杨某代重庆某公司补缴了这部分费用,可以视为重庆某公司连续违法行为停止,诉讼时效从此时开始计算。

法律规定

1.《劳动法》第七十二条

社会保险基金按照保险类型确定资金来源,逐步实行社会统筹。用人单位和劳动者必须依法参加社会保险,缴纳社会保险费。

2.《民法典》第四百九十八条

对格式条款的理解发生争议的,应当按照通常理解予以解释。对格式条款有两种以上解释的,应当作出不利于提供格式条款一方的解释。格式条款和非格式条款不一致的,应当采用非格式条款。

3.《劳动合同法》第二十六条

下列劳动合同无效或者部分无效:

(一)以欺诈、胁迫的手段或者乘人之危,使对方在违背真实意思的情况下订立或者变更劳动合同的;

(二)用人单位免除自己的法定责任、排除劳动者权利的;

(三)违反法律、行政法规强制性规定的。

对劳动合同的无效或者部分无效有争议的,由劳动争议仲裁机构或者人民法院确认。

4.《劳动保障监察条例》第二十条

违反劳动保障法律、法规或者规章的行为在2年内未被劳动保障行政部门发现,也未被举报、投诉的,劳动保障行政部门不再查处。

前款规定的期限,自违反劳动保障法律、法规或者规章的行为发生之日起计算;违反劳动保障法律、法规或者规章的行为有连续或者继续状态的,自行为终了之日起计算。

社会意义

近年来,劳动纠纷数量激增,一方面反映了目前劳动侵权现象仍然严重,但另一方面也反映出劳动者维权意识增强。本案通过判决重庆某公司履行为员工缴纳养老保险费的法定义务,警示用人单位严格遵守法律规定,自觉履行法律义务,营造良好的用工环境,同时也鼓励劳动者积极维权,保护自己的合法权益。大学生正面临找工作就业的关键期,认真学习劳动法律知识至关重要。了解了劳动者的权利和义务,才能知道自己有没有被侵权。大学生在签订劳动合同时更要谨慎阅读劳动合同,仔细查看有无侵害或可能侵害自己合法权益的内容,一旦发现立即要求修改,从源头上避免侵权。

案例溯源

本案一审案号为(2017)渝0241民初3616号,二审案号为(2018)渝04民终28号。

▶ 案例二:单位安排的集体度假能否替代劳动者年休假?
——班某诉某律师事务所劳动争议纠纷案

关键词:集体度假　年休假　休息权

法律要点:用人单位组织员工按团队外出统一度假,不能折抵劳动者年休假,用人单位与劳动者另有约定除外。

基本案情

上诉人(原审原告、被告):班某

上诉人(原审原告、被告):某律师事务所

2011 年 6 月 1 日,班某与某律师事务所(以下简称某律所)签订劳动合同,约定某律所安排班某从事律师助理工作,为期一年,班某的月基本薪资为 3000 元。2012 年 6 月 1 日,双方续签了劳动合同,期限至 2013 年 5 月 31 日。合同到期后,班某继续在某律所工作,但双方未签劳动合同。班某称其月收入为基本工资 8150 元加饭补 200 元,某律所认可该数额。之后班某将某律所诉至法院,主张其工作期间应休未休的年休假时间共计 11 天,故对方应支付其未休年休假工资 8445.98 元。某律所称其组织班某所在的团队休假,安排班某于 2012 年 6 月 24 日至 30 日至泰国度假 7 天、2013 年 6 月 25 日至 29 日至北戴河度假 5 天,其所应得的年休假已经享受完毕。2014 年 5 月,班某向北京市朝阳区劳动人事争议仲裁委员会申请仲裁,要求某律所支付工资等。后班某、某律所对裁决结果均持有异议,故诉至法院。

北京市朝阳区人民法院经审理认为,2011 年 6 月 1 日至 2013 年 10 月 20 日,班某可休年休假 11 天。某律所已安排班某休假 9 天,判决某律所还应支付班某未休年休假工资 1535.63 元(8350 元 ÷21.75 ×2 天 ×200%)。

判决后,双方均不服,提起上诉。北京市第三中级人民法院认为,安排旅游不属于劳动者享受年休假的情况,而应属于用人单位在年休假之外另行提供的奖励或福利。本案中,某律所未能就上述事项提供相应证据,故对其主张不予支持,班某的上诉请求及理由,于法有据,法院予以支持。本案中,2011 年 6 月 1 日至 2013 年 10 月 20 日,班某可休年休假 11 天,某律所应支付班某未休年休假工资 8445.98 元(8350 元 ÷21.75 ×11 天 ×200%)。遂改判某律所给付班某未休年休假工资补偿 8445.98 元。

法律讲堂

1. 单位安排的集体旅游能否代替劳动者的年休假

不能。用人单位组织员工按团队外出统一度假，系单位统一安排的集体活动，并不符合法律关于年休假制度下劳动者可以享有自主安排休假时间与方式的规定，不应按劳动者已享受年休假处理。

年休假是国家赋予劳动者休息的法定权利，既然是权利，就应该由劳动者自由支配和选择。根据《企业职工带薪年休假实施办法》第9条规定，用人单位根据生产、工作的具体情况，并考虑职工本人意愿，统筹安排年休假。用人单位确因工作需要不能安排职工年休假或者跨1个年度安排年休假的，应征得职工本人同意。

从上述规定可知，用人单位如果要统筹安排年休假，应该考虑劳动者的意愿。本案某律所主张的度假的方式为统一安排出行，属于单位组织的集体活动，律所与劳动者在此之前并没有约定年休假采用集体度假的形式，本案劳动者是服从单位要求而参加，没有体现考虑劳动者的意愿或出于劳动者个人的自由意志选择。因此，某律所的集体度假不能代替劳动者的年休假。

2. 本案律所还应给付班某未休年休假工资只计算日工资200%是否符合法律规定

某律所之前已经支付了班某参加集体度假期间的工资，未休年休假工资只计算班某日工资的200%符合法律规定。

根据《企业职工带薪年休假实施办法》第10条第1款的规定，用人单位经职工同意不安排年休假或者安排职工年休假天数少于应休年休假天数的，应当在本年度内对职工应休未休年休假天数，按照其日工资收入的300%支付未休年休假工资报酬，其中包含用人单位支付职工正常工作期间的工资收入。

从上述规定可知未休年休假工资报酬包括职工日常工作期间工资收入在内共计为日工资收入的300%。本案班某参加律所安排的集体度假期间工资已经支付，班某的未休年休假报酬应扣除律所已经支付的这部分工资，因此，律所还应支付班某日工资的200%即可。

法律规定

1.《职工带薪年休假条例》第二条

机关、团体、企业、事业单位、民办非企业单位、有雇工的个体工商户等单位的职工连续工作1年以上的，享受带薪年休假（以下简称年休假）。单位应当保证职工享受年休假。职工在年休假期间享受与正常工作期间相同的工资收入。

2.《职工带薪年休假条例》第三条

职工累计工作已满1年不满10年的,年休假5天;已满10年不满20年的,年休假10天;已满20年的,年休假15天。

国家法定休假日、休息日不计入年休假的假期。

3.《职工带薪年休假条例》第五条

单位根据生产、工作的具体情况,并考虑职工本人意愿,统筹安排职工年休假。

年休假在1个年度内可以集中安排,也可以分段安排,一般不跨年度安排。单位因生产、工作特点确有必要跨年度安排职工年休假的,可以跨1个年度安排。

单位确因工作需要不能安排职工休年休假的,经职工本人同意,可以不安排职工休年休假。对职工应休未休的年休假天数,单位应当按照该职工日工资收入的300%支付年休假工资报酬。

4.《劳动法》第四十五条

国家实行带薪年休假制度。

劳动者连续工作一年以上的,享受带薪年休假。具体办法由国务院规定。

5.《企业职工带薪年休假实施办法》第十条

用人单位经职工同意不安排年休假或者安排职工年休假天数少于应休年休假天数,应当在本年度内对职工应休未休年休假天数,按照其日工资收入的300%支付未休年休假工资报酬,其中包含用人单位支付职工正常工作期间的工资收入。

用人单位安排职工休年休假,但是职工因本人原因且书面提出不休年休假的,用人单位可以只支付其正常工作期间的工资收入。

十、社会意义

带薪年休假作为劳动者的重要权利,是国家赋予劳动者的重要福利,但近年来,“996”“007”的超长工作时间已经逐渐成为一个较普遍的问题,用人单位通过各种途径要求劳动者加班,剥夺劳动者休息权,但大部分劳动者均选择逆来顺受,维权意识薄弱。本案通过判决律所支付劳动者未休年休假的工资报酬,保护劳动者的合法权益,提醒广大劳动者勇敢维权,警示用人单位严格遵守法律规定,自觉保障劳动者休息权。大学生也将面临找工作就业等问题,由于法律意识淡薄,维权观念薄弱,合同意识不强,社会经验不足,有些企业利用大学生急于就业的心理，抓住大学生就业过程中的薄弱环节，设置陷阱，侵犯大学生合法权益。因此，大学生应主动学习劳动法律知识，提升法律意识，重视自己作为劳动者享有的权利，尤其是休息休假的权利。

案例溯源

本案一审案号为（2014）朝民初字第46620号，二审案号为（2015）三中民终字第12243号。

▶ 案例三：用人单位发放社保补贴能否免除用人单位的法定缴费义务？——郑某诉某公司劳动争议案

关键词：社保补贴　法定义务　约定无效

法律要点：用人单位以现金形式发放社保补贴，不为劳动者缴纳社会保险费，违反法律规定，不能免除用人单位的法定缴费义务。

基本案情

上诉人（原审原告）：郑某

上诉人（原审被告）：某公司

2012年5月16日，郑某应聘到某公司工作，担任五金仓库主管，基本工资为1500元、技术补贴500元、超时加班补贴600元、全勤奖100元、安全奖20元，另以现金方式发放社保补贴280元。某公司要求郑某签订书面劳动合同，郑某以某公司提供的劳动合同系空白合同为由，在合同上签字后又予取回销毁，致使双方均无劳动合同原件，并对此各有说辞。2013年4月8日，郑某以其第三次辞职，相关承诺已兑现为由，请求公司同意辞职，经公司同意后，双方解除了劳动关系。另郑某在工作期间，某公司未为其缴纳社会保险。2013年4月23日，郑某向浙江省衢州市柯城区劳动争议仲裁委员会申请仲裁，要求某公司补缴社会保险，支付经济补偿金等，该委员会于2013年6月28日作出裁决：要求公司为郑某补缴2012年6月至2013年3月的养老、医疗保险（双方具体缴费数额由社会保险经办机构核定）。郑某与公司均不服裁决，向法院提起诉讼。

浙江省衢州市柯城区人民法院经审理认为，用人单位为劳动者缴纳社会保险是法定义务。郑某要求某公司补缴社会保险费用的请求，符合法律规定。

双方不服一审判决，向浙江省衢州市中级人民法院提起上诉。二审判决驳回上诉，维持原判。

法律讲堂

1. 什么是社会保险

社会保险包括失业保险、工伤保险、养老保险、医疗保险和生育保险，是国家为了维护公民权益，预防和分担公民因疾病、失业等可能产生的社会风险而制定的保险制度。根据《社会保险法》第 2 条之规定，国家建立基本养老保险、基本医疗保险、工伤保险、失业保险、生育保险等社会保险制度，保障公民在年老、疾病、工伤、失业、生育等情况下依法从国家和社会获得物质帮助的权利。

2. 以社保补贴代替社会保险的约定是否有效

社会保险费的缴纳具有法定性和强制性，用人单位与个人不能通过约定或者其他方式自行变更或者排除，如果有约定，该约定无效。

根据《劳动法》第 72 条之规定，社会保险基金按照保险类型确定资金来源，逐步实行社会统筹。用人单位和劳动者必须依法参加社会保险，缴纳社会保险费。

从上述规定可知，社会保险费的缴纳具有法定性和强制性，当事人不能通过约定或者其他方式自行变更或者排除。本案某公司与郑某约定以社保补贴代替社会保险的约定违反《劳动法》的规定，根据《劳动合同法》第 26 条之规定，违反法律、行政法规强制性规定的劳动合同无效。因此，即使某公司与郑某之间存在社保补贴形式的约定，因不符合法律规定，约定无效，公司应当依法为劳动者补缴有关社会保险费。

3. 本案公司发放给郑某的社保补贴是否应该退还

郑某领取社保补贴没有法律依据，属于不当得利，应当退还。

根据《民法通则》第 92 条①之规定，没有合法根据，取得不当利益，造成他人损失的，应当将取得的不当利益返还受损失的人。前已述及，郑某领取社保补贴，获得财产利益，但因为该社保补贴没有合法依据，且公司因支付郑某社保补贴而造成了财产损失，因此，郑某取得的社保补贴属于不当得利，应当将已经取得的社保补贴退还给公司。

4. 本案郑某能否要求公司支付经济补偿金

郑某主动与公司协商要求解除劳动合同，公司无须支付经济补偿金。

---

① 现为《民法典》第 985 条。

根据《劳动合同法》第46条之规定，劳动者主动提出解除劳动合同，用人单位可以不支付经济补偿金。本案郑某主动辞职，并得到公司同意，双方协商一致解除劳动合同，公司无须支付经济补偿金。

法律规定

1.《劳动法》第七十二条

社会保险基金按照保险类型确定资金来源，逐步实行社会统筹。用人单位和劳动者必须依法参加社会保险，缴纳社会保险费。

2.《劳动合同法》第二十六条

下列劳动合同无效或者部分无效：

（一）以欺诈、胁迫的手段或者乘人之危，使对方在违背真实意思的情况下订立或者变更劳动合同的；

（二）用人单位免除自己的法定责任、排除劳动者权利的；

（三）违反法律、行政法规强制性规定的。

对劳动合同的无效或者部分无效有争议的，由劳动争议仲裁机构或者人民法院确认。

3.《劳动合同法》第三十六条

用人单位与劳动者协商一致，可以解除劳动合同。

4.《劳动合同法》第四十六条

有下列情形之一的，用人单位应当向劳动者支付经济补偿：

（一）劳动者依照本法第三十八条规定解除劳动合同的；

（二）用人单位依照本法第三十六条规定向劳动者提出解除劳动合同并与劳动者协商一致解除劳动合同的；

（三）用人单位依照本法第四十条规定解除劳动合同的；

（四）用人单位依照本法第四十一条第一款规定解除劳动合同的；

（五）除用人单位维持或者提高劳动合同约定条件续订劳动合同，劳动者不同意续订的情形外，依照本法第四十四条第一项规定终止固定期限劳动合同的；

（六）依照本法第四十四条第四项、第五项规定终止劳动合同的；

（七）法律、行政法规规定的其他情形。

5.《民法典》第九百八十五条

得利人没有法律根据取得不当利益的，受损失的人可以请求得利人返还取得的利益，但是有下列情形之一的除外：

（一）为履行道德义务进行的给付；
（二）债务到期之前的清偿；
（三）明知无给付义务而进行的债务清偿。

社会意义

社会保险费是社会保险基金的主要来源，是社会保险制度的物质基础，关系参保职工的切身利益和社会稳定。不缴纳社会保险，短期来看，劳动者能够拿到手里的工资多了，但在劳动者年老、疾病、失业、生育等情形下极易失去社会保障，这些风险个人往往难以凭自力救济的方式应对。从用人单位角度看，用工成本似乎降低了，但实际上，不仅不能免除其法定缴费义务，在劳动者发生人身伤亡构成工伤的情形下，用人单位将会产生更大的损失。本案否定用人单位与劳动者自行约定参与社会保险的形式，维护社会保险基金的安全和有效运行，保障劳动者经济安全。大学生在就业的过程中，应及时缴纳社会保险，并监督单位依法履行缴纳社会保险义务。

案例溯源

本案一审案号为（2013）衢柯民初字第313号、第333号，二审案号为（2014）浙衢民终字第58号、第59号。

专题四
诚信对待新工作　反悔要付违约金

诚信，是中华民族的传统美德，也是职场的必备素养。但是，用人单位和劳动者都可能为了自己的某些私利而采取不诚信行为。在求职过程中适度“包装”自己、为了有更好的发展更换工作平台自是无可厚非，但是不可违背诚信要求，本专题选取了涉及劳动者不辞而别和劳动者提供虚假学历证书两个案例，以提示同学们对待工作要诚信，否则不仅会影响自己的个人声誉，还将要承担法律上的违约责任。

▶ 案例一：劳动者从工作单位不辞而别，其行为性质应如何认定？——重庆某公司诉陈某劳动争议案

关键词：单方解除　违法解除　赔偿损失

法律要点：劳动者不辞而别，应认定为单方违法解除劳动合同。

基本案情

上诉人（原审被告）：陈某

被上诉人（原审原告）：重庆某公司

陈某于2009年到重庆某公司上班。2009年7月29日，重庆某公司制作了《考勤管理制度》，载明：旷工达三天以上（含三天）作自动离职处理。2009年10月1日，重庆某公司颁布的《重庆某公司员工手册》载明：员工请事假应事先以书面形式向部门主管申请，经部门主管批准予以生效；如未办任何手续或请假未经同意而缺勤者，一律作旷工处理；员工连续旷工三天，或一年内累积旷工七天的，公司有权解除合同。2010年2月初起，陈某就没有在重庆某公司上班，也未履行请假手续。2010年12月30日，陈某以重庆某公司没有依法为其缴纳社会保险为由，申请仲裁，请求解除双方劳动合同关系并要求重庆某公司支付

经济补偿金。仲裁裁定驳回陈某的请求。

重庆市江北区人民法院经审理认为，陈某2010年2月初起就没有在重庆某公司上班，亦没有证据证明其向重庆某公司请假并经重庆某公司同意，应当认定自2010年2月初起陈某已自动离职，其行为不符合用人单位支付职工经济补偿金的条件，因此对陈某的诉讼请求不予主张。陈某不服一审判决，提起上诉。重庆市第一中级人民法院经审理判决驳回上诉，维持原判。

法律讲堂

1. 劳动者可以通过哪些方式解除劳动合同

一是协商解除。根据《劳动合同法》第36条之规定，用人单位与劳动者协商一致，可以解除劳动合同。二是预告解除。根据《劳动合同法》第37条之规定，劳动者提前30日以书面形式通知用人单位，可以解除劳动合同。劳动者在试用期内提前三日通知用人单位，可以解除劳动合同。三是单方解除。根据《劳动合同法》第38条之规定，“用人单位有下列情形之一的，劳动者可以解除劳动合同：(一)未按照劳动合同约定提供劳动保护或者劳动条件的；(二)未及时足额支付劳动报酬的；(三)未依法为劳动者缴纳社会保险费的；(四)用人单位的规章制度违反法律、法规的规定，损害劳动者权益的；(五)因本法第二十六条第一款规定的情形致使劳动合同无效的；(六)法律、行政法规规定劳动者可以解除劳动合同的其他情形。用人单位以暴力、威胁或者非法限制人身自由的手段强迫劳动者劳动的，或者用人单位违章指挥、强令冒险作业危及劳动者人身安全的，劳动者可以立即解除劳动合同，不需事先告知用人单位”。

2. 陈某与重庆某公司的劳动合同何时解除

2010年2月陈某离开公司时。解除劳动合同的行为是一个法律行为，它是行为人一方通过法定形式，将解除劳动合同的意思表示成功传达到对方，经过法定期间而后生效的过程。意思表示有明示与默示之分，劳动者要求解除劳动合同的意思表示既可以通过语言或者文字形式明确表示出来，也可以通过其自身行为进行推定。本案陈某不辞而别，没有通过语言或文字明确表示其是否解除劳动合同，但是从陈某之后申请仲裁要求解除劳动关系的行为可以推定她之前的不辞而别是为了要解除与重庆某公司的劳动关系，她用不再回公司上班的行为默示了要与公司解除劳动合同。

在本案中，陈某有两次解除劳动合同的行为：第一次是2010年2月不辞而别，推定其是因个人原因离职而解除劳动合同；第二次是2010年12月30日陈某申请仲裁,以重庆某公司未为其购买社会保险为由要求解除劳动合同,但实际生效的是第一次意思表示成立并生效之时。劳动者一旦作出了解除劳动合同的意思表示,在该意思表示成立并生效的情况下,其行为就发生相应的确定性法律后果,且该法律后果不以劳动者后来重新作出的行为而改变。因此,陈某与重庆某公司单方解除劳动合同的意思表示在2010年2月离开公司时已经作出并生效,陈某与重庆某公司的劳动合同自2010年2月陈某离开公司时解除。

3. 重庆某公司能否要求陈某赔偿损失

可以。根据《劳动合同法》第90条之规定,劳动者违反本法规定解除劳动合同,或者违反劳动合同中约定的保密义务或者竞业限制,给用人单位造成损失的,应当承担赔偿责任。

劳动者行使解除权,要根据《劳动合同法》第36条、第37条之规定,与用人单位协商达成一致或者提前预告解除。如果用人单位出现《劳动合同法》第38条规定的情形之一,劳动者也可以单方解除劳动合同。本案中重庆某公司不存在《劳动合同法》第38条规定的情形,陈某只能通过与公司进行协商或者预告解除劳动合同。但陈某直接以不辞而别的方式离职,没有提前通知重庆某公司,更没有和公司进行协商,不符合劳动合同法关于劳动者行使单方解除权的规定,属于违法解除劳动合同。如果公司因为陈某的擅自离职造成了经营管理过程中的损失,公司可以根据《劳动合同法》第90条的规定,要求陈某赔偿损失,维护公司的合法权益。

4. 什么是经济补偿金

经济补偿金是在劳动合同解除或终止后,用人单位依法一次性支付给劳动者的经济上的补助。根据《劳动合同法》第46条之规定,“有下列情形之一的,用人单位应当向劳动者支付经济补偿:(一)劳动者依照本法第三十八条规定解除劳动合同的;(二)用人单位依照本法第三十六条规定向劳动者提出解除劳动合同并与劳动者协商一致解除劳动合同的;(三)用人单位依照本法第四十条规定解除劳动合同的;(四)用人单位依照本法第四十一条第一款规定解除劳动合同的;(五)除用人单位维持或者提高劳动合同约定条件续订劳动合同,劳动者不同意续订的情形外,依照本法第四十四条第一项规定终止固定期限劳动合同的;(六)依照本法第四十四条第四项、第五项规定终止劳动合同的;(七)法律、行政法规规定的其他情形”。

5. 陈某能否要求重庆某公司支付经济补偿金

不能。经济补偿金是劳动者和用人单位合法解除劳动关系时用人单位应承担的法定义务，具有补偿性质。前已述及，陈某违法单方解除劳动合同，缺失请求重庆某公司支付经济补偿金的前提，无权请求重庆某公司支付经济补偿金。

法律规定

1.《劳动合同法》第三十六条

用人单位与劳动者协商一致，可以解除劳动合同。

2.《劳动合同法》第三十七条

劳动者提前三十日以书面形式通知用人单位，可以解除劳动合同。劳动者在试用期内提前三日通知用人单位，可以解除劳动合同。

3.《劳动合同法》第三十八条

用人单位有下列情形之一的，劳动者可以解除劳动合同：

（一）未按照劳动合同约定提供劳动保护或者劳动条件的；

（二）未及时足额支付劳动报酬的；

（三）未依法为劳动者缴纳社会保险费的；

（四）用人单位的规章制度违反法律、法规的规定，损害劳动者权益的；

（五）因本法第二十六条第一款规定的情形致使劳动合同无效的；

（六）法律、行政法规规定劳动者可以解除劳动合同的其他情形。

用人单位以暴力、威胁或者非法限制人身自由的手段强迫劳动者劳动的，或者用人单位违章指挥、强令冒险作业危及劳动者人身安全的，劳动者可以立即解除劳动合同，不需事先告知用人单位。

4.《劳动合同法》第四十六条

有下列情形之一的，用人单位应当向劳动者支付经济补偿：

（一）劳动者依照本法第三十八条规定解除劳动合同的；

（二）用人单位依照本法第三十六条规定向劳动者提出解除劳动合同并与劳动者协商一致解除劳动合同的；

（三）用人单位依照本法第四十条规定解除劳动合同的；

（四）用人单位依照本法第四十一条第一款规定解除劳动合同的；

（五）除用人单位维持或者提高劳动合同约定条件续订劳动合同，劳动者不同意续订的情形外，依照本法第四十四条第一项规定终止固定期限劳动合同的；

（六）依照本法第四十四条第四项、第五项规定终止劳动合同的；

（七）法律、行政法规规定的其他情形。

5.《劳动合同法》第九十条

劳动者违反本法规定解除劳动合同，或者违反劳动合同中约定的保密义务或者竞业限制，给用人单位造成损失的，应当承担赔偿责任。

社会意义

本案通过对劳动者违法解除劳动合同进行否定性评价，维护用人单位的合法权益，提醒广大劳动者要遵守法律规定和公司章程，即使要解除劳动合同，也要采用合法途径，不可擅自离职。大学生不仅要树立维权意识，更要增强守法意识，依法履行劳动者的义务。此外，应届毕业生在签署就业三方协议时也要谨慎思考，签署之后若想反悔，则需要承担相应的违约责任。

案例溯源

本案一审案号为（2010）江法民初字第2230号，二审案号为（2011）渝一中法民终字第06680号。

▶ 案例二：劳动者提供虚假学历证书是否导致劳动合同无效？
——上海某公司诉唐某劳动合同纠纷案

关键词：学历造假　合同效力　合法解除

法律要点：单位在招聘时对学历有明确要求，应聘者提供虚假学历证明并与用人单位签订劳动合同的，该劳动合同无效。

基本案情

上诉人（原审被告）：上海某公司

被上诉人（原审被告）：唐某

2002年3月唐某以提供虚假学历证书和采用虚假陈述的欺诈方式，使上海某公司在违背真实意思的情况下与其签订了劳动合同。此后，在上海某公司每次要求员工更新人事资料时，唐某均以欺骗方式填写了虚假信息。公司接到相关举报后查实了上述事实，鉴于此，上海某公司与唐某解除了劳动合同。2010年7月和8月，唐某、上海某公司先后向上海市嘉定区劳动争议仲裁委员会（以下简称嘉定区劳仲委）提起仲裁，同年9月17日嘉定区劳仲委裁决上海某公司支付唐某违法解除劳动合同赔偿金。公司认为，唐某以欺诈的方式与公司签订劳动合同导致合同无效,且存在严重违反公司规章制度的行为,故公司的行为属于合法解除,不应支付唐某违法解除劳动合同赔偿金。故上海某公司诉至法院。

上海市嘉定区人民法院一审认为,欺诈的认定标准之一,为相对方是否知晓真实情况。上海某公司的马某系管理公司华东地区所有办事处的业务部经理,其对所辖办事处员工招聘、解聘等工作系其代表公司的职务行为。2008 年 12 月,在马某知晓唐某提供虚假学历的情况下,仍然作出与其续签劳动合同的决定,表明上海某公司已经知晓唐某学历造假仍继续予以聘用,即不予追究唐某提供虚假学历的行为,故公司主张唐某欺诈的理由不能成立,公司与其解除劳动合同系违法解除。

公司不服一审判决,向上海市第二中级人民法院提起上诉。上海市第二中级人民法院二审认为,唐某在入职时提供虚假学历并做虚假陈述的行为显然已经构成了欺诈,故上海某公司与唐某解除劳动合同有法律依据,不应支付违法解除劳动合同赔偿金。

法律讲堂

1. 哪些情况可能造成劳动合同无效

根据《劳动合同法》第 26 条之规定,下列劳动合同无效或者部分无效:(1)以欺诈、胁迫的手段或者乘人之危,使对方在违背真实意思的情况下订立或者变更劳动合同的;(2)用人单位免除自己的法定责任、排除劳动者权利的;(3)违反法律、行政法规强制性规定的。对劳动合同的无效或者部分无效有争议的,由劳动争议仲裁机构或者人民法院确认。

2. 唐某与公司的劳动合同是否有效

唐某在入职时提供虚假学历并做虚假陈述的行为构成欺诈,且无证据证明其提供虚假学历的行为已为公司知悉并已获得了谅解,所以唐某在 2008 年 12 月续签劳动合同时仍然构成欺诈,唐某与公司的劳动合同无效。

按照《劳动合同法》第 26 条的规定,行为人以欺诈、胁迫的手段或者乘人之危,使对方在违背真实意思的情况下订立或者变更劳动合同的,该劳动合同无效。

本案劳动合同效力应分为两个时间段进行认定:第一个时间段为 2002 年 3 月至 2008 年 12 月马某知悉唐某伪造学历一事之前,在这段时间,唐某一直隐瞒其伪造学历的事实,无疑构成欺诈;第二个时间段是 2008 年 12 月马某知悉唐某伪造学历一事至2010年6月解除劳动合同，该时间段的劳动合同是否有效关键在于续签劳动合同时公司是否知晓唐某学历造假一事并作出了错误的意思表示。在这段时间，马某虽然知道唐某学历造假，但其很快被调走，没来得及将唐某学历造假之事上报公司，且唐某2009年人事资料卡“教育程度”一栏仍填写的是西安某学院材料工程系，综合上述各项证据表明，公司对唐某伪造学历一事不知情，唐某在2008年12月续签劳动合同时仍然构成欺诈。综上所述，唐某与公司的劳动合同无效。

3. 公司是否需要支付经济赔偿金

公司合法解除与唐某的劳动合同，无须支付经济赔偿金。

《劳动合同法》第39条明确规定，劳动者因该法第26条第1款第1项规定的情形导致劳动合同无效的，用人单位可以依法解除劳动合同。前已述及，唐某伪造学历构成欺诈导致劳动合同无效，公司据此解除劳动合同符合法律规定。

根据《劳动合同法》第87条的规定，“用人单位违反本法规定解除或者终止劳动合同的，应当依照本法第四十七条规定的经济补偿标准的二倍向劳动者支付赔偿金”。本案不属于违法解除，无须支付经济补偿金。

法律规定

1.《劳动合同法》第三条

订立劳动合同，应当遵循合法、公平、平等自愿、协商一致、诚实信用的原则。

依法订立的劳动合同具有约束力，用人单位与劳动者应当履行劳动合同约定的义务。

2.《劳动合同法》第二十六条

下列劳动合同无效或者部分无效：

(一)以欺诈、胁迫的手段或者乘人之危，使对方在违背真实意思的情况下订立或者变更劳动合同的；

……

3.《劳动合同法》第三十九条

劳动者有下列情形之一的，用人单位可以解除劳动合同：

……

(五)因本法第二十六条第一款第一项规定的情形致使劳动合同无效的；

……

4.《劳动合同法》第八十七条

用人单位违反本法规定解除或者终止劳动合同的,应当依照本法第四十七条规定的经济补偿标准的二倍向劳动者支付赔偿金。

社会意义

许多公司以学历作为第一关卡进行人才筛选,体现了学历的重要性,但这绝不能成为劳动者伪造学历的借口,伪造事小,违法事大。本案认定劳动者伪造学历导致劳动合同无效,打击劳动者不诚信行为,但劳动者伪造学历的后果不止于此,严重者还会被追究刑事责任。同时也提醒各大高校重视大学生的诚信教育,进一步加强诚信教育研究。大学生作为即将就业的群体,应始终牢记社会主义核心价值观,坚持诚实守信这条道德底线,学历不够可以继续深造,但品行不端则无法弥补。

案例溯源

本案一审案号为(2010)嘉民四(民)初字第418号,二审案号为(2011)沪二中民三(民)终字第535号。